如果说王海是一片神秘的黄土地，那么这本书将成为一名"导游"，与您结伴而行。愿诸多读者可以看到王海带给我们的精神鼓舞与启示，在做人做事与创作历程中，能有更多的立意和创新，借鉴和超越，涌现出一代又一代文学新人，使咸阳乃至陕西的文学沃土上，不断有人被"王海现象"所影响。

咸阳市文艺精品创作资助项目

长篇纪实散文

咸阳往事

冯西海　李　荣　著

西北大学出版社

·西安·

图书在版编目（CIP）数据

咸阳往事 / 冯西海，李荣著. -- 西安 ：西北大学
出版社，2025.5 -- ISBN 978-7-5604-5700-0

Ⅰ．K825.6

中国国家版本馆 CIP 数据核字第 20256PT889 号

咸阳往事

XIANYANG WANGSHI

冯西海　李　荣　著

西北大学出版社出版发行

（西北大学校内　邮编：710069　电话：029-88302590）

http://nwupress.nwu.edu.cn　E-mail: xdpress@nwu.edu.cn

全国新华书店经销　西安奇良海德印刷有限公司

开本：787 毫米×1092 毫米　1/16　印张：21.75

2025 年 5 月第 1 版　2025 年 5 月第 1 次印刷

字数：296 千字

ISBN 978-7-5604-5700-0　定价：68.00 元

如有印装质量问题，请与本社联系调换，电话：029-88302966。

前　言

我和作家王海认识多年了，因为文学。2003 年，我开始记录王海在文学创作以及生活方面诸多感人有趣的故事。20 多年来，零零散散记录了 20 多万字，这些记录汇成了一本书，叫《咸阳往事》，2024 年入选"咸阳市文艺精品创作资助项目"。

《咸阳往事》不仅是一部作家的个人传记，更是一部反映咸阳时代变迁、社会发展的生动画卷。通过对王海的人生经历、文学创作以及他与咸阳这片土地的深厚情感的描写，我们得以窥见一个作家的内心世界，以及他如何在这片土地上汲取灵感，创作出一部部具有影响力的文学作品。

这部作品将带领读者走进工海的世界，感受他的喜怒哀乐，了解他如何从一个农村青年成长为著名作家。同时，它也将让我们领略大秦文化的博大精深，感受这座城市的变迁和发展。在阅读过程中，我们将看到王海在文学创作道路上的坚持和努力，看到他如何不断挑战自我，超越自我，本书将为读者呈现出一个个精彩的故事。

21 世纪的大门缓缓开启，一个兵马俑样的血性汉子，挟裹着满身汗腥味的风，用两块秦砖一样的《老坟》《人犯》掷地有声、不容商量地闯进来，令陕西文坛瞩目。

一家在国内颇具权威的大报社刊文惊呼：2001 年王海终于以文坛"陕军黑马"的姿态，啸鸣般喊出了自己的声音。一部《老坟》，带给文学陕军太多的惊喜。《人犯》是一部题材怪异的长篇小说，作家没有牢狱体验，却写得逼真传神。中国作家协会副主席陈忠实曾感慨地说："《人犯》对人心灵扭曲的描写，让人惊心动魄……"

20多年前，《小说评论》主编李国平在《关于王海创作的判断》（发表于《陕西日报》2003年1月26日）一文中讲道："我开始读《老坟》的时候，的确是暗暗吃惊，的确不敢相信这是王海的作品。对他作品的评价，在一些地方，配得上'老到'这个词。王海的《老坟》和《人犯》已经为自己树立了很高的标尺，他的作品完全可以放到人们认同的文学语境中评说。"不出李国平先生所料，《老坟》火了，先后再版再印七个版本；《人犯》再版三次。与此同时，电视剧本《老坟》在《华商报》连载。王海的小说再版一次，销空一次。北京一家文化公司的老总赶到咸阳"抢走"王海，"飞"西宁办理异地独家印刷手续。当时，尽管王海的第三部长篇小说《天堂》尚在襁褓之中，但已有多家文化公司将其锁定，穷追不舍。

中国海洋大学教授温奉桥写出万言评论，他称："王海是中国当代新乡土小说的代表作家，具有殉道精神的'文学的朝圣者'。小说《城市门》对百年文坛的乡村题材进行自我突围之后，可以作为具有纪念碑意义的突破性小说。"著名作家贾平凹说："王海是一个了不起的作家，他的长篇小说《天堂》《城市门》《回家》堪称'农村三部曲'，展现新世纪前后中国的城乡巨变。他是在为农业、农村和农民树碑立传，作品必将流传久远。"

王海的作品不仅在文学界引起反响，对咸阳的文旅发展也产生了深远影响。咸阳市政府召开"咸阳帝陵文化高层论坛暨咸阳城市文化定位研讨会"，国内外120多位专家学者会聚于咸阳，他们为一个作家的虔诚感动，引发咸阳五陵原（"中国金字塔群"）帝陵文化研讨旅游热潮。咸阳为此打造了一条"咸阳五陵原帝陵文化旅游路"，连通咸阳五陵原上的帝陵，使旅客一日阅尽千年历史。王海的作品同时引起海内外 1000 多名华人走上咸阳五陵原寻根问祖，感受这片土地厚重的文化底蕴。

2006 年 12 月 22 日，《陕西日报》重磅推出《"王海现象"冲击和思考》，对王海的创作和文学影响力进行了深入探讨。2009 年，在德国法兰克福国际书展上，王海的小说《天堂》被推荐为"中文必读书"。

几十年来，王海固守着他的咸阳，就像美国作家福克纳固守着杰弗逊小镇一样，他以朴实的文笔演绎着咸阳的故事。他的作品充满民族的忧患意识，以深沉的批判锋芒引发读者的思考。

2014 年，王海在咸阳创建"咸阳秦汉文学馆"。十多年来，他组织作家进校园活动，围绕文学馆开展的相关文学活动共计 800 多场次。他还邀请文化部原部长、人民艺术家、茅盾文学奖获得者王蒙，茅盾文学奖获得者陈彦（中国作协副主席），贾平凹（中国作协原副主席、陕西作协主席），刘亮程（新疆作协主席），老藤（辽宁作协主席），次仁罗布（西藏作协主席），以及中国作协创联部、创研部、社联部，《人民文学》《中国作家》《小说选刊》《长篇小说选刊》《文艺报》及作家出版社等名刊名社的 40 多位文学名家和主编走进文学馆讲课，座谈交流，引起省内外文化艺术界的关注。

有位作家说："在我没有接触王海的时候，他就是一个有影响的作家。当我聆听了他的传奇故事后，我内心充满了对他的敬仰。"

王海是一个充满魅力的人，他的经历充满传奇色彩。他中学毕业后就当上村团支部书记、民兵营长，随后又成为一名部队航空教官。之后，从国企考上西北大学作家班，被荐送至原西安陆军学院锻炼，又到西安交通大学进修，后调入咸阳市文化局艺术研究室工作……这一系列的身份转变，背后有着怎样不为人知的故事呢？

有人说："王海是一个真正的文人。"王海说："因为文学，这个世界才如此和谐和美好。用我们的善良，通过我们的力量，为需要的人，争取应有的尊严，让我们的百姓生活得更体面，这就是文学存在的理由。"他说："作家首先是一个批评家。"这也正是他的作品备受欢迎的原因之一。他身上始终有一种军人的气质，当他在企业受到陷害，法律不能保护他时，他告诉那个弄权者："中国法律从此不会保护你！"

在2025年的一次文学年会上，他的讲话使很多作家落泪。他给作家写了一封公开信，使诸多的文友泪水汪汪："……因为我的能力有限，不能很好地帮助你们，还有那么多优秀的文友在艰苦的条件下创作，还有那么多优秀的作品得不到扶持出版，但你们丝毫没有停止对文学的追求和热爱……"

每次开会，作家们都期待他最后的讲话。他的名言名句在文友中传颂。他说："我不爱咸阳，如何拥抱陕西？我不爱陕西，如何爱我的中华？！"他提出"文学使人善良"，使众多的作家重新审视自己创作的目的和理由。他说："如果善良得不到回报，如果文学不能成为黑夜里的一盏明灯，那么，我们还要文学干什么？"

王海是何许人？因为平凡，你很难了解他，但在咸阳和西咸新区的一些作家心中，他很神奇，因为大家都曾被他感动。文友们说："咸阳和西咸新区文坛假如没有王海，或许也能照样运转，但肯定没有今天这么团结友爱、生动活泼。"

有人不解：王海常忙于组织文学活动，他的《老坟》《人犯》《天堂》《我们一起走过》以及后来出版的《城市门》《新姨》《金花》《回家》是怎样写出来的？泰戈尔到中国时，王海的三爷曾给其当翻译。有人说王海是受家族的影响，有扎实的创作功底；有人说他会选材、会讲故事；有人说他是机遇……

王海说："我是在批评中成长的。"他浮躁过，高光过，沉默过，受过挫折和伤害，他喜怒哀乐的故事，让人震撼和沉思……

王海是一个有个性、爱憎分明的人。他说："我从不怕走夜路，所有的绯闻和诋毁都是我前进的动力，诋毁本身就是一种仰望。"

　　他是一个什么样的人？走近王海吧，在这本书里，你将首次集中看到众多文化名家对他作品的深度评论。你不得不为王海的精神而感叹，从而重新审视他和他的作品，认识陕西作家的风骨。

　　本书作者集中精力对王海追踪采访长达二十多年，挖掘了诸多鲜为人知的故事和让人落泪的花絮，揭开了这匹文坛"黑马"的诸多秘事。在阅读的过程中，你会被他顽强不屈的秦人精神所感染，被他对文学的执着和追求所感动。

　　这是一部励志的书，也是一部文学的"创业史"。王海的故事将激励众多的大学生和青少年勇敢追求梦想，为希望而奋斗。相信这部书可以让诸多的王海的"追星族"和"粉丝"大饱眼福，也可以为有志于研究作家创作理念的专家、学者提供宝贵的参考。

目　录

第一章　提督家乡印象

任何时候，王海一提到他的家乡，就充满着激情。那块生他养他的地方，就是咸阳五陵原上土得不能再土的一个小村庄。

年少辉煌时

那是一个端午节后的上午，关中大旱的前夕，麦收入仓，秋苗出土。陕西咸阳五陵原上靳里村的一户王姓人家，头胎生了一个男孩，急着抱孙子的爷爷高兴得合不拢嘴。父亲在汉中师范上学，因学业紧张，未能回来。这个被取名"看门"的婴儿，引得四乡八邻的乡亲前来道喜。

最高兴的是孩子的爷爷。祖父在本家排行第四，是靳里村周围有名的大厨，人称"厨子四"。大孙子出生时，祖父在后院北墙上凿开土门，说："咱家人丁不旺，常受人欺负。这娃就叫'看门'，希望他以后能守望门户，振兴家业，做个顶门立户的男子汉。"

靳里村，由于地处咸阳帝王陵云集的北原上，便笼罩着一层神秘的面纱。小小村落，也许是由于这个原因，自古群贤云集，声名远播。据《咸阳市地名志》载：靳里村，原名靳李村，因靳姓、李姓人居住而得名。"李"与"里"同音，后变成靳里村，是清朝收复台湾、镇守两广的总督殷提督王化行的故里。咸阳北原的靳里村，因出现过殷提督王化

行这样的人物至今令村人骄傲。

很早以前，靳里村住着殷、王两大户。据说，殷提督因过继王姓舅家而改姓王，名化行，所以靳里村殷、王两大姓本是一脉连带的亲户。殷提督晚年，告老还乡，带领300多名士卒给村里修建城墙，城墙开有四个城门，两套马车可并行其上。殷提督去世后，葬在村东边。因他两次救过康熙皇帝，康熙皇帝给他送匾、题字和赠送宝剑（匾题字"古儒将风"，石匾"深沉节制"，石匾现存于咸阳博物院内）。

驱车出咸阳市区北上，过周陵下一道坡，就是肖河故道。这便是王海心中的母亲河，《老坟》里给乡亲们带来福祸的肖河。肖河多年干涸，河道里如今已种满庄稼，唯有低洼的地势令人依稀可以分辨出久远的河床。肖河南岸，村里人称南坡，北边的山，村里人称北莽山。远望，灰蒙蒙，蓝幽幽，东西横亘，似一条逶迤的巨龙。北岸边有一个缺口，当地老百姓叫"黄鼠腰"，再往东北方向就是埋葬殷提督的大冢所在地，可惜被后人在农田基建时毁掉，遗址不复存在。

走进关中大地上与其他村庄一样平常得不能再平常的靳里村，正值"三夏"告尾，满街麦草，阳光炙烤，村委会大门前放置着从殷提督墓前拉回的石狮子。一只端放着，狮口大张，雕刻精细，栩栩如生；另一只却斜卧在杂物堆里，被泥土埋没得肮脏不堪。村民说，石狮是陵冢故人的陪葬物，不是吉祥之物，原来朝着对面人家，才被掀倒。

靳里村街道两旁不时可见堆放在墙角屋檐的石碑，瓜棚主人不禁叹道："这些都是文物嘛，这样散放岂不可惜？"

"这有啥？我们村四周都是陵冢，地下全是宝贝。农民下地，一锄下去，一不小心就可能刨出个皇宫后妃的金碗……"作家王海陪我回到故乡，很骄傲地说。

靳里村在王海的童年、少年、青年时代留下了深深的印痕。

"我八岁在村小学上学。"王海说。

　　初夏的夜晚，空气像烧着似的烘人鼻子。由于"非典"，2003年的气温莫名其妙地往上蹿。到王海老家转了一圈后，瓜棚主人坐在位于咸阳西郊某小区王海家两居室的客厅里，由于热，他一根接一根地吸烟。王海推开百叶窗，裸露着发福的肚子，陷入遥远的往事回忆中。

　　"学校在村南的一座破庙里，让人老感觉恐怖和惶怵。一到学校，我的小脑袋里老晃动着那些围绕在村寨周围的陵冢。你不知道，农民浇地时，常常发生有人掉进塌墓坑的事。出事的人心里怕极了，常常半夜叫魂、烧纸才能心里踏实。"

　　在王海的记忆里，小学生活中最难忘的是校长手里的教杆。课间休息，贪玩的小子们疯玩得不知满足，校长威风地敲响挂在树上的铁铃，大家像羊进圈一般被赶进教室。

　　在王海的骨子里，好斗和执拗与生俱来，和同学打架的事时有发生。

　　小时候的王海对数学、物理极不感兴趣，却对文学艺术有着天生的痴迷。从他记事起，靳里村的自乐班便吸引着他。小小自乐班，到"文革"期间样板戏吃香时，竟排起了皇皇本戏《红灯记》《沙家浜》《智取威虎山》，很让人过瘾。关中农村，地大物博，唯一能让身心劳累的农人们开心的是那些在露天地里演出的秦腔。家家过事唱秦腔，逢年过节演秦腔，戏台子上演，庄户院落里演，地头田间也演。

　　小王海在教室听课不专心，可听戏却十分入神。那些父老乡亲像酷爱喝西凤酒一般迷恋着传统的秦腔戏——《三娘教子》《打镇台》《周仁回府》《五典坡》。这些秦腔戏像是灵丹妙药，与小王海这颗幼小心灵牢牢黏合，似种子与土地，密不可分。

　　王海爱听故事，一有空闲，就去听大人聊天谝闲传。住在他家斜对面的志高爷是个故事大王，把《水浒传》《三国演义》《西游记》的人物故事背得滚瓜烂熟。那疾恶如仇的鲁提辖、京师八十万禁军教头林冲、重义惜情的阮氏三兄弟，那深入人心的猛张飞、红脸的关公、一身是胆

的赵子龙，那些出生入死、淋漓酣畅的故事情节，听得小王海茶饭不思，如痴如醉。

志高爷最自豪的莫过于靳里村在殷提督时的辉煌。提起靳里村第一大姓王氏家族的鼎盛景象，他说："咱王家祖辈，那真是方圆百里无人可比。那家景，啧啧，大得太太。你信不信，吃饭的锅大得用犁犁锅底？你信不信，掌柜的买了两牛皮轱辘车鞭杆，回来给车把式没够分……"

这种艺术汁液间接滋润着王海幼小的心灵。

20世纪70年代初，王海成为北杜学校的一名中学生。也许是老天睁眼想让这个自幼富有艺术细胞的小子风光，读初一时，破天荒地，他的作文《摸枪》被当时的语文老师方振铎看好，在班上当范文阅读。

在这篇文章中，王海描述了自己在村里见到一位背着手枪的解放军，枪第一次对他产生了强烈的诱惑。这位解放军走到哪里，他就跟到哪里。瓦蓝锃亮的枪管似童话里的神灯，勾引着他好奇的眼睛。他的小手不由自主地伸出去，想感受一下这威力无比的热兵器。但军人威严的神态总让他心存畏惧，畏缩不前。

接连几天，他总这么神魂颠倒地当着忠实的随从，总这么矛盾重重地克制、压抑着自己的阵阵冲动。终于有一次，这位解放军和一位大人物谈话时，他趁人不注意，闪电般伸出手来，匆匆感受了一下，便"贼"似的跑了，高兴得一个人在野地里翻跟头。

"我长大后也要当兵！"

他躺在田埂上，蒲公英的种子随风飘落，蚂蚱在麦田里跳跃，一只麻雀扇动着翅膀好奇地鸣叫不止，莫名其妙的阳光似金箔铺满空阔的黄土沟坡。枕着生硬金黄的土疙瘩，仰望着蓝湛湛的天空，王海在心里千万次地默念着。

王海还未认识到学习的重要性。方振铎老师看着王海，如同发现沙

盘中的一粒金豆豆，与这个不服约束的学生进行了一次推心置腹的谈话："你好比是一张白纸，全面的读书学习就是在这张白纸上写文章、画画儿。各门课学好了，才能在这张白纸上画出优美的图画。"这句话，陪伴着王海走进中学的课堂。但他依然只爱文科，不爱理科，成了一个"吃偏食"难以悔改的学生。

当时，王海父亲在咸阳市豫剧团工作，房子里书架上的《创业史》被他不经意间发现，阅读中他被书中的人物和故事深深地吸引住了，回去后就四处寻找自己想看的书。靳里村文化积淀深，村人看书风气浓。小王海想尽千方百计从兄长王建民、王汉臣那里借来《野火春风斗古城》《烈火金钢》《水浒传》《西游记》等书籍，开始孜孜不倦地阅读。

有一天，他不知从哪儿弄来一本《红楼梦》拿到学校看。略识文墨的人说这本书是禁忌读物，不适合少年看。小王海怎能抵挡这部名著的魅力，便用杂七杂八的课本压着，背着人偷偷看完。

"同学们！"方振铎老师举着手中的作文本，仿佛哥伦布发现了新大陆，满眼喜色："我敢断言，这个同学长大后一定能当作家！"就是这句话，把王海推上了文学之路；就是这句话，成了王海一生的追求。今天的王海在各种场合多次说："没有力老师的鼓励，我就不会走上文坛，就不会对文学如此痴迷。"

30年后的今天，瓜棚主人翻开王海出版的第一本著作——小说集《鬼山》的扉页时，只见他青年时仍未褪尽少年执拗大胆神态的黑白照片下面有两句"自白"，揭示了他那天摸枪后的心理，也以爱做梦为引子，为王海以后的文学创作埋下了伏笔：

> 我村前有一条肖河，人老几辈没见这河流过水。然而，我却常梦见肖河水浪滚滚……

1993年，王海以小说集《鬼山》在陕西文坛崭露头角。他回忆自己

的少年时代，在《我的启蒙老师》一文中深情地写道：

> 小时候，语文课就像庙刹殿堂一样神秘，愈是神秘，我愈是想去了解它。中文的每一个成语就是一个神奇的小故事。在学校里，我对语文老师尤为崇拜，除了我的小说《鬼山》"后记"中写的殷修书、边明伦、王春海、殷保军老师外，记忆最深的要算方振铎老师了。

可见，语文老师在无数个教学案例中最平常的一次讲课，对一个视文学为生命的圣徒来说，都有可能成为指引他以后若干年人生历程的"魔杖"。人生道路漫长，要紧处只有几步。这几步在卓有远见的方振铎老师的慧眼明鉴下，一位未来作家彻底下定决心，从此发誓要读万卷书，行万里路，成为与那些著作等身、蜚声文坛的著名作家比肩的人才。

有意思的是，在若干年后，方振铎老师也写了一篇《解读〈老坟〉》的随笔。读者们可闲来一瞥，印证一下这份师生之谊的真切。

> 中学时代的王海最大的喜爱就是看书，写作文，最爱学的课就是我代的语文课。更让人难以应付的是课后问不完的问题……现在的作家王海就是当年我办公室的小读者。

毫无疑问，这两篇出自师生二人之手的妙文心有灵犀，天作地合。人言，知子者莫若母。我说，知徒者莫若师。一个明智的伯乐，可发现一匹千里马；而一个失职的教师，的的确确是"犯罪"，人常说的"误人子弟"实在是太留情面了。

短暂的中学时代充满幻想，文学的小船在小河里稚拙地起航。王海的包括作文《摸枪》（其实可视为王海创作之初的一篇小小说）在内的作品，宛若片片白帆，小王海乘坐着它们在梦幻般的痴迷中开启自己的航程。

人间最美的是梦，最可怕的也是梦，犹如肥皂泡沫只是瞬间灿烂，之后便毫不留情地濡湿了你的脸颊。几年后，王海中学毕业，回到农村。艰苦的生活环境、繁累的农活、枯燥的精神世界，令人苦闷。对于一个握惯笔杆子的"秀才"来说，沉重的锄把无论怎么形容，也不是绣花针，也不能摆脱思想炼狱的折磨。内向的性格，多情的思维，远大的理想，残酷的落差，让王海难以直面。

"我不能这么消沉下去。我必须干出成绩，在黄土地上干出一番事业……"村外的石碑为康熙皇帝所立，上刻"镇守两广提督王化行"。作为提督的后代，王海弱小的身子里总蕴含着巨大的抱负。他在黄土街道上，摸着碑身上斑斑的青苔，仰视蓝天，鼓舞自己的斗志。

他在干好农活的同时，不忘学习，不忘上进。听说村团支部改选，很多团员提议让王海当团支部书记。未料，第一个阻拦他的竟是他在政治上最崇拜的六叔父——靳里村党支部副书记王福荣。

"你为啥不让我当团支书？"王海骑上自行车，追到30里外的咸阳县城，找到正在办事的六叔父，气喘吁吁地质问他。

"回去再说！"王福荣是一个工作经验十分丰富的基层干部，先后担任靳里村党支部书记、北杜乡党委副书记、底张镇党委副书记，是王氏家族里一位响当当的能人。看到侄子满头大汗、满脸是气的样子，他一时因这个冒失小子的莽撞举动没能回过神来。

"我当团支书有哪点不合格？"

"我还有事，咱回去再说。"

"不！就在这里把话说开。"

"你的条件都好，但我在党支部，你再进团支部，别人会说闲话……"

"团员选上我，你让不让我干？选上了，我就要干。选不上，算我没本事！"

"这事我一个人说了不算。"

"你先说你同意不？"

"我个人的意见是……"

"你要是不同意，你耽误的不是我一个人的前程，而是打击了一批青年团员的上进心啊！"

"嗬，帽子还挺大的！"六叔父无可奈何地摇着头，拍着脸色发红的侄子的肩膀。

"好了，就算我同意，关键还要看你的群众基础咋样。"

村党支部开会研究决定，王海作为候选人参加团支部换届竞选。经全村团员选举，几个环节下来，雄心勃勃的王海如愿以偿当上了靳里村团支部副书记，书记由村党支部副书记王玉芳兼任，但由王海主持团支部工作。

王海说："我现在依然清晰地记着，和我一起在团支部工作的书记王玉芳，副书记张建设，支委许发展、殷桑叶、殷秀花、殷淑侠、程利侠。我们一班人走过了一段令人难以忘记的美好岁月。"

王海的"野心"远非这些。他很快入了党，又当上了民兵营长。

与一些把政治当作晋升标志炫耀的政客相比，王海的内心几乎没有功利的成分，他与生俱来的争强好胜的禀性似乎占了主要成分。干就轰轰烈烈，干就争个第一，出人头地。至于那些费尽气力争到手的"团支部书记""党员""民兵营长"等头衔，能否带来金钱、房子、车子，倒在其次。相反，得到这些令人视为"光环"的荣誉后，王海能够"享受"的，只是越来越大的压力。他说每年二、三月，村民要靠政府的返销粮才能不饿肚子，他想让乡亲们不饿肚子，只有使土地发生变化才能增产增收。这个18岁入党的青年农民，在当时的"农业学大寨"运动中，拿出上学时疯狂写作的精神头儿，拼命三郎式地投入到全国风行，家乡靳里村也不例外的"农田基建大会战"中。

"你知道吗？那时候，我参加了公社的'五四兵团'大会战，终身

难忘啊！"回忆起往事，王海戴着墨镜，双手握着方向盘，一边任车窗外的景物似水般退去，一边充满自豪地说。车载录音机里，秦腔名家任哲中苍凉浑厚的《周仁回府》仿佛潮水，伴着他悠长的回忆，飘出好远，好远……

咸阳市在龙岩村组织农田大会战。北杜公社十多个村都成立了青年突击队，号称"五四兵团"。靳里村突击队队长由新上任的团支部副书记王海担任。这支由本村30名女青年和20名男青年组成的突击队，分别住在工地的几孔窑洞里面，全是地铺，完全是军事化管理。说来也奇怪，平日在村里吊儿郎当的小伙子们，经王海和团支部一班人组织，一个个生龙活虎，服从命令，身上有使不完的劲，当月就夺得"五四兵团"大会战的流动红旗。忙到天黑，还要唱歌点评，像模像样地讲评工作，学习毛主席语录，把几孔低矮的窑洞整得生机勃勃。

有一位从城里来的女知青蓝香，一到工地就变成争强好胜的"铁姑娘"，重活、脏活抢着干，巾帼不让须眉。有一天，队友们挖土方时，土块塌下来，蓝香被埋在土里。王海和队友从土里把她刨出时，她苏醒过来，第一句话竟说："不要管我，保住流动红旗……"

人们手忙脚乱地把她送到医院，检查后竟是盆腔骨折。王海去医院看望她，她的父母没有埋怨。王海说："有什么要求，请提出来。"她说："我想入党。"

在高强度的劳动下，不少人腿脚浮肿，一瘸一拐，但大家不叫苦，不说累。由于靳里村突击队的突出表现，王海被评为"咸阳市劳动模范"，参加了市上的劳模大会。

"你咋日鬼的？简直是太阳从西边出来了！"靳里村的村干部一起来到工地，看到自己队里的青年们变了人似得勤快和泼辣，实在弄不清王海这个后生使了什么"魔法"，把这些青年人聚在一起，干得热火朝天，在全公社风光起来。

突击队出发时，村里长辈们带着怀疑的眼光，不相信一帮"嘴上没毛，办事不牢"的后生出去能成什么精。两个月的大会战，"五四兵团"干得出乎意料地轰轰烈烈，令乡亲们吃惊地发现：王家这个平日不起眼的小子，居然有这么强的组织能力。原来来自各生产队稀泥散沙般的50个小年轻儿抱成团，给靳里村挣回偌大的荣耀！当他们结束大会战返村时，村口的盛况不亚于当年拿破仑凯旋时返回法国的盛况，不亚于第一野战军解放咸阳后壮观的入城仪式！锣鼓敲响了，大喇叭吼起来了，男女老幼拥到村口，迎接两个月来为农田建设风餐露宿的英雄们。

自然，王海写在大地上的文章很让他光耀了一回。这种成功，与他以后小说轰动的效果相比，似乎有某种冥冥的相通。不过，那时的王海在革命激情高亢的征战中，只知道与土地进行决斗，至于明确文学创作意向，如同瓢泼大雨洒向大地，需多年渗透，生根发芽，才能催绽出美丽的蓓蕾。

初　恋

"战天斗地"的岁月里，这些铁打的汉子并非机器那么冷冰冰。枯燥的生活虽如黄土，但难以掩埋地上嫩绿的萌芽。初夏的盎然生机，在懵懵懂懂之中，降临在小荷才露尖尖角的王海心中。这时，他已开始了自己貌似不自觉实则充满灵性的创作。细腻的文思，使他在炎热的生活中承受着精神和身体的巨大压力。对美好感情的向往，也顽强地伸出好奇的触角，衍生了让人忍俊不禁的"初恋"花絮。

祖父最大的心愿是四世同堂，长孙王海便成为他老人家实现心愿的

首选。

"看门,"老人把还在上中学的王海叫过来,喊着他的乳名,说,"爷有今儿没明儿,说不定哪天就走了,爷想抱重孙子……"

咸阳原上的村堡里丧俗有讲究,亡人的丧礼,孝子越多,队伍越长,就越是显示其家族人丁兴旺,实力雄厚。儿子辈的丧棍(用白纸缠上柳条糊制而成)为白色,孙子辈的为黄色,而重孙辈的则为红色。在丧葬孝子队伍中,拿红纸棍的多,则显示这个家族后继有人,死者德高望重。祖父对于抱重孙这件事的心情,正是因为有这样一种文化背景,故而显得十分焦急。

其时,王海才 15 岁,正在中学读书,听到祖父这个很实际的想法后,他不以为然地说:"爷,我还在上学,我怕人笑……"

祖父就生气了,说:"笑啥呢?上学就不娶亲了?你莫非是天宫下来的神仙,能超凡脱俗不成?"

"我不想现在找媳妇。"

"要不要,不由你!还由了你的性子不成。"

王海生气地走了,祖父去找王海的父亲说:"娃这事,我已和人家定了相面的日子。我说好了,明天就去和女方见面。"

祖父撂下两句话,扭身而去。父亲左右为难,不知如何面对那个倔强的儿子。

王海知道了此事,无法接受这个突如其来的安排。

母亲劝他说:"去归去,同意不同意是你的事。"母亲爱抚地拍着他稚嫩的肩膀,边叹气边劝说。

女方那村的媒人是祖父说的那位女孩的祖父。两个老朋友,在一块儿闲聊,恰好膝下都有一个年龄相仿的孙子(女),便商量让其结秦晋之好,让两家的友谊代代相传。

见面的地点选在女方的祖父家里。叔父带着糊里糊涂的王海,塞给

他一块手帕，这是当时农村时兴的定情之物，如中意，双方交换手帕，就可以定亲。一对少男少女一碰面，都羞红了脸颊，连脚都没地方放了。

"我爷让我来和你见面。"穿着一身过年才有的新衣服，王海靠在炕边，摸着裤兜里的手帕，别别扭扭地说。

"你同意不？"

"你同意我就同意。"

"给。"

"给。"

两人的定情不像作家成名后描写的小说情节那么细腻复杂、跌宕起伏，仅仅一分钟，便定下了终身大事。

到了八月十五，便要去丈人家。在祖父的指派下，王海骑着自行车，带着礼品上路了。在路上，他碰见同学方社会，方社会母亲过世早，也托人说了个媳妇。

两个同窗好友下了车子，在村头找了个地方，坐下来，玩起了"栽方"的游戏。不知过了多久，扭头一看，太阳已偏西。两人知道误了大事，后悔不迭，于是一商量，就把礼品吃了，留了一小部分拿回去，说是对方回的礼。

几日后，女方家长来找。

"看门，"祖父送走客人后叫过王海说，"你去你丈人家没有？"

"去了。"

"你姨（新女婿把女方母亲叫姨）好着没？"

"好着哩。"

"那人家咋说没见你？"

"我反正去了，边方村方社会可以做证。"

"走，咱到你丈人家'三对面'去。"

王海瞒天过海的计划终告失败，被祖父打了一顿拐杖。为了赔罪，

祖父让他用自行车驮着一装子麦子给女方送去。"装子"是关中农村用来盛粮食的布口袋，一米多高。王海个子矮，加之年龄小，在叔父的帮助下，他勉勉强强骑着自行车，上了路。刚进女方村口，车子倒了，他连人带车倒在地上。爬起来，扶好车子，没走几步，又人仰马翻，惹得丈人村的人伸头探脑看热闹。王海又羞又气，在众目睽睽之下，扶起车子，摇摇晃晃地骑到丈人家门口时又一次连人带车摔倒，在闻讯出来的亲家哥帮助下，才完成了任务，吃了一碗荷包蛋后飞奔回家。

　　当王海讲完这段荒诞离奇的初恋故事后，茶几上的手机忽然响了，是一个从北京来的长途电话。王海拿着电话去了卧室。

　　瓜棚主人独自在客厅陷入了沉思。30年前的初恋故事，看似离奇，不可思议，但其中丰富的经历和独具特色的风俗，无疑在王海充满秦风秦韵的小说里潜移默化地形成文化积淀。当我们翻开《老坟》，看见米雪、小玉、李秀等中国女性在封建礼教下的悲惨遭遇时，不禁会想或许正是这段初恋给了作家某种神秘暗示吧。

　　真应了那句古话：风起于青萍之末，浪成于微澜之间。

第二章　当兵的年月

三个女孩把刚刚成年的王海推向了情感的漩涡，初恋带给王海更多的是痛苦。

心猿意马

随着时光的推移，王海血液里的荷尔蒙如积水，先是流满一洼，再是流出地面，沿着凹凸不平的乡路，漫漫流淌……

当王海带领的青年们日夜战斗在龙岩村农田基建工地时，王海和团支部的支委朝夕相处，团结协作，谱写了惊天地、泣鬼神的一幕幕故事，硬是让桀骜不驯的"土地爷"规规矩矩束手就擒，变成千亩良田。在朝夕相处中，一个姑娘不知不觉地走进他的心海。虽然两个人在劳动中很少单独交谈，但异性发育的倩影勾走了他的魂魄，她的一颦一笑、举手投足，是那么的超凡脱俗。此时，他一方面荒诞可笑地对外扮演着女婿的角色，另一方面又暗恋着这位充满活力的少女。

短暂的两个月农田工地生活，爱情的花蕾在王海的内心悄然绽放。一切都埋在深处，只是她那会心的一个微笑、一个眼神、一个动作，都是那么牵人心弦，余味无穷。

征兵开始了。

一心想干一番大事的王海，并未满足团支部书记这个"官"，"五四

兵团"的辉煌时刻已成为过眼云烟。他想起自己小时候在村里见到的那位挎枪的解放军，想起了自己为摸一下那把枪跟在人家屁股后边转来转去的心情，想起了自己那篇被方振铎老师预言会有不凡成就的作文。

那段时间，每当夜幕降临，王海常会伫立在村口向南望。南边那一片闪着亮光的就是咸阳市，他想进城，他一定要进城，农村再也容不下他了。他的这种行为被母亲发现，母亲很害怕，她知道儿子的心飞走了。

"我要当兵！"他对晚上同自己一块儿在村里巡逻的民兵说。

"你能当兵？这么矮的个子？"

"拿破仑才一米五，不照样金戈铁马！"

"但愿如此吧。"

在人们怀疑的目光里，王海到北杜公社征兵办报了名，并通过体检、政审，成为空军部队的一名新战士。

小小的靳里村，出了几名空军战士，无异于放了几颗卫星。

全村轰动。

走的那天，王海和一块儿参军的王选社、许发展身穿崭新的军装，胸戴大红花，坐在手扶拖拉机上，在"突突突"的发动机声中，满脸的自豪。

"娃啊，你到部队一定要听首长的话，好好干！"一位村干部挥着手，大声说。

村口的锣鼓像过年一样敲得热火朝天。

"哦。"王海使劲地点头。

"看门，"母亲在人群中引着弟妹，眼含泪水说道，"你出门在外，要听领导的话……"

"我知道。"王海心里酸酸的。"儿行千里母担忧"，他想起了古人的这句名言，那种发自内心的亲情难以用语言表达。

　　雄赳赳，气昂昂，跨过鸭绿江……

　　大队部水塔上的喇叭，不知被谁突然摁响了，雄浑的旋律从插入云端的树梢传过来，很有些保家卫国、上战场的壮烈。

　　母亲的泪终于洪水般流出来，眼睛却死死盯着儿子，扶着行进的车帮，仍东一句西一句地叮咛不止。年幼的弟妹们站在妈妈的身后，任飞扬的黄尘肆虐。

　　王海的心碎了。这时，他忽然想起心中的那位姑娘。她依然是那么风姿绰约，眼睛里的留恋掩饰着心中的凄悲。他看见了，她远远地在人群里望着自己。

　　北杜公社机关大院距村里仅一公里多路程，是新兵集结出发的第一站。短短的送别路上，我们的主人公王海的内心却晃过了十几年的回忆。望着渐渐远去的村庄，望着母亲瘦弱的身躯，望着那位姑娘，他一次次在心里默念着："我是一只鹰，只有飞向蓝天，才能实现自己的理想。我只有迈出这一步，才能走出去，走向广袤的世界。再见吧，我的亲人……"

　　紧张的新兵军训开始了。

　　正是三月，宜人的亚热带气候令这位在关中平原长大的青年神清气爽。白天，严格的队列操练，立正、稍息、正步走，握枪、瞄准、射击，训练、吃饭、休息。嘹亮的军号一响，一帮从全国各地应征入伍的新兵蛋子，鲤鱼打挺似的从温暖的床上一跃而起，穿衣，洗漱，叠被，然后如离弦之箭，向营房外的操场跑去。部队伙食丰富，尽饱吃，管够，尤其是白生生的大米饭和营养丰富的菜肴。一个月后，又瘦又小的王海变得又白又胖，换了个人似的。集体生活充满了紧张的气氛，但每当夜深人静时，头回出门的小伙子们便开始躲在被窝里偷偷哭，想起自

己在千里之外的家中的老娘。

"烽火连三月，家书抵万金。"在寂寞的日子里，新兵王海渴望亲情的心病一天天加重。有一天，他意外地收到两封家书。一封是家里来的，告知祖父因年迈去世，临终叮嘱父母千万不要让当了兵的孙子分心，并且按当地风俗，把那位他老人家定的"孙媳妇"叫过来，下世前见了一面，便驾鹤西去。另一封信是那位工地姑娘来的，满纸思念和纯情。

王海如释重负，与这位姑娘鸿雁传书，感情日深。家里闻讯，父母大怒，每每来信训斥，但爱情之舟已在这位一身灵气的新兵内心的长河中扬帆千里，是任何力量也难以阻挡的了。

工地那位姑娘以爱情的力量，令王海焕发了无限生机。短短两个月的新兵训练中，哪里苦，他就往哪里冲。野营拉练，几十里山路，他总是跑在最前面。连长说："要是敌人子弹打过来，我们首先要保护自己的生命，不怕脏不怕苦才能练就一身本事。"他细心地聆听，一声"卧倒"，不管脚下是臭水沟还是烂泥坑，他都毫不犹豫地倒下去，趴在里面一动不动。由于表现突出，事事争先的王海在新兵连出类拔萃，很快被提拔为副班长、代班长。

不知哪位名人说过："不自满是向上的车轮。"

当一名空军战士，对有抱负的王海来说，显然不是他的最终理想。在这种强烈的上进心驱使下，他利用一切时间读书写作，废寝忘食，他的勤奋好学终于迎来命运的又一次转机。

新兵训练结束，王海被分配到航空教导队学习，这对自幼梦想飞上蓝天的他，无疑是千载难逢的机会。

在紧张的军校生活中，他不知疲倦地遨游在知识的海洋，思乡之情像陈年老酒，越酿越浓。他怀念远在千里之外的靳里村，那麦香透鼻的八百里秦川，和在麦海里挥汗如雨收获喜悦的父老乡亲。有一次，军

校组织学生去附近的农村帮助群众收麦,他脱了上衣,肩上搭条毛巾,手中的银镰飞舞不止。一捆捆麦似一队队列兵,齐刷刷站在他的身后,向他行注目礼。

村民送来水,他昂首倒进肚里一碗,擦去额头的汗水,又弯下腰像拥抱亲人一样把自己的胸膛献给成熟的大地。

"歇一下嘛。"分队长为他劳动的劲头所感动。

"不累。你不知道,看见麦子成熟了,我浑身就有使不完的劲。"

"是吗?"

"咱是农家后生,好久不干农活儿,手痒得很哪。"

"这小子!"

分队长吃惊地看着这个干活不要命的学员,心里产生一种敬佩。

瓜棚主人问王海:"真的是这样吗?"

王海说:"咋不是呢?咱是农民胚子,就爱收获成熟的庄稼,那是乡亲们辛苦一年的血汗啊!"

他呷了一口茶,陷入了一种久远的喜悦回忆中,温馨的客厅里时钟滴滴嗒嗒数着岁月的步子。

"我在稿纸上写作,是和我的乡亲在土地上种庄稼一样的劳动。一部作品出版,在社会上产生反响,和农民的粮食丰收,卖个好价钱是一样的。要说有区别,那就是我写书是填充人们饥饿的心灵,农民种庄稼是满足人们饥饿的胃。"

一年后,王海从教导队毕业,被分配到飞机修理厂,专门负责飞机冷气、液压系统的维修工作。

不想当将军的兵不是好兵。王海下决心要在部队干出成绩。

当时,在教导队他背诵教科书,在修理厂他背诵飞机校验数据,他能蒙眼拆卸安装校验的零部件。团首长不相信,到修理厂去见王海。王

海说："我记得是个副团长，他姓毛。毛副团长到厂里见了我，当场调研，当场提问。上百个校验数据，我背得滚瓜烂熟。后来，我被邀请到团里，参加技能比赛。"

那年，毛主席去世，王海被推荐为兰州空军战士代表，首批进京瞻仰毛主席遗容（首长告诉他，进京瞻仰主席遗容，和受到主席的接见是一样光荣的）。

王海骄傲地说："荣幸的是 2015 年，我作为陕西作家代表，参加全国第九届作代会，在北京人民大会堂聆听了习近平总书记的报告。晚上与习近平总书记等党和国家领导人一起观看文艺晚会，当习近平总书记等党和国家领导人走进会场时，电子屏上打出'到人民中去，把身俯下去亲吻大地；到人民中去，把心贴近在一起呼吸；到人民中去，让灵魂再受一次洗礼……'，我非常地激动。"

此时，王海与那位姑娘的感情已进入热恋期。那些充满着细腻、美好和梦想的来信，令王海心潮荡漾。每次收到来信，他都高兴得夜不能眠，一个人揣着情书跑到空旷的野外，躺在草地上，遥望着天上的太阳或月亮。他知道，一样的太阳，一样的月亮，同时照耀着千里之外的心上人。忽然有一天，姑娘忽然来信说，不愿两人再交往了。王海一再询问原因，姑娘一直不说。

这时，老家祖父定的"孙媳妇"已在他的一再坚持下，退了婚约，这位姑娘成了他感情的唯一依靠。此时，姑娘的来信像一记闷棍打在他的头上。但他细细地看，发现信纸上沾着泪迹，字体凌乱，他忽然感到，她一定是违心地写了这封信。王海觉得自己太渺小了，无回天之力。面对这封信，他只有痛苦的思念。

姑娘先是来信日渐稀少，后来就没了音信，匆匆结束了这一段未了的情缘，产生了一个无言的结局。

这是怎样的一种结局呢？王海恨不得插上翅膀，飞过重重关山，去问个究竟。但军纪森严的部队不是生产队，强烈的事业心不允许他放纵自己。

写作成为他排遣痛苦的一剂良药。午休时，他在写作；星期天，他在写作；别人睡着了，他依然在写作……

一页页稿纸，带着他执着的回忆，缓缓地从桌上滑落，变成沉甸甸的书稿。

蚊虫的叮咬，只伤痛了他的皮肤和身体；只有疯狂的写作，才能让受伤的心灵得到解脱。

修理厂的生活没有军营那么紧张，一切的空余时间，都为需要发泄的王海提供了良好的条件。他拼命地写，把自己的梦想、痛苦、喜悦和无尽的思念倾注笔端，变成密密麻麻的文字。一年时间，王海竟然写成了洋洋 20 多万字的长篇小说《致青春》。

如果说，中学时的作文《摸枪》是一篇作家处在混沌状态下的不自觉创作，那么厚重的《致青春》无疑是在自发状态下创作的，成为王海文学创作的处女作。我们在 21 世纪初欣喜地读着具有丰富文化积淀的长篇小说《老坟》时，不少人认为，王海具有某种大作家的天赋，是一夜成名。那么，当我们看到他 20 多岁，在空军部队服役时写的长篇小说《致青春》，才明白"一把辛酸泪，都云作者痴"的滋味。

当然，用今天的艺术眼光审视，《致青春》无论是从谋篇布局还是从人物塑造，无论是从语言节奏还是情节发展，无论是从思想高度还是主题提炼，都显得粗糙和稚嫩。"文起八代之衰"的韩愈"口不绝吟于六艺之文，手不停披于百家之编"才功成名就。郁达夫读了 1000 多部小说才写出第一部作品。王海的长篇处女作，有诸多不足便可以理解了。

在王海的家里，他与瓜棚主人的话题谈到此刻，已是凌晨 1 时了。

他走进兼儿子卧室的书房，弯腰从书橱里一大堆发黄的旧资料中，找出满是灰尘的《致青春》手稿，用手拍拍，一股脑儿摊在床上，让瓜棚主人看。

稿纸是从供销社买的那种单格的，其上密密麻麻的字迹，有的是用钢笔写的，有的是用圆珠笔写的，字迹颜色已变淡了，但浅显的文字背后弥漫着一股为理想而执拗奋斗的气息。

"嗨，真不容易！"捧着沉甸甸的一堆手稿，瓜棚主人不禁感慨道。

"这是我第一次向世人公开自己的处女作。"王海轻描淡写地说。

瓜棚主人说："你把这部小说修改一下，交出版社出版。以你现在的名气，出版应该不成问题。"

"那不行，我要对读者负责。是的，这部小说完成后，我曾交给有文学情怀的修理厂仪表师和团宣传科的战友传阅，他们都认为不错。可现在回过头看，写得太实，艺术上太欠火候了，不好修改。"

情感"滑铁卢"

时光如梭。历史的车轮，转到了1978年。做着作家梦的王海，在拼命写作的日子里，一点儿不觉得时间过得快。

由于王海平日里爱读书，爱写作，才华初露头角，他被借调到西安某军部工作。

西安曾是周、秦、汉、唐等封建王朝的首都或京畿所在地，著名的半坡遗址证明了这座城市历史文化积淀的厚重。钟楼、大雁塔、小雁塔、神秘的华清池、高大的明城墙，无疑使西安成为文化人心目中的神圣之地。在部队里，王海的主要任务是和一位"老飞"聊天，只谈天说地，

文学、历史、哲学都可以谈，但不许谈工作，更不许谈关于空军的事。这段时间，他空余时间较多。一有机会他就找来《红与黑》《羊脂球》《静静的顿河》等世界名著，津津有味地阅读。

王海浏览《人民日报》《陕西日报》《西安晚报》时，看到"文革"后刚刚复苏的中国文坛，伤痕文学如集束炸弹一样涌向读者的视野。刘心武的小说、舒婷的诗、巴金的散文，令他眼花缭乱。他开始大量地写散文、随笔，开始大量地向外投稿。那些神秘的杂志社，成了他急须攻克的"碉堡"。年轻气盛的王海在一部洋洋洒洒 20 多万字的长篇小说《致青春》的"废墟"上，像一位冲锋陷阵的勇士，义无反顾地冲向文学的"高地"，发起一轮又一轮"猛攻"。

两个姑娘以不同的原因都和王海结束了"关系"，这让他的父母觉得很没面子。父亲紧急修书，把在省城当兵的王海召回村"见面"。

女方姓赵，是一位中学老师。在文学创作中狂飙的王海，在与这位赵姑娘第一次见面时，对方的面容和修长的身材，令王海想起屠格涅夫笔下的阿霞、达·芬奇笔下的蒙娜丽莎。当王海迷恋另一位姑娘时，却未留意曾经认识的这位赵姑娘。这种心态，与他发育成熟的身体和孤苦的心理有关。读惯中外文学名著的王海，被中外文学大师描述的大量缠绵悱恻的爱情故事吸引了，在沉默寡言的外表下，他的内心开始变得十分敏感、多情。他在一篇文章中写道："我很爱看彩虹，呆呆地看，痴痴地看，最终看得那彩虹躲到缥缈的云雾里。天上的彩虹是神奇的，而我面前的彩虹是真实的，可以去摸，可以去听，可以看到彩虹变幻而成的全部过程。"这种细腻传神的笔触，在他少年时期的《摸枪》、参军时的《致青春》中是罕见的。从字里行间流动着的感情痕迹来看，他的内心此时非常脆弱，非常孤独，非常渴望温暖。而纯朴敦实的赵姑娘，以她健康的外表和绝少市侩气的性格，很自然地走进了王海的心里。要知

道，失恋的男人最渴望的是尽快转移注意力。

忘掉那个姑娘，哪怕她是一朵云，美丽如仙，却天各一方，只能画饼充饥。而这位赵姑娘，活生生地坐在他的对面，让他感到生命的暖色。

媒人看着两个年轻人在房间窃窃私语，喜形于色地吃着王海父母做的肉菜，在炕上的小方桌边，盘腿坐着，美美地呷了一小盅白酒。

赵姑娘是一个贤惠懂事的姑娘。当王海第二次返乡探亲时，他第一次品尝了爱情的甜蜜，高兴地像换了个人似的，一个人走在田间小路上，忍不住美滋滋地吼起了秦腔。

带着爱情的甜蜜，半年的军部工作结束了，王海又回到修理厂。

仿佛是命运峰回路转，鸿运当头的好日子接踵而至。兰州军区空军选拔航校教官，好学上进的王海被选中，成了兰空航空教导团最年轻的教官。

在教官生涯中，咸阳原上长大的王海被博大精深的周文化深深地征服了。学校离县城不远，他一有空闲，总要一个人去散步。沿途，去周公庙朝圣的老太太黑衣打扮，老远望去，大路上黑压压一片，她们去赶当地颇负盛名的"二月二"庙会。

王海徜徉在周公庙、钓鱼台、法门寺、五丈原等名胜古迹之间，想起了家乡的周陵。

他来到位于岐山县城南约 20 公里的五丈原，看见诸葛武侯祠古树参天，殿宇古雅，院中卦亭后面正殿内栩栩如生的诸葛亮彩塑泥像和清朝文人刻写的南宋岳飞书写的《前后出师表》，不禁想起屯兵五丈原，费尽千方百计最终功亏一篑的孔明先生"谋事在人，成事在天"的悲叹。正是在五丈原的兵营里，一代天才军事家饮恨长辞，用生命写就"火烧葫芦峪"的人生悲剧，演绎了一幕中国式的"滑铁卢"。

他漫步在《诗经》描述为"凤凰鸣矣，于彼高岗"的周公庙，听讲解员讲述"周公吐哺，天下归心"的典故。周公辅佐武王伐纣灭商建立

周朝，又忠心耿耿辅佐尚在襁褓中的成王，制礼作乐，建章立制。王海对这位中国古代伟大的政治家的雄才大略和高尚人品充满敬佩。流连在古树奇姿、绿荫幽雅的山门内，石刻上韩愈、苏轼、康海等文学家的题诗，令他大开眼界。

这段生活，成为滋养王海深厚历史文化积淀的重要经历。2002年，曾经以长篇小说《最后一个匈奴》一举轰动全国的"陕军东征"主将高建群先生，读到王海意蕴厚重、立意深远的《老坟》时，激动地说："一本像土地一样朴实、厚重的书。"著名文化学者、评论家肖云儒称："王海拉出一道古陵文化风景。"西北地区发行量最大的《华商报》以大版面刊发新闻，称"古陵文化"引发关注，文坛大腕点评《老坟》……

王海说："我喜欢周文化。岐山是这条文化长河的发源地，而我的家乡咸阳，则是这条河的入海口。"有一位大学生问王海："怎样才能成为一个作家？"王海说："只要你到咸阳帝王陵上躺上一个晚上，你就可能成为一个作家或者写出一篇美文来。想当作家，就到咸阳吧！这里的土地和文化无时无刻不吸引着你去创作与之相关的作品。这块热乎乎的土地，一定会感染你！"

军旅生涯很快结束了。脱掉军装的王海，打着背包，坐上火车，又一次打道回府，回到生他养他的咸阳。

他回到咸阳，工作很久没有安置。他怀念在军营的日子，整天一个人坐在村口，看着村外那些雄浑的陵冢发呆。

此时，他和赵姑娘发生了矛盾，两人不久就分手了。

王海说："我回家后在家闲了整整一年。如果没有父亲操心，就不可能有我今天的一切。可怜天下父母心啊！"王海在回忆这段故事时，正开着车与瓜棚主人一块儿去看望在渭城区一个家属院居住的父亲。

天气炎热。他一边驾车，一边注视着毕塬路上的行人和车辆，充满深情地说着往事。

瓜棚主人也蓦地想起，他自己 1983 年两度高考被人顶替，母亲提着一包麻饼托人求情才考入省财校。13 年后，母亲去世，他在单位遭人排挤，正月里提着烟酒含泪去求情。一时，两个人默默地坐在车里，任车轮在压抑闷热的城市里静静驶过。

车厢里的收音机，正播放着王海最喜欢听的《周仁回府》：

这半晌把人的肝肚裂碎……

"给老爸买个西瓜吧？"

西瓜装进车里，车辆继续前行。他们驶进了位于半坡的一个家属院，走到了四楼一扇防盗门前，一位精神矍铄的老人摇着芭蕉扇开了门。他穿着制服短裤和棉质短袖上衣，脚上是一双黑皮凉鞋，一头白发整齐地向后梳去，完全是城市干部的打扮。

在客厅吃西瓜时，老人很细心地吞着瓜瓤，吐着瓜籽，用毛巾擦着嘴角，脸上自豪满足的神情溢于言表。墙角的电视里，正播放着《秦之声》，儿子王海以作家的身份坐在《秦之声》的评委席上，显得十分神气。

二人离开时，已是华灯初上，灯红酒绿的咸阳城仿佛被天气折磨得神经衰弱，一点儿也没有瞌睡的样子。

王海说："有关部门先是把我安排在泾阳县永乐纺织厂工会，后来又安排到咸阳市商业局，但由于种种原因都泡了汤。在父亲的奔波下，最后才联系到咸阳某国有大企业，我的工作总算安置了。"

瓜棚主人点燃了一根香烟，为王海的不幸和幸运感到欣喜。这时，王海把瓜棚主人送到小区门口，相互道别后，他开着那辆面包车，向着没有路灯的远处，快速地驶去。

不知什么原因，王海父母想帮儿子挽回和赵姑娘这段感情。瓜棚主人追问他为什么,他却不愿再谈下去。

瓜棚主人感到茫然,王海说:"她是一位很好的姑娘啊!我没有这个福气呀。"

"人生,这就是人生啊!"

站在原地,目送着王海的影子,瓜棚主人在心里深深地发出感慨。

第三章　爱情遭遇文学

　　赵姑娘是母亲心中最合适、最称心的选择。无论是从人品、知识、相貌看，她都是不多见的好女子。母亲寻人托情要撮合这桩婚姻。

事情来得太突然

　　王海还没来得及细细思考这个复杂的情感问题，就需要他很快做出决定：王海的决定违背了父亲的意愿。

　　"这门亲事我和你妈定了。你若不同意，就不要再进这个家门！"

　　这样的终身大事，王海需要时间调整自己，做出回答。但父亲的训斥，使血气方刚的王海赌气走出了家门，他跑到耀县的舅家躲了起来。这意外地让他跑进了一个与世隔绝的"就业场"，经历了三个月异常艰苦的生活，搜集了一大堆光怪陆离、惊心动魄的生活素材，为十多年后《老坟》之后又一部长篇小说《人犯》的创作埋下了伏笔。这是后话，暂且不提。

　　王海说到此处，又感慨地说："她确实是一个好姑娘……"

　　瓜棚主人不知道，这桩姻缘对王海的文学创作有无直接或间接的影响。

　　2003年5月，王海被咸阳师范学院聘请为文学教授。隆重的聘请仪式之后，他在文学讲座上动情地说："我走上文学创作的道路，有两个

人给我帮了忙,一位是初中的语文老师方振铎,另一位是我的初恋女友。"

不知何故,瓜棚主人听到他的这段讲话时,不由自主想起那两位姑娘。她们的美丽和善良总在瓜棚主人的想象中晃来晃去,愈加真切⋯⋯

创作从文化宫起步

1982 年,王海走进咸阳某国营大厂。

进厂后,王海被分配在厂保卫科,他每天在厂区门口站岗。这份工作持续了整整两年时间。

写到这里,瓜棚主人不禁想起他自己在 20 世纪 70 年代初上小学时读过的《列宁与哨兵》那篇著名的课文。当然,阴差阳错,我们的作家王海以前空军部队教官的身份被分配到门卫站岗。但热爱生活的他,没有怨言,没有退缩,而是勇敢地面对命运的挑战,干一行,爱一行,站在小小的岗楼里,履行着自己神圣的职责。

"我当门卫那会儿,住在厂里职工宿舍楼里,离厂大门有五分钟路程,和我关系最好的是韩军那小子。他晚上跟我交班,总是不等我到哨位,他就跑回宿舍。我问他,枪呢?他一边慢条斯理脱鞋,一边轻描淡写地说,在门口岗楼里放着哩。吓得我提着'警服'向哨楼冲去,见到枪才把怦怦跳个不停的心放回肚里。你说,这小子坏不坏?"回忆起往事,王海仿佛回到自己无忧无虑的工人生活,显得兴高采烈。

关于这段生活,瓜棚主人翻开了王海纸页发黄的作品剪粘本。只见

署名"保卫科王海"的一篇篇发表在《彩虹报》上的文章映入眼帘:

《第一把火》（小小说）；

《彩虹池》（散文）；

《哦，警卫队的哥们》（纪实文学）；

……

他毕竟不是普通的哨兵，他毕竟是一个做着文学梦的有志青年。但对事业的执着，对人生的坦诚，对社会的关注，他又与普通人没有两样。

"救人啊！"

腊月二十八晚上，已是华灯初上，街上行人稀少。从宿舍出来的王海，准备去火车西站仓库值勤。途经厂北转盘时，突然听见转盘花池里有人声嘶力竭地呼喊。

只见一辆两轮摩托撞在了转盘的水泥花栏上，车上两人，一人已当场死亡，另一人被车的惯性抛进花池，躺在地上痛苦呻吟。几个人围过来，仿佛鲁迅小说《药》里的"看客"，正在冷漠又好奇地伸直鹅般的脖子，边看稀奇边议论。

"还不快救人？" 王海冲着人群大声吼道。

他穿着一身"警服"，个子不高。围观的人听见他的喊声，竟都没有吭声。

那位重伤员已气息奄奄，王海怎么也搬不动。他朝着人群又喊："还不快来帮忙？是爷们的，搭个手。"终于有一个小伙子勇敢地走过来，帮他拉起伤员，挪到路边。

送伤者去医院，必须有一辆车。出事地点距离最近的厂医院有两三站路程，靠人抬根本不可能。他便在路边挡车。也许是因为年关将近，也许是世态炎凉，一辆车过去了，未停，又一辆车过去了，还是未停。

在人民西路，站在寒风中的王海被这冰冷的局面激怒了。天气冷并不可怕，但人世间对这种事情的冷漠让人无法容忍。他突然拔出腰间的

手枪（因工作需要，当时保卫科配备了数把手枪，值班的民警才可以佩带），双手紧握，站在马路中间，一辆由西开来的卡车司机吓坏了，以为碰见了电影中的枪战。

"要死人了！快下车送人去医院！"王海脸色铁青，看样子动了真格。

"这，这……我们还要赶路哇！"驾驶室里的司机稍微犹豫了一下。

王海手中的枪直愣愣地对着他。司机吓坏了，当过兵的王海要起二杆子，是一般人装也装不出来的。

卡车司机下来了，帮着王海把伤者装上车，风驰电掣向医院开去。伤者躺在王海的怀里。他一边抱着浑身痉挛的伤者，一边焦急地催身边的司机："快开！"

从医院出来，王海又急急忙忙去值勤，第二天下班后在水房洗衣服时，才发现自己的衣服沾满了血，水房的池子变成了红色。事后，他才知道伤者是兴平县杂技团的。当有关人员询问他抢救遇难者经过时，他说，这种事任何有良心的人都应该做，不值得讨论。

对于这件事，王海后来在一篇小小说《侏儒》中进行了艺术展现。小说里的"我"贪生怕死，而那位"个头矮小，只有八九岁小孩那么点儿个头"的见义勇为者却显得特别突出。文章结束时，"我"发出感慨："是啊，今晚发生的事，使我重新对自己有了认识。我索性昂起头，任夜雨洗淋。"这篇发表在 20 世纪 80 年代中期《咸阳法制报》上的作品，竟出自一位国企的保卫科门卫之手。在当时的咸阳文坛，这件事已说明矢志文学的王海，在追求缪斯女神的征途中，已挣扎着浮出水面，以顽强的毅力奔向自己的人生理想。

日月交替，岁月流动。当了两年门卫的王海离开了厂保卫科，到车间当了一名技术工人。关于这段生活，瓜棚主人实在想象不出一位能挥笔成文的作家如何在生产线上"妙笔生花"，对此如何进行描述，实在

是一个令人头痛的问题。好在，他以"王海"为笔名发表在《彩虹报》文学副刊《彩虹山》上的一篇小说《AB组来了个女组长》，让我们从侧面了解到他在车间的生活片段：

> 咳！她这人真犟，吃亏就在这犟脾气上。她是西北大学毕业的高才生，去年分到车间时，车间领导很器重她，只怕庙小安排不下她这个"大神"。她听说车间 AB 组很乱，多半年没完成任务，主动要求到 AB 组去任组长，技术组死活不放她去。第二天，她给主任打了个招呼便走马上任了。她没想到，高中时的老同学大江竟在这个组里，谈笑之后，便开始了自己的任职演讲。她讲了两句话，第一句说："我给大家当组长来了。"第二句话说："我任命大江为咱组的考勤员。"第一句话，使全组人还未醒悟过来，第二句话把全组人惊得说不出话来。会一结束，大江风风火火地拦住她："这差事我干不成，组里有的是能人，你偏点我。""我就认识你，你叫我点谁？这样吧，你权当给我帮忙！"
>
> ……

也许是执拗的性格，造就了王海爱折腾的活法。为了人生理想，他绝不甘心当一个普通的工人，就像在部队不甘心当一个普通的兵；他没黑没明地背诵飞机校验数据苦练技术，像在农村不甘心当一个农民，没黑没明战天斗地。19 世纪伟大的法兰西作家司汤达说："你必须振奋你的生活，否则它将腐蚀我们……让你的性格沉睡，等于接近死亡。"我不知道，以《红与黑》成名的司汤达的经历和王海有无相似之处，但这位天才的世界文学巨匠，从小患性功能不全症，漫长的创作过程靠几个情人支撑，在既快乐、放荡又痛苦的一生中，他以终生未婚、晚年潦倒的悲剧收场。

1830 年，司汤达的旷世名著《红与黑》出版，即被当局查禁，首印仅 750 册，被搁置在书库。作家梅里美评价："你充满着如此多令人作呕的真实！艺术的目的不是为了表现人类灵魂的这一面。"当时一位权威评论家指出："（这部书）是对人类心灵的诽谤。"巴尔扎克也认为此书很糟糕。纠结中的司汤达很固执，他自信地说："《红与黑》50 年后肯定会成为伟大的作品，不管我看见看不见。"

一篇篇不被重视的作品，也成了王海文学创作初期的《红与黑》。他拿着自己在《彩虹报》上发表的小说、散文以及没有发表的作品，开始走出厂门，向当时咸阳文化人心目中的"圣殿"——《职工文艺》编辑部走去，向在陕西文化人心目中占有重要一席之地的《秦都》走去，向全国文化人心目中不能小视的《陕西日报》（前身为毛泽东题写报名的《边区群众报》）的副刊"秦岭"走去。

他会像司汤达那样，遇到那些自感良好的梅里美，甚至是很能写小说却分不清小说优劣的巴尔扎克吗？

"王海，文化宫举办文学讲座，你去听吗？"他刚下班，脱下工装，正在擦洗。门口晃过好友寇晓伟，他是厂里一位颇有名气的文学青年。

"都有谁讲啊？"王海问。他此时只是一个在《彩虹报》偶尔发表"豆腐块"的"小笔杆子"，而晓伟的文章不时在外面的报纸上发表，他只觉自愧不如。对王海来说，咸阳如同一个大得无边的世界，晓伟是一只鸟，已经挥动翅膀飞翔了，而自己则如同嗷嗷待哺的雏鸟，虽向往外面的世界，但翅膀尚未长硬，这一切对他毕竟太遥远了。

"峭石、沙石……"晓伟说。王海心里一惊，相当于没出名的司汤达听到了梅里美。

"峭石……沙石……"晓伟仍在喜形于色地述说。疲惫了一天的王海，如同干了一天庄稼活的农民，躺在地头休息，突然看见了灿烂的星

空，辽阔神秘的银河令他浮想联翩。峭石、沙石是在全国已很有影响的咸阳作家。在做着文学梦的青年心里，这些咸阳作家不是星宿，却比星宿更耀眼。一块石头，因为文学的魅力，也会唱歌，也会如姑娘般闪动迷人的双眸，也会演绎一个动人的故事。

有人说文学是魔鬼，但更多的文学青年却把她想象成一个绰约风流的女神，情愿为之赴汤蹈火，受尽折磨。

"是吗？"王海吃惊地停止动作，傻了一般，问道。

"谁骗你，吃饱了撑的。要去，就快收拾停当，走！"

两个青年，正是 20 多岁的年龄。从厂里到文化宫有 20 分钟的路程，两人又说又笑，一点不觉得路远。

咸阳市工人文化宫位于市中心电影院十字西侧，是全市文化活动的中心。走进水泥门柱，是一条蜿蜒的水泥路。路两边的法国梧桐遮天蔽日，整洁的路面上叶影斑驳。走上去，细碎的阳光随风浮动，如梦幻般美妙。路两边是阅报栏、墙报，精彩的文章不时吸引行人驻足观看。电影院的喇叭正播放着当时流行的台湾校园歌曲《外婆的澎湖湾》。

由于是第一次走进这个神圣的地方，王海的心里十分激动，贪婪地看着一切，脸上流露出敬佩和羡慕的神情。

水泥路的中间，有一条小路朝左拐，往前是一个砖砌拱门，墙外面是文化宫活动区，墙内便是办公区。

"费老师，这是我厂的王海，爱写小说。"晓伟来过这里，走进拱门后进入北面第二个房子，便对一位正坐在藤椅上的长者说道。

"是吗？快，快坐！"长者叫费宏达，是文化宫《职工文艺》的主编。他很客气地欠起身，指着靠墙的两把椅子，说道。

只见他梳着大背头，宽阔的额头，有神的双眼，指间香烟冒出一股清香的气息。桌子上整齐地堆放着歌德、别林斯基、施耐庵、曹雪芹、李白等中外文豪的著作，一摞稿件和报纸很整齐地摆放在桌角，靠窗的

床上也放着几本发黄的杂志。一张鲁迅先生 1930 年的黑白像在墙上不动声色地看着室内的一切。

"好，好。"晓伟很老练地入座，而王海却因为紧张，也因为好奇，迟迟站在原地未动。

"坐下呀。"费宏达正和对面一位白白净净的人谈话，见王海害羞的样子，忙劝着他。他给王海倒了杯热气腾腾的茶水，问道："你平常都写了些啥？"费宏达是咸阳市文艺界的名人，却没有一点架子，很和气地问。

"写了很多，但没一篇有成色。"

"你都读了哪些书？"

"我……"王海看着自己的脚尖，自己都弄不清该说些什么。

"你们还年轻。鲁迅先生说，我把别人喝咖啡的时间都用在读书写作上。高尔基说，书是人类进步的阶梯。只有多读书，才能著妙文。你应该仔细研读咱们中国的四大名著！"他展开手掌，扳过一个指头又一个指头："《红楼梦》啦，《水浒传》啦，《三国演义》啦，《西游记》啦。外国的小说名著也要下功夫读。像托尔斯泰的《安娜·卡列尼娜》、肖洛霍夫的《静静的顿河》、小仲马的《茶花女》、司汤达的《红与黑》、普希金的《上尉的女儿》……"

"这些书，我都读过，都读得不好，草草而过……"

"这不行。"那位长得白白净净的人叫赵尧，是《职工文艺》的副主编，在写作上很较真，遇事丁是丁，卯是卯，一点儿不马虎。他接过话茬，对王海说："读书就要认真读，不能草草而过，不但要会读，还要去思考，这样才能写出好作品来。任何一位有出息的作家，都是站在前辈作家的肩上才找到自己的位置。除费老师说的外，如果你有志于文学，那么你应该多读多记多思考。"

"是，是，我记住了！"

"好吧，文学讲座开始了，咱一块儿去听吧。"费宏达站起身，几个人一块儿出了拱门，向文化宫礼堂走去。

20年后的某天下午，仍是炎炎夏日，地处市区一隅的金典咖啡屋却凉风习习。包间里，在费老师之后担任文化宫文学辅导老师的赵尧老师和另外一位文学界人士被王海请来时，王海深情地说："没有费老师和赵老师，就没有我王海今天的文学成绩。我是站在老师肩膀上走上文坛的，请允许我敬您一杯茶吧！"

赵尧已年过五旬。他愉快地回忆说："王海那时又黑又瘦，个子不高，见人话不多，一看就知道是个有思想的人。"

"费老师，您看，我写了篇小说，叫《第一把火》，我厂的《彩虹报》已发表了，您看看。"第二次到文化宫，王海自己骑车来，并且准备了一份"礼当"。

"王海来了？"赵尧碰巧进门，他热情地握着王海的手。

"你念一下吧。"费老师伸了伸疲乏的腰，从藤椅上站起身，低头又点燃一支香烟说。

王海老老实实地念道：

第一把火

"魏老头来咧！"男单身楼门前的青工像惊飞的鸟，一下子飞得无影无踪了。魏老头儿，原来的副厂长，昨天被选为工会主席。你看，他第一把火就朝单身楼烧来了。

咯嗒——咯嗒——咯嗒。他从走廊里走过，身后甩下一连串有节奏的回响。擦洗干净的水磨石地面泛着亮光，给人一种舒适、宁静的感觉。"咦！还挺不错呢！"魏老头儿欣慰地

笑了。他早就听人说过，单身楼简直是个垃圾箱。夸张，简直是夸张！太言不符实了。他有些愤愤然了。他刚要抬脚步上楼梯，身后突然传来轻轻的称呼："魏主席！"他收住脚步，回头一看，原来是人称机灵鬼的何小军。

"什么事？"

何小军眨巴了一下那对圆眼睛，从裤兜里摸出一副新口罩，说："请您先戴上这个。"魏老头儿有点诧异，向何小军投以疑惑不解的目光。

"为什么？"

"您别问，戴上就是了。"何小军狡黠的眼睛直滴溜转。

小家伙，葫芦里卖的是什么药？魏老头儿接过口罩，径直向楼上走去。

魏老头儿爬上三楼，一股臭气迎面扑来，他判断是从上面扑下来的，便往上爬去。

上了四楼，他迫不及待地追问："这是哪个车间的宿舍？"声音中略带着威吓的怒气。

"嘻嘻！嘻嘻……"跟在后头的何小军冲着他直笑。

"还有脸笑？一个个出门像个公子，宿舍简直像个猪窝！"

"小心……"魏老头儿爬上四楼，立脚未稳。小军这一喊，他低头一看，一股污水从楼角流来。顺着流动的污水，他走进了厕所，一个满身污水的青工，两脚呈八字形站在三角梯上，正在把一条毛巾用螺丝刀往管道裂缝里塞。

"下来，小同志。"那声音轻得像小针掉在了土里，唯恐把小伙子吓得从上面摔下来。

"您出去吧！就完啦！"小伙子说。

"不，我……我干过管道工。"

"管道工也没法子，我需要的是焊工，您能找到个焊工吗？"小伙子似乎有点乞求。

魏老头儿焦急地转过身，惊异地发现面前十几双乌黑的眼睛在盯着自己，他的脸唰得一下全红了。抬起的右脚轻轻地落在了地上。

他并不想马上走，起码得等到这个青工下来，但人群却自然地闪出一条小道，他紧攥着口罩，生怕面前这群小青年看见，慢慢地挪动了脚步。

青年们簇拥着他，一直把他送到楼下，望着他远去的背影，窃窃私语："看样子，老头儿的决心还挺大呢！"

"赵尧，你觉得咋样？"

"我感觉不错，挺有工厂生活气息的。"

"王海，你再念一遍。"费宏达重新坐进椅子。他的身后，是那张鲁迅 1930 年时的照片，他的目光仿佛注视着屋内的一切。

……

王海像一个上考场的学生，嘴里念着自己的作品，心里却跳个不停。他不知道严肃的费宏达正在想什么。

"好啊，王海，你会讲故事，是个当作家的料儿！这篇稿件你留下，我再看看。"

新一期的《职工文艺》发表了《第一把火》，王海激动得一夜未睡。他从编辑部要回一捆报纸，免费向读者散发，回到厂里见人就送。

这是 1984 年的故事。当时的《职工文艺》就咸阳市来说，相当于陕西的《延河》、中国的《人民文学》。从这个意义上说，王海小说《第一把火》的发表，正式标志着他在咸阳文坛站稳了脚跟，成了一名小有

名气的业余作者。但就全市的文学创作队伍来看，他的成就显然是刚刚起步，离成为一名有成就的作家，他仍有太多的路要走。

文化宫组织全市部分业余作者去四川成都考察学习，厂里有四名作者应邀，名单上没有王海。他生气极了，但他把一切憋在心里，更加发奋地读书、写作。结果，发表在《彩虹报》上的散文《彩虹姑娘》在全厂征文中获得一等奖。此后的岁月里，他在人生中遭遇了更多的厄运，都采取把一切憋在心里，拼命以读书写作的方式奋斗，直到一部《老坟》、一部《人犯》冲出陕西，一部《天堂》走向全国，令人刮目相看。

但王海的理想，显然不是这些。他总是在不动声色地鼓励自己。

男大当婚。在爱情上经受了太多磨难的王海，虽然用事业上的"苦行僧"生活拼命转移着自己的视线，但男大当婚这个人生门槛他无论如何不能躲过。

散文《彩虹姑娘》获奖，使王海在厂里有了名气；小说《第一把火》在《职工文艺》发表，更奠定了他在厂里文学青年中的地位。车间领导、厂报编辑甚至厂里个别领导都对这个长得不起眼的小个子产生了好奇心，他的名字不胫而走，一时成了厂里的"作家"。

厂办公室的雷秘书是一个爱才惜才的机关干部。在报上看到王海的作品后，慕名找到王海的朋友、厂供应科的韩先生，问："你了解那个爱写文章的王海吗？"

"了解，还是好朋友呢。"韩先生很自豪地说。

"小伙子人咋样？"

"老老实实的，勤奋好学。不像咱厂个别青工，整天吊儿郎当，东逛西窜，打牌闲聊。"

"是吗？"

"可不是的。"

"你能带我去见一下这小伙子吗？"

"你莫非是……"韩先生笑了。他知道，雷秘书有一个宝贝女儿，长得如花似玉，人见人爱。做父亲的一心想给女儿找个有出息的对象，不少人提亲，都被拒之门外了。

"是又怎样？难道这个忙你不想帮？"

"你这老兄，一开玩笑咋就这样呢？"韩先生看见雷秘书不高兴，忍不住想笑，带着他向厂生活区保卫科男工单身宿舍走去。

"王海在吗？"韩先生一声吆喝。

"我在。"一间20平方米的宿舍，放着四张单人床，其他三人有的呼呼大睡，有的蹲在床边洗衣服。墙上一色的刘晓庆、张瑜、陈冲等当时红遍中国的电影明星的彩照。唯有靠门的王海半床是书，正坐在小马扎上，趴在床边埋头写着什么。

"你就是王海？"雷秘书问。

"我是。您是？"王海正在构思一个新的作品，满脑子都是细节、情节及人物。唐突的造访者令他颇感意外。他愣愣地注视对方，前言不搭后语。

"你这小子！"朋友韩先生拍着他的肩膀，说："这是咱厂办的雷秘书，专程来看你来了。"

"看我？"王海如堕雾中，摸不着头脑。

"小伙子人不错，有志气，有追求。"雷秘书满意地点点头，说声"再见"，扭身便走了。

"王海，你要请客哟！"韩先生一边走出门，一边回头戏谑地说。

"我请哪门子客？"王海挠着头，看着床上的草稿一言不发。

第二天，王海大梦初醒。雷秘书托人请王海去他家里吃饭。王海已打听到雷秘书有一个漂亮的姑娘。

这年，王海已28岁了，正是爱情萌动的时期。事业上的旗开得胜

给了他信心，征服这个城市小姐成了他的又一目标。

出发前，他做了一番精心准备。脸黑，他买了瓶"增白蜜"往脸上抹；个矮，他借了保卫科韩军的高跟皮鞋。进了雷家后，他一直坐着没起来。

苗条美丽的姑娘被王海渊博的知识、不俗的谈吐和沉稳的气质吸引了。当然，厂报上那几篇印成铅字的作品，无形中充当了两位有情人的红娘，加速了一桩美好姻缘的进程。

一年后，新娘穿着红嫁衣走进咸阳原上的靳里村。

婚礼由厂里一位姓史的同志主持。

"各位来宾，现在由证婚人宣读结婚证书。"司仪宣布第一个议程，谁料一对新人半天没动静。

"对不起，结婚证书忘在厂里了，没带上来。"王海笑着说。

"你这个大大爷呀！算了，进行下一个议程。"史先生经常出入此类场合，处事不惊，几句玩笑，便把婚礼上一个小插曲弥补得天衣无缝。

妻子娇嗔地斜了王海一眼。她明白，这个男人，今后注定要走进自己的生活，一同喜，一同悲……

第四章　《人犯》胚胎的形成

毕竟是作家，贫乏的生活并没有使他感到苦。误入"就业场"，他把自己的灵魂扔在了那个山坳。

误入"就业场"

王海离家出走之后来到舅家。

"舅，我想在这儿寻个活干！"王海搭长途车来到铜川耀县，找到在孙塬公社工作的三舅。

耀县，实在是一个值得大书特书的地方。这里是"药王"孙思邈的故里，药王山松林幽深，香火不断，人杰地灵，实在可以与陶渊明笔下的"世外桃源"相媲美。几年前，这里产生了中宣部命名的轰动全国的精神文明建设典型——孙塬村，笔者瓜棚主人曾随秦都区支部书记们去参观，在药王山上巧遇一个道士打扮的"高人"，笔者被算成"司机"命，实在令人忍俊不禁，不过这丝毫没有影响对前辈高人的崇敬。

"你不是当兵去咧，咋来这里了？"好久未见这个外甥，舅舅一时云里雾里，弄不清这尊"神"怎么突然蹦到自己面前。

"我回来了，在家没事干。"

"你能干啥工作？"

"我啥都能干。"

"你一没手艺，二没技术。这事恐怕不好办吧！再说我也挺忙的。"

"那我自己想办法。"

舅舅的话只是托词，因为妹夫和妹妹没有事先联系他，他这是在为外甥的唐突到来争取时间，待了解清楚情况再说而已。

但年轻气盛的王海可不管这些，一个20多岁的愣头小伙子，便从此隐身于这个山区小县里，自己想办法解决吃饭问题。

为了找个力所能及的活儿，他一个人在县城里四处转悠，脚步停在一家部队开办的水泥厂门口。

"同志，你找谁？"门卫老汉看见一个穿着军服（没有帽徽和领章）的小伙子往里闯，站起来问。

"我找你们厂长。"

"谁找我？"正好一个人匆匆忙忙往外走，看见王海黑黑的影子，惊讶地问。

"我找你。我刚从兰空部队回来，看见你们厂是兰空的企业，很好奇，您是厂长吧？"

"你是兰空的？"

"是，我在部队当过航空机械员、教官，现在回来了，一直没有适合的工作……"

"家是哪儿的？"

"咸阳。"

"噢，咱离得不远，我是富平人。走，到我办公室坐坐！"

富平与咸阳同属关中道，两地距离不算远，彼此算是"乡党"。

厂长是个性情中人，听说来自咸阳的王海想到自己企业上班，煞是高兴。当时就给在兰空军区的一个战友写了个"纸条"，把王海在咸阳的关系调配过来。可惜的是，当王海兴冲冲地拿着军区的"一位领导的批示"来到水泥厂时，这位厂长却因脑出血去世了。

"公社有个村在就业场承包活，拉石头搞副业，你去不去？"舅舅下班，一边推着自行车进门，一边说。

这时，舅舅已经问清了外甥王海在家的情况，开始出手帮忙了。

"就业场？拉石头？"王海赶忙接住舅的车头，自个儿脑子里边寻思。

"这活儿太苦太累，你干不了。"舅舅走进门，坐下来说。

"干活给钱不？"

"当然给。"

"那我就去，你把我领去吧。"

"你疯了？"

"舅，别人能干，我为啥干不成？你把我领去，我肯定能干！"

"你这犟小子！"

舅舅原以为吓唬一下王海，他不会干，找不见活就回家去了，以免妹妹担心。不料这家伙顺杆儿爬。他想，真是不见棺材不掉泪，你见了那场面会临阵脱逃的。于是，骑着车子，带着王海向那个村子走去。

走到山上，在半山腰，只见一群老年男人正在砸石头，长相怪怪的。远处小路上走过一位女人（只能看见是一个女人的形状），他们全都停下或直勾勾地看着，有人呐喊，有人吹口哨。

"舅，"王海看见这番景象，觉得好奇，问道，"这些人都是干啥的？"

"都是就业人员。这个地方以前是个劳教场，现在变成了就业场。那些刑满释放人员，不愿回家和不能回家的人都在这里就业。就业人员负责挖石头，山里村民负责给水泥厂拉运石头。"

王海看着这些人，既觉得奇怪，又感到好奇，他问舅舅："是不是在这干活？"舅舅没有理他。

山村里的队长姓李，见公社干部下来，忙上前招呼。

"李队长，给你带来个劳力，走个后门，给寻个活儿吧？"舅舅说。

"啥！这娃像个文人，能拿下这活？他是？"

"我的外甥。"

"好我的领导哩，你这是取笑咱农村人吗？人家都把娃给城里安排，你咋把外甥往这领？"

"叔，"王海走上前说，"不是我舅让我来，是我自己要干的，你就让我留在这儿吧。"

"不成。"李队长态度坚定。

"你看，不是我不给你寻活，是别人不要你。"舅舅见目的达到，顺势对王海笑笑，拉着他下山。

强烈的好奇心令王海预感到这里的生活将是他文学创作的难得积累，他说："我想在这里干活，我要在这儿干活！"

"你疯了？"舅舅瞪着眼看着他："我只是想吓唬一下你，你咋当真的？你真的在这儿和这些人一块干活，让我怎么向你父母交代？"

"这是我自愿的，与你没关系嘛！"王海说。

"那也不行。"舅舅的口气强硬，王海只好跟在他的后面，往家里走去。

舅舅上班后，王海偷偷地溜到就业场，在山下结识了一位爱好文学的保卫科干警，就业场保卫科人员都是公安干警，在这位干警的帮助下，他在这里落了脚。舅舅听说后，连夜上山找李队长，劝王海回去。

"舅，你让我在这里干吧。脏、累、苦我都不怕！我想了解一下这些人的生活，为我以后的文学创作搜集些资料。"

"孩子，这些人不是正常人呀，你万一有个三长两短咋办呀？"

"我当过兵，会保护自己的。"

"你要这样，我告诉你爸妈，出了事你自己担着！"

看着舅舅气咻咻地下山，王海兴奋地拍着大腿。

那几天，他天天守在就业场附近，他认识了保卫科干警李刚，和他

成了朋友，他很快被安排到就业人员——绰号"老师长"的窑洞里。

"你喝水吗？"

"老师长"在新中国成立前是一个商人，做生意发财了，花钱买了个国军副师长，从未带过兵打过仗便当了俘虏。他待人和气，临睡前，端起一只碗口大的瓷缸让王海喝水，外面印着"农业学大寨"红色字体，里面的茶锈黑黑的。

"我喝！"

为了和就业人员"老师长"交朋友，王海接过来，一口气喝了个底朝天，只觉得解渴极了。白天上山的路很长，他已经半天没喝水了，嗓子眼冒烟。夜里，他睡在这孔黑乎乎的窑洞里，白天找人托关系累了一天，一会儿就进入了梦乡。

次日早晨，他见"老师长"端着茶缸出去倒东西，他忙问："一大早你倒啥呢？"

"我倒尿啊。"

"这不是茶缸吗？"

"白天喝水是茶缸，晚上是尿缸子。"

"这缸子里盛的这点儿是啥东西？"

"是尿，这是引子，掺着水喝有营养，人尿是强身健体的好东西。"

王海突然感到异常恶心，想吐。但看见"老师长"的认真劲儿，他强迫自己忍住了。

早上8点村民就来了。王海和村民一路儿拉石头，一直干到上午10点左右吃早饭，14点左右吃午饭，18点下班。别人一车装一千斤石头，他只能装一半，就累得气喘吁吁，浑身冒虚汗，两腿发软。

队长说："你个子矮，没出过大力气，不行，回去算了。"

王海说："我在农村干过活，我能行。"

"你在我们这穷山沟出这苦力图个啥嘛？你们咸阳是八百里秦川的

风水宝地，你何必离乡背井受这活苦？"

"我想挣钱买个电视机。"

王海随便编了个诳话。他把自己的想法深深地埋在心里。不吃苦，上帝是不会赏赐收获的。

一切都是新鲜的。

山下放电影，他与就业人员下山去看电影。

有天晚上，保卫科突击检查，他被当作盲流带到保卫科审查。

"你是干什么的？"干警询问他。

"我不是就业人员！"

"这儿关的都是就业人员，你连假话也不会说。"

"我认识你们这儿保卫科的李刚，不信你给他打电话。"

由于朋友帮助，他终于化险为夷。经了解，他才知道，由于就业人员在山上耐不住寂寞，不少人偷着在窑洞留宿从山外或山里来的女人。这些女人为了挣个烧饼吃，不惜出卖肉体，这些惊人的发现，为王海提供了罕见的创作素材。吃饭时，他看见门口墙上贴着"布告"，内容是：

　　　　xxx 昨夜留宿女人罚款 5 元；xxx 打人罚款 3 元……

白天干活，晚上他趴在桌子上记下一天的所见所闻。"老师长"只觉得这小伙爱学习，并不知道他的真实身份。

有一天，王海放工后发现自己的挎包不翼而飞。他急坏了，丢钱事小，但里面有他在部队的部分档案资料，找不回来，以后安置工作就可能成问题了。

没办法，他立即向保卫科李刚反映。保卫科来人，让就业人员站成队形，问："谁偷了王同志的东西，我们已提取了你的指纹和证据，掌握了你的情况，现在不点你的名是给你一个机会。如果隐瞒不报，查出来定当从严处理，加重处罚！"

这一"诈"，竟真的有了结果。

有一人战战兢兢地找到王海，说："我只偷了你 50 块钱，还给你。你千万不要告诉保卫科，要不，我就完咧！"

"钱是小事。你把证件还给我，那是我以后工作上班的证件，很重要的。"

"坏了。我只知道钱重要，以为那是废纸，扔到山下了……"

"你咋能这样？"王海痛心地顿足长叹。证件的丢失，给他的工作安置带来诸多困难。但事已至此，看见就业人员憨厚的可怜相，他只好就此作罢。

那个女孩

初读《人犯》，是 2002 年 11 月的一天，瓜棚主人和作家王三龙慕名去王海的住宅拜访。

记得那是个有雾的傍晚，瓜棚主人给一家报社送完稿件后，摩托车油门拉线坏了。好不容易在乐育北路找到一家修理部，好言相劝让手艺不太熟练的小老板把车修好了，走到半道，才发现这家伙在安车挡板时，忘了插前灯的线头，行驶的车子成了"瞎眼车"。走到西郊时，有一段路没有路灯，雾气很重，让人感觉像是在地狱里前行。在这种气氛里，瓜棚主人敲响了王海家的房门，他一口气送给瓜棚主人三个版本的《老坟》和令人惊奇万分的《人犯》。两本书读完，瓜棚主人更喜欢《人犯》那种题材的怪异和人物的荒诞。瓜棚主人一直纳闷生活在咸阳的王海，怎么猛不丁写出了这个让人意想不到的小说，直到跟着他走了一趟耀县就业场才恍然大悟。

这样的感觉贾平凹也有。他说："《人犯》再现了人性扭曲后的乖张，能催发灵魂深处的风暴。"

最有意思的是作家丰临写的《逃到无可逃去》，开篇写道：

> 在一间十几平方米的房子里，蜗居并且有些发福的我，在堆着一摞又一摞，山一样的书和杂乱的报纸的书桌前，呆呆地沉浸于王海的《人犯》之中。夜已近半，远处的火车声，近处的秋虫声，很响地撞进我寂静的房中。逃无可逃，我听见了老黑在敲门。
> ......

"没想到，你这部《人犯》是这样起根发苗的！从你的人生经历看，当过兵，做过工，上过学，写过书，不可能与犯人打交道啊！"我们子夜时分依然谈兴甚浓，瓜棚主人翻着透着墨香的《人犯》，恍然大悟地说。

"苦难是人生的一笔财富，巴尔扎克老人说得真精辟。没有偶然进入就业场那三个月不堪回首的经历，我的《人犯》不可能诞生。"

王海一脸沉重，难以走出回忆，瓜棚主人嘴里喷吐的烟雾弥漫在房间的空气中，也使这个话题罩上了一层莫名其妙的味道。

"那么，这段生活有无让人感到美好的内容吗？"瓜棚主人为了调节气氛，又抛出一个话题，希望通过作家的浪漫为荒凉的就业场添上一星儿暖色。

"有啊。不过女人的话题太敏感，敢说吗？"王海偷瞧了一眼熟睡妻子的卧室门，吐了吐舌头，低声说。

"这有什么？这正是《人犯》里女主人公的原型么！"瓜棚主人很感兴趣地应道。

"那好吧。"王海又一次把他带回到20世纪80年代初那次奇遇之中。

女人是就业场的稀罕物。在王海干活的石料厂，倒是有几个女的，男的拉架子车，她们负责铲石装车。由于人们处于极度贫困和劳累中，她们大多穿着粗布衣裳，也没有引起王海的注意。

有一次，王海从工地回窑洞准备吃饭时，发现自己的桌子上多了一小瓶咸菜，油炒的，香喷喷的。这个时候，他已经独自拥有一孔窑洞了。

王海莫名其妙，但这件事并未引起他的重视。几天后，桌子上莫名其妙地又多了瓶咸菜。

他这次多了个心眼。咸菜快吃完时，一连几天，他提前从工地回来，躲在窑洞前的一个不引人注意的旮旯观察。突然他见一个女子，站在他的窑前东张西望，见四处无人，便一阵风似地飘进窑里，几秒钟又风似地飘了出来，边往外走边四处瞧望，一副紧张兮兮的样子。

"你进我的窑洞干啥？"王海猛地从旁边闪出来，盯着女子低着的眉眼，咄咄而问。

"我……，我……"女子嗫嚅着，双手急促地搓着两根长辫梢。她高挑的个子，裹着一身洗得褪色的粗布衣裳，清爽爽的，水灵灵的，像是一把刚从水里洗过的韭菜，令人赏心悦目。

"是你给我送咸菜喽？"王海伸长脖子，从女子的肩膀侧面向窑里望去，见自己桌上又多了瓶咸菜。

"不是我，就是我……这算个啥事吗？"女子粉扑扑的脸蛋浮上一层红晕，浑身越发不自在，只瞅着自己的一双脚尖。太阳西斜，她的倩影平铺在高低不平的地上，像是梦幻般令人遐想。王海如痴如醉地看着她，他没料到在这个"狼吃娃"的穷山沟，在清苦的就业人员堆里，竟然有这么个可人的女子，如同一片死寂的老坟边冷不丁探出一朵金子一样的迎春花，令人耳目一新。

"你为啥给我送咸菜？"

"我看你一个外地人怪可怜。平时吃饭时，别人大都是油泼咸菜、酸

菜，你是开水泡馍，有时啃干馍，菜里没一点油星星，挺恓惶的。"

"你咋知道？"

"我看你一天到晚写东西，是个文化人。那回我看见你丢了钱，向人借馍吃，就一个人难受地想落泪。"

王海眼眶一下子湿润了。女子的这句话透着女性特有的体贴和温情，令他想起百里之外的母亲。

"你让我咋谢你呀！"

"这不算啥，咸菜都是我自己家腌的，我只是敬重你这个文化人。"

女子一拧身，甩一下辫子，又一阵风似的向远处飘去。她走路时随着辫子甩动，头一摆一摆，很逗人的样子。晚上，王海躺在床上浮想联翩，灯光下，他看着斑驳的墙皮，思绪却游移到自己少年时嬉戏的老坟，游移到上中学读过的普希金笔下的村姑，游移到如仙如梦的境界。他激动地写道：

> 她无所适从地挪动着身子，一声脆响，她从树枝上掉下来，老黑接住她，她很年轻，像一包松软的棉花，这棉花向外散发着一种二十多年来他从未闻到的味儿。
>
> ……
>
> 山下走来一个女人，穿着蓝色的裤子，月白色的对襟上衣，手腕上挎着一个篮子，风摆柳似的走过来。谁家的媳妇这么利索？收拾得这么干净？这是瘫子的婆娘惠。
>
> ……
>
> 炊烟在村头上空飘荡，勤快的女人早早给在地里干活的男人做好了饭菜，玉米糁子的飘香，混在潮湿的炊烟中飘向很远很远，使地里干活的人们闻着这股香，心里就再也捺不住活路，想着窑洞里的婆娘，香喷喷的玉米糁子和酸菜。

......

这个善良美丽的女子，如同《聊斋》里的狐仙，给苦难中的王海以灵感，使他日后创作的《人犯》里的女性异常美好。这是命运对苦难者的报答，苦难是人生的老师，亦是创作的源泉啊。

"你有没有这女子的照片？"谈到这段经历时，瓜棚主人和王海一同驾车走在赴省城的路上。在现场干活的女子，使王海这段荒诞的经历多了一些浪漫色彩，一直写诗后又写小说的瓜棚主人绝不会放过这个"线索"。

"那年月，那地方，你想想，能有照片吗？人连肚子都吃不饱，哪有这种闲情逸致？"他平静地注视着前方，两手放在方向盘上，唯一看不清的是他墨镜下的一双眼睛。

"你不会在这儿给我打下什么伏笔吧？"瓜棚主人戏谑地说。

"谁骗你，我在那里生活三个月，没照过相。"他一本正经地扫了瓜棚主人一眼，车子很快地在西兰公路上行驶。王海的车钥匙上吊着一个女人的照片，仔细一看，原来是他爱妻精心打扮的化妆照。

"你老兄在关键时候掉链子。"瓜棚主人很失望地说。

"老弟，这件事千万不要写，本来没影儿的事，要是让你嫂子知道了很不好。"他神情严肃地叮嘱。

窑洞里又有一瓶咸菜。

一周后，王海收工后，走进窑洞，看见桌上放了一大罐头瓶咸菜，油炒的，油汪汪的，还放着黄豆，令人垂涎。

"怎么送这么多？"一边吃饭，王海一边纳闷。

但紧接着发生的事，却令他困惑。自那天后，他连续两个礼拜未见

她来送咸菜。他见工地一群人在说笑，他问一个叫建民的小伙子。

"她要结婚了，给人送喜糖呢。"

"她要结婚？"王海在人群中瞅见她，脑袋"轰"的一下嗡嗡直响。他突然想起那一大罐头瓶咸菜。

这天夜里，多情的王海一夜未眠。想起她那双美丽的眼睛，王海的心像被鞭子抽打一样疼。

虽然只有三个月的时间，但是王海在繁重的体力劳动之余，先后采访了 50 多名形形色色的就业人员、保卫人员和村民，光笔记就积累了好几本，有好几万字。

毕竟是作家，贫乏的生活并没使他感到苦。有一天，百无聊赖的王海，到山下的理发室理发，一个女子与理发师正相互打闹着，你拧我一下，我拧你一下。理发师养的两只狗，纠缠在一起，一只公的，一只母的，正忙得不可开交。

"干爸，你看你的狗不正经。"女子对理发师喊。

"不要脸的东西，胡骚情啥哩！"理发师提着扫把出门一挥，两只狗汪汪叫着，退出好几米，却仍然恋在一起。

"有意思。"王海看见这种有趣的场面，嘿嘿笑着。

"让你见笑了。"理发师看了一眼站在门口的王海，顺势拧了下女子的肥臀，又折回理发室。

这种独处荒山野岭的孤寂，使王海对《人犯》中老黑这个主人公的心理有了更多共鸣。这位生活在就业场、又生活在小山村的男人，在 20 世纪五六十年代，先是被政府释放，因无家可归又留了下来，成了就业人员的他已经不知道还有没有改变命运的奇迹。他害死亲娘气死老婆，腰挎着盒子枪，趿拉着鞋，一脚踢开老财东的大门，不顾吓得像卷毛狗的老财东和他的黄脸大婆娘，径直奔向小媳妇或者黄花闺女，可谓匪性十足。一次从就业场外出时偶然遇见了慧，竟然雷霆闪电，遭遇了不期

而至的爱情，从此变得柔肠寸断，情根深种。

这个人物不由使瓜棚主人联想到王海的真实情况。一个曾经的军人，因和父亲赌气出走来到这山沟，与就业人员为伍，远离亲人，却还要忍受着对初恋情人的思念，在苦苦地为文学梦挣扎。文学，毕竟不是女人可以亲吻，不是面包可以充饥，不是美酒可以解渴，不是席梦思可以安卧。况且，在这个人迹罕至的山坳里，女人、面包、美酒、席梦思等一切都是奢望，王海面对的只能是贫穷和扭曲，一个人孤独地蹲在山坡上，他的心态与老黑有什么两样？

从采石场的右侧爬上山顶，他在这寂静的旷野里数星星，月亮在不断地变幻，仿佛一个似曾相识而又模糊不清的女人的脸。白天，他用树枝度量太阳移动的速度。他面对群山头顶蓝天，常想一个肤浅而无聊的问题：四条腿的动物整天为食而忙碌，两条腿的人为什么而忙碌？不就是为了这张嘴！看到场里的人为几分钱几毛钱大打出手，他心里很难受。几年来他有了一种超脱，就是糊嘴的超脱。当他看到从窑洞里抬出一个个的尸体时，他的认识就更深一步。他常常骂那些卧病在床老不死的就业人员："你活在这世上有什么用？是自己找罪受，今天的死和明天的死有什么差别呢？"

他就这样日复一日、年复一年地在山顶上坐着，看着那些年龄大的犯人一个个一层层死去，他算计着自己的那一天。

……

"这段话是《人犯》第十一页的一段内容，写老黑在山上发呆。其实，本段描写也是在就业场 90 天的我内心的真实写照！" 2003 年 7 月的一天，王海和瓜棚主人在一间小餐馆吃饭，他吞下一个又大又肥的饺子，一边鼓动着腮帮子，一边像土匪一样地向笔者"泄密"。

事后，瓜棚主人把自己对他的猜想告诉他。王海说："写这部小说时，我正处在困难之中，但我依然以宽阔的心胸，完成了老黑由人变鬼，又由鬼变人的全部过程。在场长家那场灭顶的劫难中，他用自己的生命救了那个无恶不作的场长。"

王海的出走，令远在北杜公社靳里村的父母丢魂似的慌了。

母亲双眼潮红，整天以泪洗面。

母亲抱怨父亲说："你有话不好好跟娃说，整天骂他，他能不走吗？"母亲总是带着哭声埋怨父亲。

父亲一边操心儿子的工作安置，一边牵挂离家出走的儿子。耀县来了封信，他们才知道，儿子在山里拉石头！

母亲哭着央求父亲请假去耀县看望儿子。

父亲找到王海，他拉着一千多斤重的架子车正上坡，父亲没有上前去推车，也没敢问候久别的儿子，他怕他的问候，他的出现惊了儿子，儿子一松劲，这装满石头的车会溜下坡。待王海倒了石头，空车返回时，他心疼地看着王海，说："儿，你的事我不管了，咱回！"他无法想象，倔强的儿子会在这里受这样的苦。

王海看见父亲并没有惊讶，他仿佛知道父亲一定会来找他。他感受到父亲话语的真诚，他看见父亲含泪的眼睛，他知道父亲给他认错了，他不愿看见父亲在这里，在儿子面前服软认错的样子，父亲为人处事硬气了一辈子，他怎能轻易改变自己的想法。面对父亲的窘态，他说："我挺好，你回吧……"

王海低头拉车走了。

父亲望着儿子远去的倔强身影，伫立在那里，儿子再也没有回头。

王海说："父亲走后，我一个人上了山，在山上哭了好久……"

当天晚上，王海采访了《人犯》中的老黄，并跟他学看手相，这个人物是难得的生活原型。

王海在就业场待了三个多月，除完成了几万字的生活笔记外，还挣了两千元。

他准备回家。

"建军。"王海找到村里和他一起在场里干活的好朋友建军。他二人是无话不说的朋友。有一次建军请王海去他家吃饭，晚饭是饸饹，辣子红红的，醋酸酸的，撒些葱花，现在想起来都令人咽口水。第二天起床，主人家熬的是稀饭。王海问："还有饸饹吗？"建军说："哪还有，那是我用玉米换了一斤饸饹，夜里就吃完了，早饭有馒头、油泼酸菜。"王海觉得饸饹才是世上真正的美食。临动身前，他拉住好伙伴说："我后天回咸阳，想请你和几个朋友吃顿饭。"

"在饭馆吗？"

"是。"

"你能不能不在饭馆请客，太浪费了。你给我十元钱，在我家保证让大伙吃得好，热热闹闹的。"

"那行吗？"

"我会做，你放心。都请谁？"

"你说请谁就请谁。"

"有她吗？"建军狡黠地眨眨眼，看着王海。作为最好的朋友，王海没有告诉建军，那位女子给他送咸菜的事，但一有机会，他竟忍不住打听她婚后的情况，这让建军好像猜到了点什么。

在分别的宴会上，热情的主人做了一桌子饭菜，并准备了两元钱的散装白酒。不用说，那位女子也来了，王海与她的话很少，大概把千言万语都埋在酒里了。

"那晚，你肯定喝多了吧？"与王海吃过饭的瓜棚主人见过他豪饮

的样子，便好奇地问。

"我没喝多，建军高兴，他先倒下了。你不知道，山里人，他们就是这么淳朴！"王海沉浸在遥远的回忆中，颇为伤感地说。

他下山回咸阳时，只见车窗外——

太阳如洗，灿烂的阳光沐浴着大地，整个山沟、山谷在阳光下露出难得的笑容。

……

第五章 走向"秦岭"

这一阶段王海的生活比较平稳，他特别留恋这一段生活。他说，这一段写作好像在黑洞中行走，不断奔涌的创作欲望使他彻夜难眠，但如果没有这一段经历，他的作品不可能走出三秦大地。

为退稿而创作

在《职工文艺》上小试牛刀后，王海开始变得野心勃勃，把目光转移到省内外的大型文学报刊。他在繁忙的工作之余，夜以继日地写稿，一篇又一篇地向那些"秦岭"般高大神秘的报刊投去。

"书山有路勤为径，学海无涯苦作舟。"这时，他刚结婚，窄小的房子里，夏天没有空调，他头上顶着湿毛巾，下身穿着裤头，每天晚上下班后在家里写得天昏地暗。

当时，他只是厂里一名工人，白天繁重的活计，一般人上八小时班后会筋疲力尽，可下班后的王海仿佛一个不要命的疯子，挥汗如雨，一个字、一个字地在稿纸上写，其用力之大、用心之苦，一点不亚于他白天在车间的工作强度。

"咱这样每月挣工资不挺好，你干嘛这么没黑没明儿地傻写？"新婚妻子给他端来一杯水，站在他身后扇着扇子，心疼地说。

王海牛一样一口气喝光杯中的水，头也不抬，继续忙他的事。

"我们村在清朝时出过镇守两广的提督，中华民国时期，我三爷曾给来访中国的印度大诗人泰戈尔当过翻译，解放后我本家的五伯父是知名的"红学"专家，我父亲和我三伯父都在城里工作，我们王家这一辈，应当出个作家。"王海说："我不信命，我相信只要奋斗就能改变命运。"

"人家下班都在楼下打牌、在街上看街景，你礼拜天只顾写呀写的，从未陪我去过公园……"妻子微嗔地埋怨。

"作家必须耐得住寂寞和孤独。有个作家说，孤独是一个作家的修养。如果作家那么好当，人人都成作家了。我这人到底有没有当作家的天赋，你让我拼一把吧。"

"可你这么……身体累坏了咋办呀，你可是我一生的依靠啊。"妻子语中带着哭声。

"不要紧。"王海侧过脸，弯下胳膊，隆起如丘陵般的肌肉，说："看看，我壮得像牛，吃这点苦是小菜一碟。"

"就你能。"妻子爱怜地瞪了一眼丈夫，拿起手中的针线活儿，打开电视，静音欣赏一部正在热播的港台电视连续剧。

"快看，这个戏太感人啦。"妻子看到精彩处激动地说。

"别打扰我……"王海脖子上豆大的汗珠下雨般往下流，他向妻子摇了摇手，握着笔写得正欢。

伴随着大量的投稿，大量的退稿信接踵而至。

《延河》退稿，《钟山》退稿，《收获》退稿，《人民文学》退稿，《中国文化报》退稿，《萌芽》退稿，《十月》退稿……

所有的信都千篇一律，手掌大的公文笺，龙飞凤舞地写着"你的稿子不宜刊用，特此奉还"或"缺乏深度、新意"等雷同的官话。

那一段时间，王海经常收到信，听见有人喊"王海，你的信"时，他就会预感又是一封"退稿信"，脸烧，心跳，恨不得有个地缝钻进去。

讽刺、挖苦的人接踵而来……

王海一句话也没说。他明白,在以成败论英雄的社会环境里,只有默默地奋斗,取得显著的成绩,才是回击这些冷嘲热讽最锐利的武器。挫折并不要紧,一张张退稿信只不过是通往山巅的垫脚石,积累到一定程度,会使自己逐渐站在废墟上接近最高点。

写,写,写;投,投,投⋯⋯

他依然日夜奋笔疾书,每隔几天就要跑一趟邮局。寄出后,他等待退稿,等待编辑对他的作品的评论和意见。寄稿是为了退稿,退稿是为了得到批评意见,更好地创作。

他一直就是这样创作着,这段时间,他徘徊了一年多。

巧遇王晓鹏老师

疯狂的写作,疯狂的退稿。他不再寄稿了,他想亲自去送稿,人有见面之情,他想用自己的真诚打动编辑。

王海利用节假日往返于咸阳和西安的道路上,如同他在岐山当航空教官时,看到路上黑压压的去周公庙朝圣的老太太们,充满虔诚,不辞辛苦。

他跑咸阳,跑西安。

1986年冬天,他夹着包搭乘长途车来到位于西安市和平门外的《陕西日报》社。

"请问,"他喘着粗气,爬到报社大楼四层的一间办公室,敲了下门,看见里面几个编辑正在伏案工作,他小心翼翼地问:"这是咱《陕西日报》文艺部吗?"

《陕西日报》创刊于1940年3月25日,前身是在延安创刊的《陕

甘宁边区群众报》，1948 年 1 月 10 日易名为《群众日报》，为中共西北局机关报。1954 年 10 月 10 日，因西北局撤销，报纸更名为《陕西日报》，成为中共陕西省委机关报。从《边区群众报》创刊算起，《陕西日报》已经走过了 40 余年的历史。陕西作为全国闻名的文学大省，《陕西日报》"秦岭"文学副刊培养、团结了陈忠实、路遥、贾平凹、邹志安、高建群等一大批著名作家，是全国文艺界有名的"阵地"。许多陕西作家都是从"秦岭"副刊走出潼关，走向全国。而文艺部，便是《陕西日报》"秦岭"副刊的主办机构。

这个地方，无疑是王海走上文学创作道路的险要关隘。冲过去，意味着什么，谁都明白。但是，作为一个在咸阳黄土原上长大，在大型国有企业里当工人的年轻人，第一次进入这样权威机构的大门，其忐忑的心情可想而知。

"是。"一位中年编辑抬起头，看着门口的不速之客，客客气气地说。

"我……"王海站在门口，看见那位编辑，竟激动得说不出话来。

"来，来！"中年编辑热情地站起身，拉过来一把空椅子，向王海招手："是不是来送稿子？坐下，坐下再说嘛。"

"我是咸阳来的，叫王海。"王海气喘吁吁地站着，像一个不听话的学生遇着严厉的老师，声音依然发颤。

"你送什么稿子，拿给我看看，好吗？"编辑又倒了杯水，把他让进座位，和气地问。

"请老师看看，不行就扔了。"王海很费劲地从挎包里掏出两篇稿子，硬邦邦地说。

"呵，小伙子有性格。"

这位编辑是《陕西日报》"秦岭"副刊的文学编辑。他仔细端详了一眼这位业余作者，只见他个子不高，却身体结实，一副面孔俨然如兵马俑，黑红而棱角分明，透着一股英气。一句话说过来，干脆果断，一

看就是个固执自信的家伙。他不禁在心里感叹了一句，嘴上却客气地说："好，你先放在这儿，我抽时间看看再说。"

"那我走了。"王海拧身离座，向门口走去。

"你不坐了？不喝水了？"编辑热情地问。

"不了，我还要回去赶车，迟了59路就没有啦。"

编辑刚打开稿子，没想到王海又旋风般闯进来。问："老师，您贵姓，咋称呼？"

"我叫王晓鹏，是文学版编辑。"

"王——晓——鹏。"坐在返回咸阳的长途车上，王海回味着在《陕西日报》文艺部的情景和编辑的姓名，不免为那两篇让他苦干了一个月的稿子而揪心。"不行就扔了。"话虽这么说，可那毕竟是自己的心血，创作的难度，与女人生娃差不多难啊。

一周过去了。

一个月过去了。

每天翻看《陕西日报》"秦岭"副刊的王海彻底失望了。他想：那两篇稿子肯定又"泥牛入海"，被枪毙了。看来，文学的圣殿太高贵了，不是他这个不知天高地厚的小子可随便接近的，怎么办？他依然在自己的斗室里写啊写，依然往邮局跑啊跑。

"我就不信，"他对自己打气说，"我王海当不成作家！"

有一天，他从外地出差回来，在西安火车站，他习惯性地走到阅报栏，猛然发现《陕西日报》三版的"秦岭"副刊上，赫然印着：

礼 馍

咯当——咯当——咯当……缓慢而有节奏的瓦噪（蒸馍时防止水烧干而放的瓦块）声在蒸锅里翻滚，从锅边沿溢出来，悦耳动听。

咯当——咯当——有节奏的瓦噪声加快了。气圆了,"抽火!"母亲像一位指挥千军万马的将军一样命令我。我当即压了火,轻扯风箱。

"咋不响咧?"母亲惊异地问一声。我停了风箱细听。"妈,响着呢,时间还没到。"她抬头看着案上的闹钟笑了。"悠闲地扯细火。"

母亲面带喜色,说:"龙年是个吉祥的年份,今年蒸出的礼馍,龙要能飞会舞。"

"到了!"我提醒母亲。她从腰上解下围裙,扯下蒸馍围布,轻拍蒸笼两下,据说此举是提醒蒸馍,要出锅了,可不敢睡倒。她双手揭了笼盖,锅口满是蒸汽,看不出礼馍的成色。母亲很着急,大口吹着蒸汽。"怪咧!馍咋塌着?"我和老二家惊愕地看着,无话可说,父亲听说龙年的头锅礼馍蒸瞎咧,披衣进了灶火,骂起来。"眼都瞎着,碱怯咧!这都看不出……"

父亲一句定话,谁也没敢言语,唯有老二家噘着嘴,眼珠子翻滚着。

咯当——咯当——咯当……缓慢而有节奏的瓦噪声使人心焦、恐慌,当家的和不当家的都坐在灶火边,听这烦人的瓦噪声。

气圆了。没等母亲发话,我便抽火,轻扯风箱。该揭锅了,母亲站在蒸笼前不敢下手。我说:"妈,快揭!瓦噪声蔫咧。"她缓慢拍打蒸笼,惊醒礼馍,揭了笼盖。我不敢去看,母亲也没看,老二家看着笑了,调皮地说:"军用品!"我的心缩成一团,父亲出来,看了他的"成果",背手走了。他喃喃地说:"出鬼咧,出鬼咧……"

馍一出锅,发青、发暗,刻画的双龙僵死了。

母亲骂开了："老不死的，就你能……"她又对我说："你上案，让老二家烧，你把烧锅当要呢，这是气儿没赶上。"我没吭声，低头去揉面。

老二家火赶得紧，瓦噪声响得急，一声连一声地揪着人的心。

"抽火！瞎子烧敝锅呢！"母亲骂道。

老二家一脸阴云，翻着白眼儿瞪着母亲。我知道老二家心里有气，半年前，她提出由她出面办个养鸡场，母亲说她有野心。她又以我和她的名义要在家门口开个商店，遭到母亲的训斥："张狂地飞呀！存了几个钱就烧得坐不住咧，非要折腾光不可……"以后，她又催我去要钱，我不敢，她一人去镇上办了商店营业执照。母亲死活不给钱，腊月里，闹得很不愉快。

"到咧！"父亲从门外闪进来说，"这锅火赶得紧，不能光等老时间。"

瓦噪不响了，母亲没去揭笼盖，我轻拍笼盖两下，揭开，老二家站起，看了一眼，脸上乌云翻滚。

母亲哭着说："撞上鬼咧！不蒸咧……"

我问老二家："你看这是咋咧？"她愤愤地说："他们东一榔头，西一棒槌地乱打，还容得咱说话。是面烫咧，你看蒸出这馍发青，发暗，不是烫咧才怪呢！妈和面嫌水凉，用的是电壶水，开水把面烫死了。旧盘的面是我和的，咱蒸一锅看咋样！"二老在上屋怨声怨气地说话，我欲去请示，老二家拦住我说："干咱的。"

咯当——咯当……声音低沉而浑浊，让人不禁心烦心慌，且心怵心惊，火赶得很急很紧，气圆了，我说："抽火，细烧。"心里真是又慌又急，额头涌出了汗珠。

"嫂子，甭怕，他们瞎了三锅，还不容咱瞎一锅！"老二家说。

"到咧！"我却提不起笼盖。

"我提！"老二家干脆地说。

"拍两下……"我的声音开始发抖。

她却没拍，一手扯围布，一手揭开笼盖，动作麻利，大方。她双手扇着蒸汽，"嫂子！快看，美着呢"。

我取了两个礼馍去给母亲看，龙的花纹清晰、精巧，且龙身活灵活现，跃跃欲飞。礼馍松软饱大，皮光发亮。母亲看着我笑了。

忽然母亲变了脸，说："你们想当家就早说话，不要在这礼馍上打主意！"她顺手从腰间掏出一串钥匙，连同礼馍一块摔在了地上。

我欲哭又止，索性捡起地上的钥匙走了。

王海的心仿佛要跳出来，他高兴得近乎疯狂，真想大喊一声，像《儒林外史》里的那个老年中举的范进，赤脚散发，沿着大街小巷跑一圈，边跑边喊："我的小说在《陕西日报》"秦岭"副刊发表啦！"他看见自己的作品印成铅字后是那么顺眼，那么漂亮，那么洋气。毛主席题写的"陕西日报"四个字是那么的亲切，而扶他骑上文学马背的王晓鹏，简直就是救世主啊！

偌大的火车站广场，王海一个人心潮荡漾，人群中提包的、说笑的、骑车的，都像什么也没发生一样平静。

"哀莫大于心死。"刚强自信的王海鄙夷地看着众生，他进了车站，坐上了去咸阳的汽车，在座位上，他依然兴奋不已。

关于这段经历，王晓鹏编辑专门写了一篇名为《他实现了文学梦——记农民的儿子王海》的文章讲述结识王海的经过，此文亦同时在《文化艺术报》以《文学新人王海》为名发表。其中，其对作品的评价可视为王海从咸阳走上"秦岭"副刊的背景资料。不妨在这里照录如下：

王海的作品大都取材故乡农村的人物故事，写来不修边幅，不善精工，不露斧痕，敢于放纵笔墨，痴心于浑然天成。

我惊异王海的"爆发"，探究其秘，竟无绝招，原来是尽人皆知的一个道理：天才在于刻苦与勤奋。

他从小就做着文学的梦。

被称作"灵水宝地"的咸阳五陵原人才辈出，那生活在肖河岸边他的太祖辈、祖辈、父辈和同辈创造和正在创造的生活故事，常常使他听得如痴如醉。他自小就琢磨着表现他们，中学期间就精读了《红楼梦》《三国演义》《静静的顿河》等中外文学名著。当兵后开始创作，五年来他很少睡午觉（部队要求午休），足足写了20多万字的长篇小说，偷偷压在箱底，怕人见了笑话。回到地方后依然笔不眼辍。

自1986年在陕报副刊发表第一篇作品起，他似觉茅塞顿开，奔突的创作欲望一发而不可遏，无论孩子的哭闹，机器的喧嚣，都不会干扰他静静地写作。一天不写一些文字，似乎生活就没了着落而睡不着觉。为了丰富生活，他跑到一个就业场和就业人员同吃同住同"劳动"，几次被误当就业人员受到搜身和训诫。他身边常常带着一个"账本"，随时把所见所闻所感的素材记录下来，强迫自己"还账"。

至今，他写的草稿摞起来几乎与他等身，已发表或即将发表的不足1%，大部分成了废纸。王海说："我不会为徒劳

而懊恼，因为我的文学梦毕竟因这变成了现实。"

这篇文章，倾注着一个有着强烈的敬业精神和社会责任感的优秀编辑的全部情怀。放眼古今，一个省报副刊的大编辑为一位来自咸阳的名不见经传的"文坛的小字辈"著文宣传，恐怕是中外文化界上很少见的。如同面对一生文学创作之路坎坷不平的司汤达，终于跌跌绊绊写了一部长篇小说《帕尔玛修道院》，著作等身的巴尔扎克放下长篇巨著《人间喜剧》的写作，撰写了一篇令司汤达欣喜若狂的评价文章，真乃雪中送炭啊。

回忆到这里，重情惜义的王海口气停顿了一下，咽了口唾沫，望着书房墙上大幅的《老坟》《人犯》宣传画和列兵一样摆在书桌上的著作，深情地说："王晓鹏老师对我文学创作的影响太大啦，我一辈子都不会忘记他。"

人生道路漫长，关键处只有几步。要知道这"几步"，如何走，能否走，事关一个人一辈子的走向。一句难听话，一次闭门羹，一封退稿信，有可能会打击一个文学青年的痴情，甚至葬送一个潜力巨大的作家的前程。同样是编辑，王晓鹏的热情、耐心和敬业，给这个黄土地上走来的后生的创作带来巨大的动力。

这是王海的幸运，他遇到了王晓鹏这样的老师。

这是《陕西日报》的幸运，它拥有王晓鹏这样的"伯乐"编辑，使一个小小副刊培育了一个日后走红的作家，这也是陕西文学的庆幸。文坛有一大批热心、甘作新人"拐杖"的老作家、老文化工作者，他们对新人无私培养，爱护一颗颗文学幼苗，使其茁壮成长，他们为文学的神圣贡献着自己的聪明才智。

请读者原谅，瓜棚主人之所以这么不惜笔墨地让王海恣肆挥洒着他的感激，是因为同样为文学奔命的他及他的兄弟姐妹们，在向缪斯进军

的途中遇到像《陕西日报》王晓鹏这样的编辑，实在是太少了。

基于上述原因，王海很快与王晓鹏老师成了"知音"。两人经常往来于西安和咸阳，造就了一段文坛佳话。

有一天，王晓鹏来咸阳采访，抽空去了一次王海的家，想看看作家的创作环境。

当时，王海住在厂生活区 9 幢楼一套一室半的房间里。

"师傅，您找谁？"

当他敲开门，只见一位乡下姑娘打扮的小保姆打开木门，隔着防盗门问。

"这是王海的家吗？"王晓鹏问。

"是。"

"你是他家里人吗？"

"我是保姆，是给他带孩子的。"

"他人在不在啊？"

"王叔上班去了。"

"那，他媳妇在不在？"

"阿姨也上班去了。"

"您找他，和他约好了没有？"

"没有，我是他西安的一个朋友，路过这儿，顺便来看看。"

"进来吧。"小保姆开了门，王晓鹏侧身进去。他惊呆了。只有一间 20 平方米的房子，满地、满床都是玩具，王海 2 岁的儿子坐在床上，专心致志地玩得不亦乐乎。小保姆坐在沙发上，让他坐在一张小凳子上，家里没有空调，没有高档家具，写字台上横七竖八的书占了一半地方，最引人注目的是墙角的一台十八寸彩电。

"没想到，王海住的地方这么简陋。"王晓鹏到过不少作者的住宅。咸阳之行，他觉得真是所见与想象差距甚远。

"这在厂里还算不错的。"小保姆抱起王海的儿子，用奶嘴给小家伙喂食，一边喂，一边在房间里转，说："有好多人结婚在外面租房住呢。"

"但王海……这样的环境他怎么写作？"

"他是一个怪人，好像不知道乏。每天，大人、孩子睡着了，他总是一个人趴在桌子上，或蹲在地上写，一直写到后半夜。"

"是吗？"

"阿姨有时睡到快天明，看见他还在写。"

王晓鹏被震惊了。

回西安后，他的心情异常兴奋，为在咸阳发现的这个"文学狂人"而激动，整夜睡不着觉，只好披衣起床，坐在宽大的写字台前，沉浸在一个优秀记者发现新闻源的快感中，好像历经艰险的哥伦布猛然看见远处的新大陆，在漂泊的大海上按捺不住狂跳的心。

王晓鹏手中的笔，仿佛成了希腊神话中神奇的"魔杖"，风卷残云，挥洒自如；又如同一把利剑在风中搅翻洁白的雪花，一时令人眼花缭乱，满目珠玑：

> 我展开他的习作，那简直就是小学生的笔迹，可是一读下去却饶有兴趣。满篇都是白描，虽然多少带有自然主义琐碎的陋习，却以直面人生的、无拘无束、狂放不羁的村风俚俗的描写，透露了商品经济到来后农村、企业变化的消息，同时衬托以城乡人民新时期文化心态的反差，颇能启人深思。
>
> 不久，他的几篇稿子分别以《礼馍》《障碍》《彩票》先后在《陕西日报》"秦岭"副刊发表。
>
> 今年五月初，王海来了，同时带来了令我惊美不已的业绩：他在《中国热点文学》等报刊发表了20多万字的小说。15万字的小说集《鬼山》也已由作家出版社出版。

王海终于登上了"秦岭"。

据《陕西名胜词典》一书介绍：秦岭，黄河流域及长江流域的主要分水岭，是中国地理上南北方的重要分界线，在陕西境内长 400～600 千米，横亘东西，其主峰是太白山，北坡有闻名中外的骊山温泉、西岳华山，海拔多在 1000～3000 米。

但王海的心里似乎并不满足。他站在陕西，想的却是全国，梦里冲刺的目标，已准确定位为首都北京的大报刊、出版社。

靠着一股不服输的牛劲儿，王海一路过关斩将"杀"了过来。我们没有理由不关注"秦岭"之后，他继续披坚执锐的一路壮歌……

第六章　情系作家班

　　谁也不会相信，一年前，当西北大学要开办作家班的消息见报后，王海跟几位文友在省政府广场聊天时坦言："我想上作家班！"文友们笑他，他也笑，一年之后他的愿望真的实现了。

梦想成真

　　要想在文学创作上有所突破，必须不断充实提高自己。工欲善其事，必先利其器。

　　1988 年，西北大学第二期作家班招生，已在文学创作上崭露锋芒的王海，带着自己发表在全国各报刊的作品复印件前去报名，初录通过。

　　文化课考试是重要一关。他想办法搜集来一大堆成人高考复习资料，包括语文、数学、历史、地理、政治等复习资料。这些光听起来就让人伤脑筋的东西，成了他"大学梦"的拦路虎。

　　怎么办？已过而立之年的王海，不畏难，不退缩，一个多月早起晚睡，利用一切时间硬背死啃。上班的路上、睡觉的床头甚至厕所里，到处是书，到处是那些抄写着公式、名词的纸条，光学习笔记就记了 5 万多字。人瘦了，黑了，头发长了，眼熬红了，他仿佛成了一个"黑色七月"的学子，为撞开那道神圣的高等学府大门燃烧着自己。

　　考场上，来自全国各路精英们奋笔疾书，王海夹在其中，汗流浃背，

颇显吃力。在中学，除了语文不错外，其他功课成绩都是一般般，虽然汉语言文学专业函授大专结业，但这几年专注文学创作，专业课久搁荒废。自己能考上吗？

日子是熬出来的，终于有一天，他惊喜地接到了西北大学的录取通知书。

像第一次在《职工文艺》发表作品，像第一次在《陕西日报》"秦岭"副刊见到自己的小说变成铅字，像第一次在婚礼上看到娇妻的面容，他揣着那个装着红色入学通知书的信封，望着下面"西北大学"四个大字，实在不能相信自己的眼睛。

"我真的考上西北大学了吗？"他问自己。

"我确实考上啦。"他回答自己。

整整一夜，他躺在床上"翻烧饼"，不住地想来想去，激动之中带着不安，直到天明……

一时间，"王海考上西北大学作家班"成了厂里的新闻，好多人都持怀疑的态度，不相信那个又矮又黑、不爱说话的王海能考上大学，而且是西北大学作家班！

在一般人眼里，进入高等学府，那是知识的圣殿，只有那些风流倜傥的美少年才能获此殊荣。而王海，他不过是隔三岔五在报刊上发表个"豆腐块"的小文人，别说上西大，能上厂里的夜大就够他小子烧高香的了。

然而，铁的事实是，王海确实考上了。

在人们的议论中，王海拿着通知书找到了厂有关部门。有关部门请示主管领导后，王海的大学梦破灭了。

"专业不对口，一个工人上作家班干啥？"王海的事被搁下了。

这时，他的岳父雷秘书已调到外地工作去了。

巨大的喜悦被一盆冷水浇灭了。王海偏不死心，他直接跑到厂办公

大楼，找厂办领导。

"你是王海？在厂报上获文学一等奖的王海？"

"是我。"

"你有什么事？"

"我被西北大学作家班录取了，可有关部门不同意我去上学，说我专业不对口。"

领导心平气和地说："你坐下嘛。这也难怪，厂里有规定。"

"厂里规定就不能改改？"王海没有喝水，而是一口气说了一连串内心感受。从自己上中学的作文，到当兵时写的长篇小说《致青春》，再到进厂上班后干好本职工作的同时，又牺牲节假日为业余创作吃尽苦头……

领导被这位有些鲁莽但不乏个性的青年人的表白感动了，恻隐之心油然而生。

"你继续说吧。"

"大作家卡夫卡是银行的职员，文学家鲁迅当初是学医的，咱们陕西韩城走出的大作家杜鹏程只是一个战地记者，但他们在文学事业上的辉煌所带给社会的贡献，远非一个称职的会计、医生、记者可媲美。"

"嗬，你知道的还不少哩！你看这样行不行，我让人事部了解一下，先把你调到宣传部，然后再上大学，不就顺理成章了？"

"谢谢你。我只想上大学，怎么想办法，我不知道，只希望能给我一次机会。"

王海双眼冒着火，脸部的表情却显得十分真诚。

"好吧，我破一回例，给厂长汇报一下吧。你这小伙子，还真有股倔劲。"

经热心的厂办主任协调，厂领导以企业家的明智、大度和果断，终于同意王海的请求，批示厂培训中心主任亲自为王海办理了入学手续并协

调办理其他相关事宜，使这个痴情文学的青年走进了西北大学的校门。

上大学，而且是西北大学作家班，实在是一个人一辈子引以为豪的大事。

西北大学雄踞古都西安，领秦风汉韵，扬盛唐文明，文、理、工、管、法学科门类齐全，基础与应用研究并重，为全国重点综合性大学，也是国家西部大开发重点建设院校。

中华人民共和国成立以来，西北大学共为国家培养各类专业人才10万余名，绝大多数已成为所在行业、部门、地区的业务骨干、学术带头人和领导干部，有的已成为国家两院的院士。西北大学曾被誉为"中华石油英才之母""经济学家的摇篮"。先后涌现出著名"侯氏理论"的创立者物理学家侯伯宇、"王氏定理"的创立者数学家王戍堂、作家贾平凹、诗人雷抒雁、地质学家张伯声和张国伟、"长江学者成就奖"一等奖获得者舒德干、光电子学家侯洵等杰出代表。

更让西北大学尤其是陕西文化界骄傲的是，1924年，"中国现代文学的奠基人"鲁迅先生（时任北京大学讲师），利用暑期来西大讲授《中国小说的历史的变迁》，前后两次共十二讲……

如今，做着文学梦，而且已小有名气的工海，幸运地成了西北大学的一名学生，而且是作家班的，其欣喜的心情不言而喻。

谈起大学生活，王海按捺不住内心的激动和自豪。他从卧室找出一本有些发黄的同学录，封面上那个时期的一位当红电影女明星睁着一双深邃的大眼睛，满脸妩媚，仿佛也沉浸在主人公的喜悦回忆之中。第一页是王海与著名陕籍评论家阎纲的合影及全体作家班学员的毕业照。在60多人的合影中，瓜棚主人费劲地找出王海，站在第四排的他，年轻气盛，一脸阳刚之气，在黑压压的男男女女中乍看毫不起眼，仔细端详却令人想起了他在大学期间那篇令阎纲拍案叫好的中篇小说《鬼山传奇》，在同学录的扉页，他深情地写道——"西大西大，我的西大……"

全班 60 名学员，10 名女生，都是全国各地小有名气的青年作家。刚进校园，来自工厂的王海还是那么不动声色的样子，老坐在教室最后，遇到重大活动，他躲在墙角，不会唱歌，不善演讲，也不吆三喝六，瓷得像个兵马俑。

周末，学校举办舞会，看着同学们轻盈优美的舞姿，他坐在墙角的长条凳上，发呆，发愣，内心却羡慕极了。

一曲抒情的《草原之夜》又潮水般漫上心头，四周坐着休息的男男女女，纷纷结伴走下舞池，他心里掠过一阵惆怅和寂寞。

"王海，来，和我跳一曲吧？"全班年龄最大的李大姐走过来，邀请他。

"我，我，我不会啊！"王海望着李大姐，矛盾地支支吾吾。

"你这人，还是关中汉子，咋这么扭扭捏捏呢！不会就学，我教你。"李大姐来自青海石油局宣传部，性格开朗，活泼大方，虽然是巾帼一员，却浑身洋溢着泼辣干练的气息。

"我不会，上去会出洋相的。"王海憋红了脸，吭哧吭哧地说。但耳边那些舞者的欢声笑语和嘈杂的音乐又诱人地灌满耳朵，心就飘过去了，可双脚却像灌铅一样放在地上，进退维艰。

"走，走，谁生下来就会跳舞，万事开头难嘛。"李大姐不由分说，拽起王海，把他的手放在自己后腰，一只手搭在他的肩上，一只手轻轻握着他的手，走进旋转的人群。

"真的，我不会，从来没跳过舞。"当农民、当兵、当工人的王海经历可谓复杂，但这种花花绿绿的都市夜生活对他来说，是那么陌生，那么遥远，那么神秘。

"别说了，"李大姐善意地笑了笑，一边踩着舞步，一边说，"我教你，你向前伸左脚。我推你，你向后缩右脚。这个曲子是慢四步，对，就这样，一二三四，一二三四……"

只要哥哥你耐心地等待哟

你心上的人儿啊就会跑过来

"一二三四，一二三四。"王海被动地踩着舞步，心里默默数着节奏。他的头低着，看着自己的脚尖。

"抬起头，挺胸，跟着感觉。好，就这样。"李大姐循循善诱，伴他一步一步在音乐中漫步。

开始，王海沉重的脚步显得笨拙，因为他只注意脚下，一点没有轻松美妙的感觉。抬头挺胸后，他在蒙古族风格浓郁的音乐引导下，步子逐渐轻盈，并且慢慢踩上了节奏，一种从未经历过的舒坦，梦一般从心里掠过。王海如浑身洒满音乐圣水似的，妙不可言。

"怪不得，厂俱乐部一到华灯初上，那么多的红男绿女，过年似的盛装拥进去，兴高采烈地走出来，男的哼着小调打着口哨，女的银铃般笑吟吟的。"他下意识地想到。

"啊！"李大姐叫了一声，一只脚缩了回去，疼得直吸气。

"对不起，我踩了你的脚了。我说过我不会跳的。"王海充满歉意地望着李大姐，一时不知道怎么办才好。

"不要紧。"李大姐挥挥手，虽然脸上掠过一丝痛苦，但很快阴云散去，阳光灿烂。

"算了，我不跳了，要不，还要踩你脚。"王海说。

"别说了。听，多好的音乐，再废话就太对不起这良辰美景了。"李大姐宽容地又拉着他，在悠扬的旋律中，像一阵风，在人群中吹来吹去。

"世上竟然有这么好的事情？"回到宿舍后，王海怎么也睡不着，头一次跳舞的感觉太刺激了，他兴奋地在熄灯后仍枕着双手，望着黑乎乎的天花板神游八荒。

从此以后，王海好长时间都沉浸在跳舞中。他们班长老苗在宿舍门

口专门写了一副对联，道是"深夜欣赏迪斯科，早上背诵 ABC"，算是这段大学生活的最好写照。

每逢舞会，王海上瘾似的场场必到，而且和班上一个个漂亮的女生轮着跳，和别的班级女生跳，甚至和同学三三两两去附近的边家村俱乐部跳。有时人多，下饺子一般，他也乐在其中，释放着压抑太久的激情。

以文相识文学大师阎纲

两年西北大学作家班，最令王海难忘的是结识了文学大师阎纲。

学校请来当时陕西文坛风头正劲的路遥、贾平凹做文学讲座。贾平凹，这位从陕南丹凤县棣花镇走出来的、以一部长篇小说《浮躁》获美孚飞马文学奖的农民儿子，鼓舞了王海的士气。而路遥，这位从陕西清涧县王家村以中篇小说《人生》、长篇巨著《平凡的世界》轰动全国的文学巨匠，以自己的勤奋和胆略，再次为从关中农村走出的王海撞开梦想之门，插上腾飞的翅膀。

两位作家在精彩的演讲之后，与大学生们坐在西大校园的草坪上，侃侃而谈。由书刊上照片的神交，到面对面的交谈，王海第一次发现作家是那样的伟大，又是那样的平凡。

那时，贾平凹、路遥都处在文学创作的重要时期。王海清清楚楚地记得，贾平凹在1988年10月26日喜获美孚飞马文学奖新闻发布会上讲：

......

我常年生活在中国西北，那里是中国比较艰苦的地方，但正是这么个地方，更能从另一个角度体察到我们这个民族的兴

衰变化。

我感受着也参与着我们民族经历了种种磨难之后的新的变革，为取得的伟大成就而欢呼着，同时为存在的种种困难而焦急着和努力工作着。

……

而几乎是同时，以长达 100 万字多卷本长篇巨著《平凡的世界》荣获茅盾文学奖的路遥，在颁奖仪式上，动情地说：

我们的责任不是为自己或少数人写作，而是应该全心全意满足广大人民大众的精神需要。我国各族劳动人民创造了辉煌的历史和壮丽的生活，也用她的乳汁养育了作家、艺术家。人民是我们的母亲，生活是艺术的源泉。人民生活的大树万古长青，我们栖息于它的枝头就会情不自禁地为此而歌唱。只有不丧失普通劳动者的感觉，我们才有可能把握社会历史进程的主流，才有可能创造出真正有价值的艺术品。

与两位文学大师促膝交谈，内容从文学、人生到政治。王海第一次感受到文学世界的博大精深，第一次感受到作家职业的神圣，第一次感受到所谓写作——不仅是文字和标点符号的排列组合，还是一个人综合品质的冶炼、人格的升华，思想的前进……若干年之后，王海在一篇随笔《文学创作的灵气》中写道："世界上没有灵人和昧人之分。说他是灵人，他有可能做出昧人的事；说他是昧人，他有时也可能做出灵醒的事来……写作是老实的事情，要当好作家先做老实人。"

同班的诺晗，是一位来自云南省的哈尼族青年。有一天，王海得知这位贫困地区的同窗，从外地回来吃饭时没有饭票，他主动为同学买了饭票送过去，并为同学买了寒假回家的车票。

这种生活中的古道热肠，映射到文学创作中，则完全与王海创作的人物水乳交融，使他笔下的乡音、乡俗、乡情、乡思跃然纸上，作品显现出的生活画面和画面上的风俗人情，逼真得匪夷所思。

1989年底，阎纲为创办《中国热点文学》杂志，特别向西北大学作家班约稿。王海写了一篇名叫《鬼山传奇》的中篇小说，主人公在一个女子家养伤，养好了伤，也养出了一段苍凉的人生故事。人鬼之间，迷离恍惚，非人非鬼，亦人亦鬼。

这部中篇小说寄出，半月后，德高望重的阎纲先生回信："来稿看过，不错！可以用！"

阎纲，何许人也？《中国文化报》主编，全国著名评论家，堪称中国文坛泰斗，其评论文思老到，语落如珠，寓意深远，似散文又非散文，明朗而纯净，简约而不拘谨，轻轻松松在阅读之间，让你有所悟。其50多万字的《阎纲短评录》厚实隽永，文学评论造诣颇深。

上作家班时，当班里的同学们大谈阎纲的人品和文品时，王海只是像一个饥饿的孩子，躲在墙角老远看着蒸馍笼似的，只有偷偷闻香的胆量。连大名鼎鼎的贾平凹，读到某报刊登的阎纲对其一篇小说的评论时，也欣喜若狂。就是这个阎纲，远在北京的大评论家，竟然亲笔给名不见经传的王海回了信，而且是肯定的口吻。

这一次的激动，比起在西安火车站阅报栏看见"秦岭"副刊上的铅字文章，虽然心情一样，但其感情的强烈程度有过之而无不及。因为，那一次是因为短篇小说上了省报，从咸阳冲到了全省，而这一次却是一部3万字的中篇小说被首都一家国家级刊物录用，从陕西走到全国了！

王海沉浸在异常的兴奋中。在作家班中，他的"这一炮"也无疑摇了铃。一个月后，从北京寄来800元稿费，在大伙的吵吵下，6毛钱一斤饺子，王海让同学们吃了个痛快。

那一次，他喝多了，同学们也喝多了。这种心情从侧面反映在毕业

同学录留言中。有一位同窗在王海的同学录上写着："同是西北学子，便也没必要说得太多。来日方长，届时寻你再吃酒……"还有一位写道："酒宴之上，常来干扰。有说不完的话，汇成一句：友情为重，多多珍重，希望看到你的大作。"而一位女生则写道："进一步看你……退一步看你有歌有戏/一只南来孤雁的故事/一个多雪冬天的故事/心和心隔着篱笆/南和北不是距离。"虽是几年后毕业前夕的留言，可瓜棚主人从这些弥漫着酒气的字里行间，还是想象得到因中篇小说《鬼山传奇》的发表而举行"饺子酒会"上的气氛。

王海终于迈出了自己文学创作道路上的又一大步，全国文坛的制高点开始隐隐约约向他招手。

他似乎看到了自己最终成功的那一天。

一部作品打进首都，不能代表文学创作的水平进入"国家队"。但要最终进入"国家队"，"教练"是必不可少的。

王海一改过去不吭不哈的习惯，他主动跑到北京，开始从全国文坛大师那里汲取营养。

阎纲成了他拜访的第一位"教练"。中篇小说《鬼山传奇》虽已发表，但阎纲回信中，在肯定了作品的长处之后，同时对他作品中存在的问题也提出了批评，有些批评甚至很尖锐。但王海从信中读出了乡亲之间才有的亲切，便萌生了与阎纲见一面的奢望。

他带上家乡的土产，到北京后停留了好多天，在其单位门前徘徊数次，始终没有勇气直接去见这位已与自己通信多次的文坛前辈。

他只好选择打电话，一接通电话，两句秦腔味极浓的对话，便勾起了旅京陕籍大评论家阎纲的乡情。

"王海，你在哪？我来接你。"阎纲已听说王海来北京，却不知他在哪里。

"在你家附近的旅馆，我自己过去，我自己过去……"

走进慕名已久的阎纲家中，王海看见文学大师桌上摆着很多的书籍和文稿，心中陡生敬意。

两人谈咸阳的风土人情，拉家常，谈乡土文学，阎纲热情地找出刘绍棠关于乡土文学的文章给王海看，给王海讲。

不知不觉天黑了，王海要回宾馆去。阎纲下楼把他送到汽车站，又坐汽车送到地铁站，临分别，递过来一把伞，说："天阴得重，小心下雨。"

"不要！"王海说。

"防着好。"阎纲说。

出了地铁，大雨倾盆而下，砸得伞顶咚咚响，王海心里热乎乎的。

第三天，王海回程前给阎纲还伞，阎纲又给他做了顿"裤带"面，油泼辣子、醋、蒜，可口极了。王海一口气吃了两碗。阎纲又要送他到汽车站，又要坐汽车送他去地铁站。来回有十几里路，又是50多岁的人，王海心里过意不去，劝他回去，谁料阎纲硬是挤上汽车，一直把他送到地铁站。

关于这段经历，王海曾写过一篇情真意切的《乡党——小记阎纲》。这篇文章发表在《咸阳日报》上。阎纲深情地感叹："你有写不完的肖河故事，我像骏马注坡，驾着屈原的车子，蜷局顾而不行，不尽游子思乡梦。"

"美不美，家乡水，亲不亲，故乡人。"阎纲说："我和王海非亲非故，连他长得什么样也不知道，然而很谈得来——文学之交也。王海让我更加喜爱家乡父老，更加恋土思乡，像过电影一样，文学之功也。"

王海在北京与阎纲的相遇，对其以后的文学创作中，产生了深远的影响。

难忘榆林之行

那是 1989 年 6 月初，全班同学去延安接受革命传统教育。晚上，举办晚会，次日准备返校。王海提出想到榆林去，问："谁跟我去？"

没人响应。

"谁去榆林，看榆林的沙漠，在镇北台上去听征战的铁蹄声？"王海继续说道。

"我去！"

在大伙的讥笑声和口哨声中，一位女生勇敢地站起来，向王海走去。她姓张，诗歌作品颇有影响。

"王海，人家小张跟你去，你要毫发无损地把人送回来哟。"

两人会心一笑，站在一起。

其实，在绥德从事新闻工作的好友已在榆林等着王海，他给同学们说："榆林还有一位朋友在等着我，不止是我们俩。"同学们一笑了之，不再追问。

来到绥德，王海因好奇心驱使，下车满城转悠，欣赏了千狮桥，又发现"绥德汉"果然有异族血统，帅气英俊，而陕北美丽的婆姨也令他大开眼界。在当地一家报社，他们找到了那位记者朋友。这位热心的朋友知道他们去榆林体验生活，早已做好了准备，三个人结伴向陕北进发。

陕北是著名作家路遥的家乡。这位天才的作家在其逝世前一年的中篇创作札记《早晨从中午开始》一文中这样描写榆林：

时令已进入初冬，广阔的鄂尔多斯高原一片莽莽苍苍。残

破的古长城活像一条冬眠的蛇蜿蜒伏卧在无边的黄沙之中。

为了体验沙漠长途旅行后的艰苦滋味，他们三人徒步进入沙漠腹地，随身只带着一块面包和一瓶水，在炎热的太阳下，王海站在古城墙遗址上，雄伟的镇北台使关中农村长大的王海第一次感到边塞的雄浑。此时，沙漠尽头，夕阳落地，一片苍茫景象，空旷的风吹来，在耳边呼呼作响，仿佛成吉思汗麾下的蒙古铁骑，从此南下，纵横驰骋。王海血液里潜藏的军人的阳刚之气油然而生，伸开双臂，对着广袤的沙漠，扯着压抑已久的嗓子，胡乱吼道：

呼喊一声——

绑帐外……

"太有诗情画意了！"张同学是一个戴眼镜的女生，在激情中，她吟诵着初唐陈子昂的名句"前不见古人，后不见来者。念天地之悠悠，独怆然而涕下"。

而那位生性豪爽的记者，则在黄沙飞扬的风中，唱着信天游，十分尽兴。

这次远旅，为王海以后的写作注入了一种豁达、悲凉、雄浑的基调。在谈到他的小说的文化气氛时，有评论家想起悲凉沧桑的秦腔，说其文似"一声'实可怜'，两泪若沾襟"。王海生活的咸阳原，这个封建王朝建都之地，星罗棋布的帝王陵墓蕴藏着丰厚神奇的文化。但谁又能否认，一次偶然的榆林之行，那份空前绝后的苍凉和雄浑，不在他细腻敏感的精神世界留下斧凿痕迹呢？

正如王海所说："写作有没有灵感，或者灵气？有！这种灵感和灵气不是从娘胎里带来的，不是从天上掉下来的，是一种积累加冥思和天赋得来的，这就是文学的灵感或灵气。"

终于随着时间的推移，王海依稀看到了文学的曙光……

第七章 《鬼山》冲击波

文学给了他荣誉和幸福。他拥有了这些，更拥有了对文学深深的爱。

初醒文学梦

中篇小说《鬼山传奇》发表后，他写得更欢了。

同班的同学，皆非等闲之辈。

班长苗纪道，就职于河南省文联《奔流》编辑部，是一位厚道多才的兄长。他待人热诚、宽厚。他深情地这样写王海："来自咸阳宫，曾经呼啸长空。今展班超雄风，西大留才名。作家班上振海龙，文坛重'三情'，梦入《鬼山》神境，风流遍关中。"这首被"好事者"称为"戏笔"的行文老练，既点明了王海的当兵经历，描写了咸阳历史名人及后起之秀王海的代表作，又轻松调侃地展示了自己羽扇纶巾般的才情。

其实，王海与阎纲本不相识，老苗才是二人的"媒人"。

那天，他正在教室的桌子上埋头修改《鬼山传奇》的手稿，一腔心思正驰骋在五陵原上，正为那位重情的男子和风流的女主人公的故事闹得销魂荡魄。

"同学们，"只见苗纪道从外面一阵风般地刮进门，抖着一封信，叫，"北京阎纲老师来信了，向咱作家班约稿来啦。"

几个同学上前看阎纲的来信，不爱言传的王海依然坐在桌边，捏着

笔，为手头的这个中篇小说劳心费神。

"王海，阎纲是你咸阳老乡，他向咱班约稿，你有优先权哟！"

老苗径直走过来，把信摊在王海的面前，把沉浸在创作激流中的王海吓了一跳。

"我这篇小说，不知行不行？阎纲老师可是全国的文学权威，他创办的《中国热点文学》杂志，是国家级的杂志啊！"

"你不妨试试。"他未料到，苗纪道一句亲切的劝导，竟把自己第一部中篇小说送到北京，最终闯进了许多人一生都在拼搏却被无情拒之门外的首都文坛。

他与同班颇有盛名的作家的作品汇成一股文学的清泉，从八百里秦川流到燕赵大地，汇进文学的海洋。文章发表于 1989 年第 4 期的《中国热点文学》，好事的发行者竟在目录下写着：

> 一个年轻的游击队员，负伤醒来后怎么会躺在一个年轻
> 女子怀里？十几年的生生死死，她怎么是自己的女儿？

这篇中篇小说发表后，因其"卖点"在文坛上产生了不大不小的轰动，甚至有一家电影厂曾写信要求将其改编成电影搬上银幕。

这无疑使王海看到自己身上巨大的文学创作潜力。他开始鼓励自己，要写就写大的，中篇甚至长篇，在文坛上要树立起自己的一面又一面猎猎飘扬的旗帜。

同班的一位来自陕西省艺术研究所的同学叫姚泽芊，深情地鼓励王海："你身上有一股咸阳古原上的雄风，你会成功的，为兄拭目以待。"前文提到的那位来自云南的哈尼族同学诺晗，则写下了一篇长达 2000多字的散文《咸阳道上人》，发表在《云南日报》上，文中称："渭河长，咸阳宽。我们曾经从诗文中获得灵感，一幅'车辚辚、马萧萧，行人弓箭各在腰'的凄迷烟雨图，已成为历史幕布上的墨点，而今走来两个人，

阎纲和王海，都是咸阳道上人。"

读到这篇文章，瓜棚主人开玩笑地问："王海，你用几张饭票，却换回了人心，这几张饭票花得值得啊。"

王海却认真地说："你说的不妥，我们同学之间的友谊是最纯洁的，我不认为其中存在着什么交换。"

若干年后，"文学陕军"的代表、陕西作协的五个副主席竟都毕业于西大作家班，吴克敬、冯积岐、张虹、白阿莹、王海。

作家班里人才济济，给了王海巨大的压力，而压力之后顺理成章产生了巨大的动力。

他驾着文学的战车，一路冲杀。

不久，他完成了又一部中篇小说《坐牢也是军人》，写出了军人敢爱敢恨的性情与风格。

不幸的是，这部中篇小说被阎纲"因涉故事太敏感，不敢用"为由退稿，王海重整旗鼓，写出了第三部中篇小说《丧情》，描写咸阳原上的接生婆的一生，由接生牵动家家户户、恩恩怨怨、林林总总，角度很特殊，充满乡音乡情，令挑剔的阎纲爱不释手。

他又写了《儿子、老了》，小说塑造的小保姆珍珍，一个在城里主人眼里贬值的农村姑娘，人格在不断升值，反而使享用物质文明自以为高人一等的女主人黯然失色。

他又写了《山情》；

他又写了《噩梦》；

他又写了《信仰》；

他又写了《黄牛石磨抽根筋》；

他又写了《三刀传人》；

他又写了《希望》；

他又写了《石龟》；

他又写了《阿芳》；

······

写小说，成了在西大作家班求学的王海全部的追求。

在作家班的 408 宿舍里，这位苦苦做着文学梦，并且把一篇篇充满泥土味的小说冲出潼关变成铅字的赤子，抚摸着一沓沓沉甸甸的稿件，他思绪万千，神情激昂，动情地写道：

> 我的小说里的故事，都来自这梦里，生长在肖河岸边的我的亲人和乡亲大都是小说里的主人公，我写的每一篇小说都有他们的影子。
>
> 这个梦做得我很苦，我几次下意识地去部队找我的战友，那里有很多迷人的故事，然而我却找不见他们······
>
> 只有他们——黄土地上的父老乡亲使我不能忘记，他们随我飞向蓝天，走进喧嚣的城市。
>
> ······
>
> 我走出家乡，随同我的心一起飞向城市。在任何时候，在任何地方，黄土地上的亲人们都伴随着我，我一闲下来，就写他们，写他们的幸福，写他们的痛苦，写他们的高尚品质，勤劳和勇敢。
>
> ······
>
> 做梦是很有趣的，白日做梦更诱人。落月满屋梁，犹疑照颜色。
>
> 做梦是很累人的。一枕黄粱梦，对影成三人，醒时同交欢，醉后各分散。
>
> 梦境是很缠人的。一个人一生连几个好梦都没做过，活着还有什么意思。梦到今天，串联起来，成了一本小小的书，

献给我的老师和乡亲。

……

1990 年 3 月，正在西北大学上学的王海抑制不住冲动，将自己几年来创作的 14 篇小说打印成册，起名《鬼山》，寄给提携自己进入文坛的阎纲老师。

与他的第一部中篇小说《鬼山传奇》一样幸运，远在北京的大评论家很快寄回了一封信，写了一篇长达 2800 多字的热情洋溢的《序王海小说集〈鬼山〉》，开篇言道：

> 君住咸阳肖河岸，我在礼泉西北城，相去五十里，都是
> 黄土地。
>
> ……

王海高兴得一蹦老高。这年 7 月份，他从西北大学作家班毕业，回到咸阳。1991 年 3 月，他的中短篇小说集《鬼山》由作家出版社出版发行，在 20 世纪 90 年代的陕西文学界产生了不小的冲击波。

当时，咸阳在全省、全国叫得上号的仅峭石、沙石、邹志安、文兰、程海、杨争光、耿翔等几位专业作家，但在被文学圈视为权威的作家出版社出书，却是王海开创了咸阳文学圈的"先河"，在陕西文坛也是屈指可数的作家。

一时间，社会各阶层一片哗然。有好多人问：王海何许人也？

翻开装帧朴素的《鬼山》一书，我们看见作者同样朴素的二寸黑白照片，一脸倔强的神气，偏着头，眯着眼，仿佛总不能从梦想中逃脱出来的样子。封面书写的几行小字，像作者一样朴实无华，回答了读者的重重疑团——

> 王海，咸阳北杜人，在陕西咸阳某国营厂工作。曾在航

空兵部队服役,当过航空机械员、航空教官。从小爱看秦腔戏,喜看小说。平时写点"豆腐块",发表小说、报告文学等20多万字。自认为是个笨人,一辈子不会有什么惊人之作。1990年毕业于西北大学作家班。

然而,就是这么一本仅仅256个页码、8个印张、小32开本、约15万字的小册子,却在小小的古城咸阳乃至省城西安掀起一圈又一圈的涟漪,搅得陕西文坛热热闹闹。

有报纸刊出题为《王海小说集〈鬼山〉出版》的消息,文中称:

> 青年作家王海,最近双喜临门。去年年底,省作家协会吸收他为会员,新年初,他的中短篇小说集《鬼山》又由作家出版社出版。
>
> 由著名文学评论家阎纲作序的小说集《鬼山》收入了王海近几年创作的中短篇小说十四篇,十五万字。《鬼山》出版后,引起陕西文坛对王海的关注。

没几天,澳门的《市民日报》在头版刊发"特讯",以"古城二娇赴濠江,鬼山叙述寡妇怀"为题,对刚刚出版的小说集《鬼山》进入当时尚未回归祖国怀抱的澳门市场的盛况进行了报道。

一向以严谨的学术性著称的《西北大学学报》,也密切关注着本校学子王海的行踪。在一版位置刊发一则消息,引起王海的新老同窗及师长的注意:

> 我校作家班88级学员,青年作家王海中短篇小说集《鬼山》于日前由作家出版社出版,省作协及《小说评论》与咸阳市文联为此在咸阳联合召开了研讨会,对此书进行了研讨。我省著名文艺评论家王愚、李星、费秉勋、刘建勋、刘建军

等出席了研讨会。参加研讨会的评论家认为，该作品具有浓厚的地方色彩，是典型的黄土文化，有巨大的命运感，很感人。王海深入生活创作的路子是正确的。

冷眼观评论

王海小说集《鬼山》出版后，省、市评论界名家、40多位作家云集咸阳彩虹宾馆，参加由省作家协会《小说评论》编辑部和咸阳市文联共同主办的"《鬼山》研讨会"，盛况空前，专家评价甚高，很多媒体在头版刊发消息，开了新闻宣传的先河。在研讨会上，来自省、市的著名评论家、作家对《鬼山》作了热情洋溢的肯定和批评。

时任《小说评论》副主编的李星先生说：王海的小说写出了人伦感情，细腻地刻画出城市文化和农村文化碰撞变化的微妙过程。《儿子、老子》是一首情感的诗、教育的诗，读后使人放不下。情节真切、文笔饱满，有内在的深刻；《丧情》是一篇旧礼俗小说，但不同于展现风俗，作者通过一个接生婆的葬礼，写出了死人的喜剧，活人的悲剧；

《山情》是在写命运、写渴望，写妇女对生活的渴望。杨花的喜剧是大变革前的悲剧；《鬼山传奇》很有趣味，有饱满的故事。故事连接自然，有质朴之感。小小说没有中篇小说好，作者驾驭中篇小说的技巧更熟练。

西安文学艺术研究所董子竹说：《鬼山》有浓厚的地方色彩，是典型的黄土文化；"剪不断、理还乱"是《鬼山》的深刻内涵。作者面对着黄土文化和改革后的新文化没有去追求时髦，他从生活中找到了自己

的文化。在这两种文化撞击中，他用一个正确的角度透视社会、反映生活，升华了生活的哲理。《儿子、老子》小说是生活的真实写照，本色的美。文笔虽然不老到，但在这不老到中看不出笨拙的痕迹。《丧情》几乎没有情节，是白描。作者对人生整体的把握很好，把各种人物拉到葬礼这个舞台上演出，剧情是悲壮的。

西北大学作家班的班主任、西北大学教授刘建勋，在自己的得意门生王海大学毕业前，在其同学录扉页上留言："置身须自极高处，举首还多在上人。"半年多后，欣闻王海第一部小说集《鬼山》在京出版，他兴冲冲赶到咸阳参加其作品研讨会，并语重心长地谈着自己对该书的一番见解：

《鬼山》作品没有斧痕，朴实无华，细节独特、生动，文体饱满。

《丧情》写出了妇女的悲惨命运。山村女子对美好生活的渴望，有很重的乡情味，是一篇感人的佳作。

《儿子、老子》抓钱一段很有味，在一些情节的描写上几乎无技巧，正是这种无技巧的描写显示出作者的朴实无华的妙笔。

王海的老师方振铎说："王海每次发表作品，都送给我看。我每次都看得很仔细。我今天能参加这个会是很骄傲的，因为王海是我的学生。我这个学生从小倔强，或许正因为他倔强，才有了这样与众不同的倔强作品。"

西北大学教授薛迪之说：《鬼山》画面清晰，是一幅风俗画，写出了现代农民的心态和矛盾，从生、养、息等方面反映了农民的生活。整个作品给人一种沉重感，对话语言很感人。《丧情》描绘了各人有各人的心态，把原本的生活反映得很好。场面宏大，人物个性鲜明。后边的几部小小说写得很巧、很妙、很有味道，通过一件件小事，从不同的侧面反映了一个大社会。《鬼山传奇》是一幅悲壮的风情图画，完全可以改编成电影。

陕西师范大学教授畅广元说："看完《儿子、老子》引起我很多联想，看起来是在写'儿子、老子'的故事，其实是在写我们教育的困惑，生活的困惑。这个作品是对普通人生的真实体现。""《鬼山传奇》把个人的遗憾过多的归结为历史原因，有点欠思考，没有做深层的思考。"

陕西省作家协会《延河》主编、著名作家白描说："作者一开始就写生活，没有走弯路。他写生活很动情，使著名评论家阎纲竟情不自禁地感慨，称他是不修边幅、不善精工、不露斧痕、痴心于浑然天成，敢于放纵笔墨，多少带有自然主义琐碎陋习的作家。

"小说《丧情》展现的是一幅农村生活的风俗画。作者把人物特定的心理把握得很好，他熟悉农村生活，表现农村人物毫不费力。

"王海依恋他的故乡生活，却没有一味地把自己沉浸在故乡里。他依恋故乡生活，却厌恶故乡的那些愚昧，他生活在城市的文明之中，却仍割不断对故乡生活的思念，这种矛盾在小说《山情》中表现得很明显。杨华从城里到山村所带有的那种矛盾，也是作者的心理矛盾。

"让人们的心灵去撞击吧，这是作者的妙手一笔。

"小说集《鬼山》是一枝深情的生活之花，是一幅农村生活的风俗画，是一部动人的人情人性之书。小说《鬼山传奇》是好题材，很感人，有巨大的命运感。但父女情感的描写是败笔。"

咸阳市文联主席、著名作家峭石说："王海敢于面对生活，冷静地思考生活。今天，王海能拿出如此受读者喜欢的作品是不简单的。他之所以成功，是他选择了一条自己的创作之路，这条路是王海之路。"

与会的西北大学中文系主任刘建军教授，西北大学费秉勋教授，咸阳师专韩梅村教授，评论家李国平、邢小利等也做了热情、诚恳的发言。

《小说评论》主编、省作协党组副书记、著名评论家、会议主持人王愚说："咸阳的文学正在形成一个势力，有的作家在自己的辛勤劳作中出版了专著，并且获得了一定的影响。咸阳的作家每个人都有自己

的个性。尽管王海的名字还不被很多人知晓，但他的作品已在社会中流传。"

"生活造就了作家，王海是一个在特定的环境中成长起来的作家。他的创作路子是正确的，是一条成功之路，沉下去，悟它几年，一定会有惊人之作。"

……

一时间，王海和《鬼山》，成了文学圈经久不衰的话题。

在作品研讨会之后，初尝收获喜悦的王海，在巨大的"胜利"面前，并没有沾沾自喜，而是认真听取专家对自己作品不足的意见和建议，并深刻反思自己的创作。

应该说，王海之所以在文学道路上不断进步，与他的冷静、谦虚、倔强、永不停歇的进取精神是分不开的。

但是，他心里并不满足。他知道，自己的人生刚刚迈过 30 岁，而文学创作似乎才刚刚起步。如果躺在成绩簿上睡大觉，岂不成了那只夜郎自大的懒惰兔子，让蠢笨的乌龟不声不响地超越了自己。况且，他是咸阳帝陵脚下走出的血性男儿，他所发表的文章也只不过是他前进道路中刚刚迈过的一道道横杆。小说集《鬼山》的出版，虽然与 24 岁的海明威出版的第一本书《三个短篇和十首诗》相比仅发行约 300 本，自己的开始可能还挺不错。可是以"硬汉"著称的海明威，终生为文学奋斗，创立了令文学界叹为观止的写作"冰山原则"，先后发表了《老人与海》《永别了，武器》和《太阳照样升起》等中长篇小说，对 20 世纪世界文学产生了巨大影响，荣获诺贝尔文学奖。

而自己的小说集《鬼山》又能说明什么呢？王海又陷入思考，进入了少言寡语的状态中……

第八章　彩秦的小路

　　彩秦的小路，留下他一串串与人为善的故事，留下了他太多的遗憾，使他经历了一次重要的人生体验。

当"官"

　　在王海看来，小说《鬼山》的轰动，只不过是圆了自己的文学梦想，而要找到理想的工作，无疑才是实实在在的事情。

　　厂里正在机构改革，王海从西北大学作家班毕业，暂回到原来的车间待命。他刚上班，车间通知他，厂人事处找他。

　　王海满腹狐疑地走进厂办公大楼。

　　"你是王海？"他被领进一间办公室，厂人事处处长惊讶地从桌子后面站起来，热情地问。

　　"我叫王振海，王海是我的笔名。"

　　"有出息。你的事我听说啦，一个工人考上大学，又写了那么多小说，是个人才啊。"

　　"我……不算啥人才。"

　　"你不要谦虚。来，喝水！"

　　"谢谢。"

　　面对这种热情的接待，王海有些手足失措，他接过处长递过来的水，

心里暖乎乎的。

"抽烟吗？"处长掏出一根带把的香烟，扔过来，仿佛扔过来一支橄榄枝，使王海想起了部队里那些战友的豪爽和热情。

"我不会吸烟。"

"是吗？"

"我不会吸烟。"

"真没想到啊。"

"处长，找我有啥事？"

"听说你从西北大学作家班毕业回厂了，厂领导过问此事，要我给你安排工作。"

"到车间去也可以。"王海说。

"这不是可以不可以的问题，这是企业人才管理的原则问题，到基层锻炼一下也行，彩秦厂缺一个办公室主任，你能写，可以发挥作用，你去不去？那是咱厂与政府的一个合资企业。"

"组织叫我干啥我就干啥。"

"这么说，你愿意喽？"

"我去。"

王海的回答与当初安排自己去车间时一模一样。他后来才明白，这种安排使他彻底走上了"干部"岗位，在大学学到的知识可以发挥更大的作用。企业的办公室主任，是仅次于副厂长的角色，对一个人的写作能力、协调能力、组织能力是很好的锻炼。应该说，人事部门的这一安排是对人力资源最佳配置的明智之举。

王海被安排到彩秦厂任厂办主任。根据人事部安排，王海回家休息，准备两天后上任。

"王主任！"早上起来，王海走出家门，正在生活区散步，突然听见一个女士的声音。他抬起头，只见一位大姐笑眯眯地看着自己，他蓦

地意识到自己已是彩秦厂的"厂办主任",成了这个企业的一员了。

彩秦厂位于大厂西北角,离生活区两三里路程,是大厂的下属企业。建厂筹备阶段,机关人少,厂里暂时每天派一辆"丰田"面包车来回接送职工。大姐姓沈,在彩秦厂里负责人事工作,她是在等车上班时遇见王海的。

一车人扬着笑语西驰而去。望着面包车的影子,王海意识到自己再不能游离世外了,他必须尽快融入到这些充满活力的人群中去,走上自己崭新的人生历程。

王海到彩秦厂任厂办主任后,曾写下一篇情真意切的散文,主人公正是那位为企业默默奉献的大姐,全文仅 1000 余字,照录如下:

彩秦的小路

这是一条通往彩秦的小路。

脚下的水泥路散发着烤人的热气,头顶似火的太阳炙烤得她头脑昏晕。她双手撑起红色的尼龙兜遮盖在头顶上。低头行走,气喘吁吁,水色凉鞋越来越沉,双脚疲困,迈一步就像迈过一座山。

她想起同事们骑的那辆自行车,人骑在车上,脚踩着蹬儿,自行车飞起来,微风拂着脸儿,薄裙在风中起舞,浑身好清凉,好爽快呀!然而,她不会骑自行车,只能靠两条腿走过这闷热而偏僻的小路。

她抬起头,太阳依然是那样的火红,周围的空气依然是这般闷热,穿过铁路,她的眼前闪现出一座厂房和一座棕红色的办公楼,这就是彩秦厂,她心中的彩秦哟!

彩秦厂是一个新厂,新厂代表着活力、力量,代表着生机和希望,这种希望支撑着她做好自己的每一项工作、每一

件事。

她略胖的身体，不惑之年已闪出几岁，每当她从那条小路上走出，同事们大都难以相信，她那显得略胖的身体何以有如此大的力量，日复一日地行走在这条漫长小路上。

她在彩秦厂负责劳资人事工作，兼管工会，人多事杂，大小事都得她亲自去跑。一天，她的小腿连同脚腕都肿得好大，同事们都说这是累的，她却说"不是，不是！"到底是什么原因，谁也不知道。

同事们说："你一定是累的，大热的天走那么长一段路……"

"不是，不是……"她每次都否定。

这条闷热的小路，这条寒冷的小路，这条寂寞的不被人们注意的小路满载着她的希望和烦恼，陪着她去上班，她和这条小路结下了感情，她告诉同事，这条小路可好走啦，走起来好爽快！

有一天，她突然说："我要调走了。"大家都感到惊愕。

"傻瓜！是傻瓜才不明白呢。"大家突然想起她的腿，有人执意要看她的腿，无奈，她卷起裤腿，手指压下去，一压一个窝，再也起不来，大伙看着谁也没说话，每一个人的心里都涌出一种内疚之情。

她要走了，有人提议给她送一句话，想了半天，大家觉得她这人非一句两句能概括的，有人蹦出一句来："小路弯弯云和月，勤恳耕耘两万里。"

没有人说好，也没有人说不好。这句话引起同事们关于她的很多联想。每一个人仿佛都觉着欠了她许多……许多语无伦次的话语跳出心窝，打破了这长久的沉默。

她走了，很多人去寻找那条小路。有人找到了，有人没

找到，找到的人说："这条路本来就不好走，在大厂工作多好，何必要走彩秦这条路，彩秦的人大都是傻瓜！"

没有找到这条路的人说："这条路本来就不存在。她走的那条路是一条精神之路——彩秦精神之路。"

"欢迎！欢迎！你是王振海吧？你能来彩秦上班是我们想不到的。"在人事处处长的陪同下，王海来到彩秦厂。憨厚的马厂长站在大门口，车门一开便伸出一只大手，乐呵呵地说。

望一眼正在建设的厂区，王海傻眼了！虽然在大厂的那个车间当工人，但厂区干净的水泥路，优雅的草坪和宽大的厂房十分美观舒适。而在这里，自己虽然是个"干部"，可脚一沾地，皮鞋便由黑的变成黄的。除刚建成的三层办公楼外，到处堆满建筑材料，车间正在紧锣密鼓地施工。

"王主任，进啊？"人事处处长推了他一下，他和马厂长往里走去。王海只好跟着他。

"如果你对这里不满意，工作还可以调整。"人事处处长看着情绪不对劲的王海说。

"别挖我的墙脚！"马厂长赶紧抢过话头："王主任，咱厂正筹建，正需要你这样的人才呀！在这里，你的才能可以充分发挥。而大厂那边，人才多，你很难发挥出来。我们很需要你这样能写能干的优秀人才哇！"

"你可考虑好。如果不满意，过一段时间，我们再给你找个合适工作。"说话间，三人已走进二楼的会客室，人事处处长笑眯眯地说。

"我就在这里干，不走了。"马厂长的一番话说得王海心里由凉变热，他神情坚定地说。

"那好，我回去就安排发文！"人事处处长高兴地说。

小路弯弯

彩秦厂办公室主任王海走马上任了。

这是一个刚建的新企业。上班后，王海立即陷入了繁忙的工作之中。几百名员工，他从大厂、市区一个个招来，严格把关，安排培训。夜里，他用写小说的笔，加班加点起草企业管理制度，几天下来，成了厚厚的一大本，其字数相当于一部长篇小说。车间调试设备，他没黑没明地儿与马厂长跑在一线，与工人们同甘共苦。

彩秦厂当年安装生产出来的第一批产品出厂时，王海与一心扑在企业建设上的马厂长长长地舒了一口气，比喝下一口"西凤"还要回肠荡气！

第二任厂长郑银瑞，是从大厂销售公司办公室主任岗位选拔的一员"虎将"，让初战告捷的王海来不及歇息，再次掀起他人生道路上的一个高潮。

"我们生产的产品，不仅要保证大厂的供应，而且要打开外部市场，取得更大的效益！"深知企业经营之道的郑厂长，仿佛是运动员，从前任厂长手里接过"接力棒"，以更快的速度推动着企业航行。

作为厂办主任的王海，自然成了企业发展的急先锋。

彩秦厂在郑厂长的经营思路下，产品很快推向全国，与日本产品争夺市场，企业迅速扩张，除生产营销主导产品外，下属已有五个实体，王海成了这几个实体的"公关先生"。办事靠朋友，这是王海人生的信条之一。本来此话不假，他的善良使他结交了不少神通广大的朋友，其中不乏英雄侠胆的义士，使他在商场左右逢源。纸品厂生产的深加工卫

生产品需在省上办理药检字号手续时，少数与《水浒传》中王秀才一样的"小人"却利用了他的善良，使他吃尽了苦头。

"只要你能给我厂办成这事，我们绝忘不了你！"经朋友介绍，王海找到了一个据说与省卫生厅副厅长关系很"铁"的公司老板。

"这个，"老板客气地说，"现在这社会，人都忙自己的生意，帮人在上面办手续麻烦得很。再说，你厂长又没来，我怕夹你的手……"

"你甭担心。你有什么难处，尽管讲。只要把这事办成，我能拍板。"王海急于求成，拍着胸脯说。

"听说你们大厂生产电视机，给人家送几台电视，事情就好办！"

"没问题！"

为了尽快办下手续，王海请示郑厂长后，将五台电视机送至该公司，回家等了几天，便接二连三地去该公司催要省卫生厅批文手续。

两个月后，他再打电话，那边没人接，急忙搭车赶往西安，那个公司已人去楼空，曾经信誓旦旦的"老板"打传呼不回，手机不接，他一下子"傻眼"了。

这无疑是一笔昂贵的"学费"。尽管事后郑厂长批评了他，提醒他以后多长个心眼外，但仍十分信任他。可善良的王海为了企业的利益，又犯了一个"错误"，这次他自己"损兵折将"，又交了一笔"学费"。

厂里经常与外商打交道，购买日本原料时，美元奇缺。王海听说一个朋友认识外商，便利用礼拜天去汉中，住在招待所，立即与朋友联系，不巧的是，这个外商住院了，他只好在招待所等候。

第一天过去了。

第二天过去了。

第三天，他实在耐不住性子，冒冒失失去医院打听，这里哪有外商！站在医院门口，王海后悔地直跺脚。车费、住宿费等花了一大堆。他回厂见了厂长，厂长只字不提他受骗之事，他心里却很不是滋味。

这就是王海，一个善良的文人进入官场后的尴尬经历。

这年 10 月的一天，瓜棚主人正在咸阳市某国有企业工会供职。业余时间酷爱写作，诗歌《女朋友》在《星星》诗刊发表后，自感在文坛上小有名气，便骑着自行车去找王海。

"谁是王海？"在二楼楼梯口，瓜棚主人看见一位白白净净的黄头发女子夹着蓝色文件夹往前走，便怯怯地问。

"王主任，有人找你。"她转身进了二楼一间办公室，向一个坐在桌前打电话的青年说，随手放下文件夹，又一阵风似的飘去了。

"我是王海。"他个子不高，黑黑的，眸子里透出一股犟劲，一口标准的土话。见有人站在门口，便热情地走过来，伸出大手，一身蓝工装干干净净，胸前戴着工作牌，很正规的样子。

"我叫瓜棚主人，是某公司的，爱写诗。在报上常看你的作品和报道，特意来看你。"

"快进来！快进来！"他乐呵呵地拉着瓜棚主人的手，高兴地说。

"喝水！"他递过来一杯茶，不容分说把瓜棚主人接进办公室，墙上一排悬挂着整齐的制度、文件，还有报表。

"你能否赠我一本《鬼山》？"瓜棚主人坐下后说。

"这有啥问题？"他弯腰在文件柜里翻了半天，终于找出一本浅黄色封面的薄书，水墨画的图案很有一种野气，"鬼山"二字点缀在云朵之上，显得浅淡精致。

"写得不好。"

"嗬，作家出版社，档次挺高么。"

"让你见笑了。"

"不，我回去一定要好好拜读，麻烦您给我签个名好吗？"

"我的字丑，算了吧？"

"一定要写，留个纪念嘛。"

他接过书，拿出钢笔，在扉页的空白处写道：

送瓜棚主人先生指正

王海

1991 年 10 月 16 日

瓜棚主人接过一瞧，其字确实不敢恭维，但他写字时偏着头"吭哧吭哧"的认真劲儿，却使人难忘。中午，他生拉硬拽请瓜棚主人到厂区附近的一家川菜馆，两个人，热热凉凉的点了一大桌，神采飞扬，喝得醉醺醺的，又拉着瓜棚主人去他家里聊天。他家藏书不多，但墙上耀眼的是老诗人臧克家的一幅字，卓尔不群。

应凭业绩标高准，不以浮名树伟人。

王海说："《鬼山》发表后，阎纲老师把我的作品推荐给臧老，当时我正在作家班读书，臧老给我送了一句鼓励的话。"

在工作中，王海的"善良"表现为高度的敬业精神。

彩秦厂有一位技术员张先生，去安阳玻璃厂推销本厂的产品，对方不相信国产产品，一直依赖日本产品。张先生天天站在厂门口，带着产品，逢人就宣传。八月十五中秋节也没有回来，终于感动了对方，使"彩秦"的产品打进了安阳市场。王海在后方鼎力相助，带人提着礼品去张宅慰问。张先生回咸阳，他带人到车站去接，献上了一束鲜花，又马不停蹄地请电视台对其采访。张先生讲述到感人处时哭了，王海也感动得抹眼泪，大男人像小孩子一样泪水汪汪。

"你在当厂办主任时，有什么难忘的事没有？"瓜棚主人极力想挖掘一些王海当年的"英雄事迹"，便进一步追问。

他便讲起自己第一次因病住院的经历。那是一个下午，他听说厂里有位女工患肝癌，在西安住院，已不行了，便开车去看望。病床前，弥

101

留之际的病人看了王海一眼，那目光中对生的渴望具有强劲的穿透力，使他的灵魂深处受到震撼。他回咸阳的当天晚上，便传来女工逝世的消息。接到电话，王海的心里老是忘不了那凄然的目光。出于职业要求，他连夜带车去医院太平间拉人。

夜幕下，他在驾驶室里，听见后厢"哼"的一声，他知道遗体已放上车，让司机开车，逃难似的向咸阳开去。一路上，老家坟头的鬼火、人浇地掉进塌墓坑的回忆，在夜幕中挥之不去。两人一边开车一边吸烟，靠忽明忽暗的烟头壮胆。谁料车至厂殡仪馆时，工作人员拉开后厢，问："王主任，人呢？"

他"轰"一下懵了。"不对，在医院太平间门口，遗体是装上车的。"王海下车，边走边说，当他看到空荡荡的后车厢里只有担架时，惊呆了。

"真的装上了，不可能半道掉下来吧？"司机说。

"也是，莫非见鬼不成？"王海嘴里说着，脑子里却晃动着死者那双凄然的眼睛，由于惊恐变得一片空白。

"这咋办呀，王主任？"司机吓得面如土色，呆呆地站在死者亲友的面前说。

几个人正在发愣，后面的小车追了过来，司机喊道："王主任，你没拉上遗体跑啥呢？担架扔上车，还没放遗体，你们就跑了，让我们追得好苦。"

几个人一阵好笑。

第二天送走女职工，他很疲困，家属请帮忙的工友吃饭，他为壮胆也为消毒，喝了几口酒，回家后准备上班，突然跌倒，被送进医院，一住就是四十天。第二年的同一天，吃罢饭走进房门，突然昏迷过去，再次被送进医院。

"你说，神不神？"他用带着迷信色彩的眼神看着瓜棚主人，说："那双眼睛太让人难忘了！我觉得，自己平时虽然喜欢舞文弄墨，但作

为党员，作为一个企业管理者，对一线工人关心得太少了，她对生命是那么留恋！"

这件事，使同样重感情的瓜棚主人为之震动。

王海说："我这一生，有两件事说不清，第一件事：在彩秦厂，厂办文秘用完摄像机，放到库房，说她明日请假，便把库房钥匙交给我保管，我俩一块儿下班回家。我当天忙，一天没进库房，文秘回厂说摄像机丢了，我俩慌忙到库房查看，摄像机确实不见了。厂里有门卫24小时值班，办公楼晚上生产科调度室有人值班，公安干警来了也没破案……摄像机'飞'走无痕。

"第二件事：我调到市政府文化局工作，市委主要领导找我谈话，我去见市委领导，办公室无人，我到秘书办公室打电话，秘书说，今日领导有事，改日见吧。秘书回到办公室告诉我，桌上的电脑不见了，说他走时还用过电脑。我让他赶紧看监控，监控里，我背着挎包进了秘书办公室，一会又背着挎包出来了。这段时间里，只有我出入秘书办公室。好在秘书安慰我说：'我相信你，绝对没拿……但这台电脑到底去了哪里？'"面对这些神秘的事件，瓜棚主人也难以回答。

在谈到对王海担任厂办主任的印象时，一位车间负责人说："我和王海在一块儿工作了三四年。在厂里，他这人光明磊落，为人堂堂正正，他把部队雷厉风行的作风带到企业，敢抓敢管，思想超前，待人诚实。尤其是他创新性地制定的企业管理制度，有的条款走在大厂前边，十几年来沿用至今。"

作为作家，王海用自己的智慧和胆识，在厂办主任这个岗位上，写下了一部与小说异曲同工的"文章"。

"王兄，你认识大厂的张厂长不？"

"咱认识人家，是在厂报和电视上，张厂长不认识咱。"

"我可以介绍你认识。"

这是一位中央媒体的记者，经常从北京赶到咸阳采访，自然和大厂的"老板"成了朋友。王海在一次接待他的采访中与之交谈甚深，遂成莫逆。

"你是王海，咱厂的作家？"张厂长（后调入国家电子工业部任副部长）在办公室见到貌不惊人的王海，比当初那位爱才的人事处处长还要兴奋。

"我是王振海，也叫王海。"

"听说你从西北大学作家班毕业了，现在在哪个部门工作？"

大厂是一个几万人的大型企业，厂长只过问中层干部及各分厂主要领导的人事安排，一般干部的调配他根本无暇顾及。

"我在彩秦厂办当主任。"

"你怎么分到了彩秦上班？"

"大厂人事处分配的，我很满意。"

"满意什么，你应该留在大厂办公室！你看这样行不行，我给人事处打个招呼，你到大厂办公室上班去，怎么样？"

"谢谢张厂长，我是从基层锻炼出来的，对下面有感情，你让我继续留在彩秦厂吧。"

"这样……"

"张厂长，我在彩秦厂发挥得很好，您放心。"

张厂长不解地摇摇头，看着这位工人作家的背影，一个人在办公室叹气。而军人出身的王海，离开大厂办公大楼后，又大踏步地向彩秦厂走去。他知道，那里有很多困难需要他去解决，还有太多的事务需要他办理……

第九章 军训

没有这次严格的训练，王海在生活中，可能会做出令人难以想象的傻事。军训既锻炼了他的素质，也磨炼了他承受苦难的意志。

枯燥无味的训练把人逼疯了

西安陆军学院位于秦岭中段的终南山脚下，门前有一条土路，路边是茂密的玉米地，仿佛陶渊明笔下的"世外桃源"。王海看到窗外清新的田园风光和军营的庄严气氛，心情好极了，似乎又回到十几年前在部队工作、读书、写作的激情记忆之中。

同行的一群人离开封闭的厂区，被大自然的美好景色所感染，一路欢声笑语，来到了西安陆军学院。

大厂内部实行改制，下属成立事业部。电子玻璃事业部在陆军学院为管理干部举办了隆重的开班典礼。

王海代表40多名军训学员作表态发言："感谢工厂给我们提供了这个难得的学习机会。我们要遵守部队纪律，服从教官命令，加强学习，磨炼意志，把身体锻炼好，回去更好地完成振兴企业的任务。"

几年的企业管理工作的锻炼，他已完全成为一个企业管理者了。

夜幕徐徐降临了，巍峨幽静的终南山吞没了平原的喧闹，

大地显得格外的沉寂，一阵节奏感极强的口令声和雄壮有力的喊杀声，在这沉寂的傍晚格外响亮，追其声、闻其音，这里就是闻名全国的西安陆军学院所在地。

为适应实施大公司战略的需要，提高职工综合素质，电子玻璃事业部首批军训学员将要在这里生活 20 天，接受部队严格的军事训练。

……

这是王海在军训结束后，发表的一篇报告文学《"当兵" 20 天》的片段。文笔优美，显得十分清新，这也多少反映了参加军训前王海的美好向往。可现实毕竟是无情的，容不得半点幻想和想象。

严格的管理令离开部队十几年、有些发福的王海受不了，而住宿条件更使他有些难以适应。营房里，4 个人同住一室，晚上有人打呼噜，有人说梦话，有人磨牙，住惯两室一厅的王海连续几夜失眠，痛苦不堪。他在《"当兵" 20 天》一文中，突然掉转笔锋，用白描的手法叙述"残酷"的军训"内幕"：

一进军校大门，一切行动都受到约束。出门办事得请假，早上、上午、下午吃饭来回队列行走，晚上基本没有自由活动的时间，没事必须守在宿舍里。三天憋得大家出门就想喊。看电视、看电影也得统一行动，电影场周围站着十几位跨列站立的执勤士兵，任何人不许走动，更不能中途离场，不允许吃小吃，更不许抽烟。一坐就是几个小时，电影的内容和部队的生活一样单调，有趣感人的是那些在电影场周围似雕塑列队的士兵，有人埋怨说："真不如去走队列。"

那么，走队列的"生活"怎么样呢？

2003 年 7 月 11 日，瓜棚主人坐着王海的面包车，来到位于西安南二环永松路附近一个小区的王海创作室。

时值周末，王海坐在工作室与瓜棚主人侃侃而谈，墙上的"陕西文化人"画面显得十分醒目，靠墙排成"列兵"的书阵，令人想起这位曾在企业拼杀的作家的往日风采。

"西安陆军学院位于终南山下，这里是唐代诗人杜甫、白居易常吟诗作画的好去处。可我在那里的 20 天，简直和但丁笔下的炼狱差不多！"

"这就怪了？你不是当过兵吗？"坐在柔软的沙发上，瓜棚主人摊开采访笔记，呷了一口"碧螺春"，不解地问。

"我们那是空军，我干的是飞机维修，对军事基础科目要求不严，而陆军学院是训练步兵的，队列训练十分严格。你不知道，那是 7 月天，关中地区最热的时候。这些人大都是管理干部，整天坐在办公室里，干的是脑力活儿。可军训是在太阳底下进行，体力消耗很大。天不明就出操，打背包，穿衣服不允许开灯，有人手忙脚乱，跑在路上才发现鞋带没系好或鞋穿翻了，教官不停地吆喝，整得像打仗一样紧张。

白天练队列，立正，稍息，正步走。简单的动作不断重复，还是有人过不了关，大家都得罚站。最可怕的是中午不让休息，吃完饭连轴转，缺乏睡眠，大脑便昏沉沉的，谁能受了？"

"是吗？"瓜棚主人茫然地看着他，对这个问题一时难以想明白。瓜棚主人曾经去过军营两次，一次是去兴平某后勤部队采访，一位同学在那里担任上校军官，在他温馨舒适的两居室吃完西瓜后，被安置在条件不错的招待所里，里外套间，有空调，明显比社会上的环境优越，唯一的区别是他们出门时，哨兵笔直地站在岗楼里，来一个标准的军礼。而上校同学只轻轻挥了下手，谈笑风生。另一次是利用周末去在西安南郊某干休所任职的现役军官、瓜棚主人中学时的"班长"杜先生家里做客，饮食起居与平民百姓一样随意。

"你不相信？啥时候，你去陆军学院也体验一下！"王海不满地斜了瓜棚主人一眼，仿佛遇见了一个不通事理的外星人。

"教官是一个矮个子的小伙儿，国字脸，整天铁青着脸，让人怀疑他压根不会笑。有一天，有一位队员昏倒了，他看都没看一眼，让人抬走，继续训练。有人骂他是法西斯，是军阀！可他硬是像没听见一样，继续'一二一'吼个不停，让我们这些习惯指挥别人的管理干部窝了一肚子火。"

我们不妨再看看王海笔下的描述，让那段久违的记忆中的情景清晰重现：

> 天色蔚蓝，几缕云丝在终南山腰际萦绕，红日似火挂在头顶，柏油路面在行人的脚下变得松软，地面腾起片片紫烟。军训在这炎热的天气下进行着。
>
> 灼热的太阳在头顶移动，水泥板地面在太阳的烘烤下反射出层层热浪，军训的每一个队员依然端正站立，没有人摇头，没有人擦汗，两手垂直，紧贴裤缝，这就是立正动作。浑身上下要有八种感觉，队伍长时间凝视着前方一动不动，地面仿佛变成了一块烫手的铁板。队长变换了口令，队伍每挪动一个地方，地面便散发着煳味，留下了黑色圆形脚印。
>
> 我觉得头脑发昏，感到胸部闷得慌，偷视一下挥动的手臂，才发现每个队员在这灼热的太阳下穿着厚厚的两层衣服（内穿衬衣、外套军装），衬衣湿透了，汗水浸湿了袖头和领口，汗水从厚厚的外套军装上渗出水来，每一个队员的腰际都成了一条小河堤。
>
> 我觉得口干舌燥，全身发软，两腿站立不稳，在队长的口令中摇晃，凝视着前方出现的万枚不成形的金花，我知道自

己中暑了。

　　一个队员倒下去，又出现了第二个……有人搀着快要昏倒的队员走出队列，向树荫下走去。队长大吼一声"就蹲在那！"那是一块被火烧烤过的水泥板啊！他们蹲在那里，苍白的脸上没有汗水，水泥板吸收着他们身上仅有的潮湿。

　　这就是训练，一个老百姓走向军人的第一步训练。

　　队长喊着，不！他是在吼："意志是磨炼出来的，我要的就是这种效果。"每个队员心里都在打鼓，这种效果不知要倒下多少人。

　　……

　　上午又是队列训练，每天都是立正、稍息、向左向右转，几天训练下来，你会体会到枯燥无味的深刻含义。尽管每一个人来军校训练之前，都有思想准备，目的是明确的，但他们大多数对部队生活完全是陌生的，他们只知道部队生活单调，训练枯燥无味，但他们全然不知道这真实的情况。

　　……

　　早上跑步回来，队长的脾气很坏，讲评时说队伍松散，没有精神面貌，军人应当站如松、行如风、坐如钟，站在那里要有脚踏大地、头顶蓝天的感觉，你们要通过一天天的训练，一步步地成为一个真正的军人。

　　上午站队列，有些人只慢了几步，队长让他们出列"曝光"。有一个干部因上厕所未能按时出操又被罚站。太阳烘烤着水泥地面，像一块烧烫的铁板，被罚者像木桩似的站着，对他的处罚绷紧了队员们本来就紧张的神经，它警告每一个队员军校纪律的严肃性。

　　队长的心是冰冷的，那双毫无情感的双眼扫视着每一个

队员。他更严格地纠正队列中的错误动作，他的命令如鞭抽打着队员们汗水淋淋的胸背。他说："什么是磨炼，磨炼就是你将要倒下去的时候，而意志告诉你不能倒……"

太阳把操场的每一块水泥板都晒得滚烫，空间的温度仿佛擦一根火柴就可燃着。中午是太阳最疯狂的时间，大树不摇了，树叶不动了，田野的玉米卷叶了，稻苗低下了头，阳光射在人的头上、脸上火辣辣的痛。一阵刺耳的军号声把大家惊醒，"集合！中午继续训练"。队员们顿时议论纷纷，满腹怨言。

晚上十点半休息，热得人睡不着，早上五点半起床，夜里最多能睡五个多小时，中午不休息，身体怎么受得了？有人认为这种训练太过分了，说是说，闹归闹，命令最终还得服从。一些人由于行动迟缓而受到严厉批评，一个班长险些被免职，队长的厉声训斥是从来没有过的，他说："军人就是服从，一切行动听指挥，这是对军人最起码的要求，难道你们企业不要服从？"纪律是一把刀，谁碰就会流血，铁的纪律、铁的条例、铁的管理似利刃般悬挂在每一个队员的头顶，给每个队员造成很大威胁……

这种缺乏温暖的生活节奏是无情的，体力的严重透支和人格上的错位，让王海一时难以适应从"厂办主任"向"列兵"的转换，骨子里的反叛精神又在他血液里躁动着。好几次，看见身体弱小的同伴们跌倒在地，他真想冲上去和"冷血教官"讨个"公道"。可是多年的素质教育却像春雨浇灭了他愤怒的火苗，只是狠狠地咽下了唾沫，偷偷地把拳头攥得嘎嘎响，依然一丝不苟地摆弄着动作，在东倒西歪的队列中坚持着，坚持着。

最难受的是星期天，军官们都回家了，这帮离家半月的男子汉却被

"关"在军营里，不准回家。

大家的忍耐似乎到了极限。空荡荡的军营里，这些大老爷们，甩扑克吧，乏味！看电影吧，没劲！喝酒发疯吧，这里像监狱一样"不准"！

王海独自在操场上瞎转悠。天空上，皎洁的月亮，无声无息，挂在蓝蓝的夜空里，高高的树梢似求爱的男子，向心中的美女朗诵普希金的句子。墙外，夜风吹着玉米林，发出沙沙的响声，一位赶路的汉子有一句没一句地唱"李家溜溜的大姐，人才溜溜的好哟！张家溜溜的大哥，看上溜溜的他哟……"。他捡起一块土块，狠狠地向墙外抛去，而那个可能也承受着孤独的男人似乎一点未受影响，还是随心所欲地唱"月亮弯弯……月亮弯弯……"。他索性躺倒在操场一角的草地上，头枕着双手，望着蓝色的苍穹发呆。

月亮变成了白白净净的妻子，围着围裙，递上一碗又酸又辣的油泼扯面，看着他狼吞虎咽，一边搓手，一边银铃般地唠叨。

"我不爱黄莺的歌唱，不爱流水的低吟，不爱百灵鸟的叫唤，不爱罗密欧的声音……"热恋中的文科班学员大声朗读着诗句。王海柔肠寸断。

……

这种短暂的罗曼蒂克式的生活，比起高压的军事化生活，似一只小船漂游在汪洋大海之上，显得太苍白和脆弱了。仿佛一张白纸，很快被残酷的时间之手戳破，又一轮恶毒的太阳升上天空，新的一天又开始了。

太阳炙烤下，又有人昏倒了，被再次抬走，训练依然在不折不扣地进行着……

　　训练已使他们精疲力竭，他们每一个人不知自己到底能撑多久。队长虎视着他们，不放过一个细小的队列动作的错误，一只飞虫撞进了他的眼角，他不敢用手去捉，用"地包

天"的嘴向上吹，队长怒不可遏："干什么！"为使大家认识到一个人动作错误的严重性，激起全体队员对犯错误人的谴责，队长实行了集体陪站的体罚方式。人在大自然的威力下，显得那样的脆弱，方形的队伍竟变得像麦田里刮过的一股风席卷过一般。

终于，一件石破天惊的"事件"发生了。

队列训练中，又是那位体质较弱的队员，突然"咚"的一下摔倒了。

"抬走！"教官吼道。

"我也不行了……"又一位戴眼镜的科室领导可怜兮兮地说。

"咋回事？"教官吼道。

"我实在不行了……啊……快死了。"

"哪儿不舒服？"

"我……实在站不住了。"戴眼镜的科室领导说着便弯下腰，跪在地上。教官转过身，他却偷偷对人做鬼脸，终于有办法逃过了训练。

"我也不行啦。"又有人喊。

"受不了啦，实在受不了啦。"更多的人喊。

"都嚷个什么，娘儿们一样？"教官挥了一下双手，朝着四分五裂的队伍吼道。

"教官，你能不能发扬一下人道主义精神，让我们回宿舍休息一下？这儿太热了，实在让人受不了……"

教官还未答应，数人已坐在了地上。教官说："原地休息下，啥时恢复身体，啥时训练开始，但休息的时间要用训练补回来。"

怎么补回来？大家不再关心，关心的是现在赶快休息。

训练停止了，几十号人在毒太阳下暴晒。人动起来不太觉得热，一旦停下来，高温下的折磨，其痛苦更加让人难以承受。

好不容易等到吃饭哨声响了。大家像刑满释放一样长吁一口气，吃完饭便脱掉上衣，躺在床上，放松着疲惫至极的神经。

"集合，出操！"

突然，那位教官在门外吹着哨子，大声吼道。

"还让人活不？我们又不是犯人！"房间有人嘟哝。

"我看这里像美国的'魔鬼营'嘛！太不讲情理了。"

"兄弟们，咱们集体抗议，不出操，看他能把咱们怎么样？"

"对，对，对，就这样。"

10 分钟过去了，教官一个人站在操场上，没等来一个人。

他气呼呼地走到宿舍门口，瞪着眼，说："你们为什么不服从命令？这个训练，是补回你们上午休息的时间。"

没人吱声。

"再给你们 10 分钟，再不服从命令，就给厂里打电话，把你们领回去算了。"

教官说完后转身而去。

房间里，怨声载道的队员听到"给厂里打电话"后，一下子都蔫了，像神通广大的孙悟空看见唐僧双手合十准备念"紧箍咒"，稀稀拉拉地穿衣起床，很不情愿地边跑边骂。几十人的队伍，松松垮垮拖了 100 多米。

太阳，依然那么不通情理凶巴巴的。这些男人的影子，很夸张地在地上张牙舞爪，但却也显得无可奈何。

这种残酷的生活无疑是磨炼意志的最佳手段。身为作家的王海，当时也气愤过，抵抗过，恼怒过，孤独过，但在他冷酷的笔端中，也透出些许温馨和色彩来。

　　一天训练结束了，每一个队员的双腿像木棍似的僵硬，膝

盖难以打弯，有人在唉声叹气，队长强硬的命令袭来，"解散！跑步上楼"，谁还跑得动啊，但命令已下，军人不得不执行，队伍像聚满山沟的水，向狭窄的楼梯上移动。

晚饭是馒头稀饭，白米稀饭让40名汉子倾倒。小值日已经给每人面前盛上了一大碗稀饭，他们看见稀饭，口中仿佛伸出一只手急着要抓完全属于自己的这一碗。然而，队长却喊道："立正！"他们直直地瞧着面前这碗稀饭，眼里放出异样的光芒。

他们挺立地站着，喉头在不停地滚动，眼馋地瞧着到手的这碗稀饭却不敢下手，仿佛是等了一天，或者是一年，才听到了队长一句极不入耳的口令"拉凳子"，他们拉开凳子又是挺立地站着，口中喷出的火燃烧着自己的嘴唇。

"坐下！"口令是疲软的，队员的屁股却似铁锤砸下去，有人愤怒地骂起来："哪来的这么多废话！"喝完稀饭，竟发现桌上还有一盘菜和几个馒头。

两大碗稀饭下肚，汗水似万泉喷涌，连成一片一片向下滚流，头不敢摆动，稍不小心汗水就会掉在碗里，人似在蒸桑拿浴。

吃罢饭从饭堂里跑出来，外边凉爽如春，风一吹，感到非常舒畅，人生享受不过如此。

晨风从终南山山口呼啸而出，大路两旁翠绿的杨树、柳树、梧桐树有节奏地摇晃，站在清凉的晨风中，你觉得身体的每一个毛孔都在舒展地张开。

一队女兵擦肩而过，秀发在风中飘逸，她们昂着头，仿佛目不斜视，其实她们巧妙地用余光把这支队伍上上下下打量一遍。她们不明白这支队伍来自何方，是什么力量促使这些年

龄不小的爷们来此训练。她们飘然而逝，把浓浓的芳香留在了
身后，乱了这支队伍的阵法。

走笔到这里，瓜棚主人不禁想起以"硬汉"著称的海明威，这位被
德籍电影明星玛琳·迪特里希称为"老爷子"的文学巨匠，一生酷爱钓
鱼、斗牛、拳击、打猎，时刻不忘记在众人面前显示自己一往无前的勇
气，表现出一种"压力下的优美风度"。应该说，在军训中，王海具有
与常人一样的脆弱心理。但是，阴云过后，晴空万里的他恍然大悟，没
有阴云，谁会因明日晴空而欣喜万分？幸福，只有历经挫折后方显得弥
足珍贵啊。

拿钱买罪受，也是一种精神

"你看，这是我当时军训的照片。"坐在王海的办公室，我们的话题
被扯得很远。在没有当过兵的瓜棚主人看来，部队生活的有些现象简直
是匪夷所思，不可想象。王海似乎看出瓜棚主人心中的疑窦，从旋转的
真皮椅上站起身，从靠墙的书架上拿出一本影集，指着一张照片对瓜棚
主人说。

只见照片中的王海戴着军帽，穿着军装，胸前交叉的是背包、水壶
和毛巾，双手抱胸作奔跑状。他的后边，是另一位有些东倒西歪的军训
学员，显眼的是远处的白杨树，倔强地伸展着枝丫，在空中挥洒自己旺
盛的生命力，令人想起茅盾先生那篇有名的散文。

"我就是想不通，那位军官也是人啊。他怎么老是那么厉害的？"

"你说得对。"王海坐到瓜棚主人身边的另一张沙发上，很轻松地搭

着二郎腿，食指和中指敲着沙发扶手的木饰，说："我们学员晚上回到宿舍里也纳闷。训练结束后，我们在疲惫的精神状态下读书，我们读懂了美国的科学管理之父泰罗，法国的经营理论之父法约尔，德国的政治社会学家、组织理论之父韦伯，我们剖析了梅奥的'霍桑试验'，研究了美国麦格雷式的 X 理论和 Y 理论，以及布莱克斯顿的方格管理理论。同时学习了卡斯特和西蒙的现代管理理论。"

"但这些与教官的人性有何瓜葛啊？"瓜棚主人更加不解地问。

"我们同时学习了管理心理学。晚上，大家就结合'教官'的实际情况应用这个理论。"

"是吗？"瓜棚主人感兴趣地问。

又一天的训练结束了。累了一天的王海和他的战友们抱着《管理心理学》，在宿舍里争论得不亦乐乎。

"教官也是人，他为什么总那么凶巴巴的？很可能和女朋友吵了架，把满肚子的气愤发泄到我们头上。就像我们，几天不见腥味，一遇到他训斥，也脾气暴躁。"

"不对，"瘦高个的队员慢条斯理地说，"部队军官都是这德行，这是职业病，江山易变，人性难改嘛。"

"才不是哩！"另一个学员抢过话头，"他当兵待遇不好，看不惯我们这些高工资的人，是心理不平衡导致的。"

"我看他是恨铁不成钢，嫌我们军事素质差。"王海抛出自己的观点。

"你们说得对，也不全对。"

正争论之间，教官走过来。平时，铁青的黑脸，此刻却笑成一朵花。

"我为你们着急，我着急你们20天的综合素质训练达不到预期目的，你们进来时是一块钢坯，投入熔炉，应当铸成优质的钢……"

他盘腿坐在床上，与大家兄弟般亲热。

"一切听你的，苦我们不怕，怕苦我们不来。"看见教官这么赤诚，

直肠子的王海拍着胸脯，训练的痛苦早抛到九霄云外。

王海在《"当兵"20天》一文中，回忆起这个故事时，深情地描述道：

> "拿钱买罪受、买苦吃本身就是一种精神。我多次考验你们，看你们的耐力到底有多大、意志有多硬……以前只知道你们企业管理得好，不知道原因所在。从你们身上我明白了很多……"

> 队员们感到很惊愕，队长今天怎么了？在他们的印象中队长是一个无情、威武的军官。他感慨地说："企业的明天会比今天更好，因为企业有你们……"

> 一股清凉的风混合着带着终南山泥土的潮湿，从窗户吹进来衬衣像伞一样从黏糊糊的后背鼓起，好凉快，好清爽，有人埋怨这凉爽的风来得实在不及时，大家宁愿在烈火中考验，在艰苦的条件中磨炼。

> 树叶在夜风中欢唱，招来梦幻般的雨声，他打开纱窗，雨点飘了进来，"下雨了！"没有人理他，人们对这场雨毫无兴趣。

> 熄灯号响了，凉爽夹着潮湿的风浸透房间的每一寸空间，鼾声显得格外清亮，他们太疲乏了，需要好好休息。明天他们要去野营拉练，后天他们还要实弹射击，去迎接更艰苦的磨炼。微笑的梦语，温柔地在房间交织，遥远的地方时隐时现地传来断断续续的舞曲，走廊对面的教室里传出文秘班恋人缠绵的情歌，奏成一首优美的摇篮曲，使这些大老爷们睡得死沉死沉。

枯燥的军训生活中，有一件事令王海难以忘记。

这是一个星期天，好不容易获准出大门，他约几个哥们儿爬终南山。山腰上，有一户农家。

他们快步走上前去。

"老乡,能给我们做碗面条吗?"王海问。

"那有啥说的!"主人是一个光头山民,见几个军人过来,连忙让座,很快点燃灶火,升起了炊烟。

"吃吧,做得不好,请包涵。"主人家小女儿害羞地摆好方桌,端上几碗面条。由于家境不好,没有炒菜,也没有泼油,只调了些盐和醋,白生生的,红彤彤的,冒着热气。

"太好吃了!"吃了半个多月军营大灶的王海,一口气吃了两碗面条,抹了嘴,连声说"好"。

"凑合着吧,真不好意思了。"老乡憨憨地笑着。

"不,美得跟解放路的饺子一样!"王海掏出钱,说:"给,这是饭钱。"

"不要。解放军平时不上来,好不容易到我家吃碗面,收啥钱呢!"老乡认真地说。

"给!"王海诚恳地对躲在一旁的女孩说。

女孩垂着头,也不接受,一双大眼睛纯得像云,黑白分明。而那透着红晕的脸蛋,毛茸茸的,像刚从俄罗斯油画大师笔下走出来的村姑。

"这不好吧,我们咋好意思呢!"王海手里捏着钱浑身不自在。

"就是就是。"一块儿上山的伙伴也帮着腔。

"咱山里人穷,再穷也能管得起解放军一顿饭。"老乡一字一板地说:"走吧,走吧,太阳快进山了,下山的路不好走。"老乡的话,让他们这些假解放军无地自容。

回来的路上,一条清澈的小溪顺山而下。潋滟的水波中,细碎的月光像碎银似的,熠熠生辉。王海望着那闪烁的亮光,脑际却晃动着村姑那双无瑕的眼睛。不小心,跌倒了。

"王海,你走路不好好地,想啥哩?"同伴忙扶起他,关心地问。

谁又能否定，王海在长篇小说《老坟》中关于慧、麦草等美好女性的灵感，与这次郊游无关呢？

军训结束了，效果是明显的。在作家王海的笔下，一切文字都开始变得神话般美好起来——

说起训练，他们最感兴趣的是军体拳，军体拳似兴奋剂般刺激着大家的兴趣、调剂着枯燥无味的训练生活。每当有军体拳课目，大家情绪高涨，劲头十足，一套练下来，人人一身汗，但他们愈练愈有劲。

训练回来，老马给大家抱出一个大西瓜，沙瓤西瓜吃得大家直喘粗气，吃着西瓜，淌着大汗，大家想，来一场暴风雨吧，快杀杀这闷热的天气。

熄灯号响了，每个房间的灯迅速熄灭，走廊里鸦雀无声，洗刷完毕的人悄悄挤进房子。他们坐在床前，舍不得拉开整理得像豆腐块儿似的被子，有的人为了始终保持被子的棱角，斜斜躺在床上，抱头而卧。

……

连续几天的队列训练，队列走得格外整齐，不需队长喊口令，队伍的步伐也能整齐划一，他们的热情特别高涨，主动要求训练在夜幕里加班，震天响的喊杀声响彻整个校园。

经过军训的王海，终于精神抖擞地回到朝思暮想的彩秦厂，回到相濡以沫的妻子身旁，准备以崭新的精神面貌干好本职工作，把"厂办主任"这个角色干得更漂亮。

军训结束没几天，王海便用笔把 20 天的"当兵"生活生动地记录下来，《彩虹报》整版刊出了王海的生动体验，不少人惊呼："王海这小子，原以为当了主任就不写了，谁知他就是个作家的胚子，写得真棒！"

第十章　换位

"人犯"是一批他熟悉又陌生的艺术形象,他在完成一个个"人犯"艺术创作的时候,殊不知,他把自己做成了"人犯"。

笑看人生百态

命运喜欢和人开玩笑,这倒应了那句老话:乐极生悲。

回到彩秦厂后,王海依然风风火火,在厂办干得得心应手。但好景不长,有一天,郑厂长把他叫进办公室。

"你坐。"郑厂长不动声色地说。

"有事?"王海一脸喜色,望着郑厂长,急切地问。

"没啥事,只是想和你聊聊。兄弟,恐怕以后咱们不能在一块儿工作了。"郑厂长神情黯然,有些伤感。

王海感到吃惊。

"我可能要走了。"

"这咋可能呢?"

"消息可靠。"

王海虽感到吃惊,但见郑厂长一脸认真,问:"那你下一步咋安排?"

"还不知道。"

"我不相信,你咋能说走就走?"

"你这个傻兄弟，这种事我们有啥办法？今天叫你来，是给你透透底。你遇事太认真，太情绪化，我走了，你以后办事要小心点。"

"只要把工作干好，我不怕别人咋看我。"

"你说得对，也不全对。我非常感谢你这几年对我工作的支持。你今后注意就是了。"

王海依然心存疑虑。

"我走了，你要像支持我一样支持新厂长。"

这次谈话不久，大厂来人宣布了新的人事任命，为彩秦厂立下汗马功劳的郑厂长壮士断腕，去了一个他并不情愿去的地方。郑厂长已为企业的发展打好了基础，全国的产品市场已全部打开，新厂长只要坐在厂里好好管理生产就是了。

正当王海准备配合新厂长再好好干一把，使企业管理再上一个新台阶时，新厂办主任到了。王海被推荐到西安交通大学管理学院进修。

听说王海要去西安交大学习，几个要好的朋友在大厂门口送王海，有人伤感地落泪。王海走了，新厂办主任告诉厂办人员："从今天起，王振海已经不是彩秦厂的人了，他以后无权再使用厂里的车。"

大家感到这话讲得太突然，太无情了。谁在领导岗位上能干一辈子？总有下台的那一天。你今天做了样子，等你下台时，别人也一定会这样对待你。

"王主任也算是彩秦厂的元老，他陪了两任厂长，没功劳也有苦劳！这些人做事咋这么绝情？"

"他在彩秦厂的使命已经结束了。从交大回来，大厂会给他另行安排工作，他不可能再回彩秦来了。"

有人气不过，打电话告知王海，谁料王海自信地说："我为啥不能回彩秦厂？我本来就是彩秦的人。"

人情难料，世态炎凉，可悲的是心地善良的王海，没有看到社会的

阴暗面，他心目中的一切总是像雨后彩虹般如诗如画。

他走出工厂仿佛一只飞出笼的鸟，终于有了自由放飞的时间，他走进西安交通大学，思绪的白云很快飞向 10 多年前误入的"就业场"。

这几年，在厂里繁忙的工作中，他虽然得到了组织的重用，却失去了文学创作的"黄金时间"，以至于 1991 年小说集《鬼山》出版后，时隔 10 年后才厚积薄发出版了长篇小说《老坟》。

瓜棚主人有时想，以王海对艺术的执着和天才资质，他应该到文联去，而不应该苦行僧式地干着并不能发挥写作潜力的"厂办主任"，整天写那些官样文章，浪费着作家的灵感和才华。面对王海辛勤的工作，有良心如郑厂长者，念王海爬格子不容易，工作委以重任，让他在精神空虚的同时，物质上起码不太匮乏。而遇上有些人，王海再怎么废寝忘食，夜以继日，眼睛熬成胶锅锅，也是白干，因为王海不是他们的人，他们会无情地把王海打入"冷宫"，他们才不管王海是实干家还是空谈家呢。

王海认为，自己丢掉的是"厂办主任"这个位子，而得到的却是久荒的写作事业。走进西安交通大学校园，这位痴心的作家心里并没有多少失落，而是满怀喜悦。

毕竟，他肚子里的"孩子"已经 8 万字了啊。这部小说原名《黑风口》，取名于就业场附近的一个地名，后改名《人犯》正式出版。

跟着感觉游交大

西安交通大学位于西安东郊，与唐兴庆宫一街之隔，是一所全国著名的重点综合大学。因为《人民日报》陕西记者站设在校园招待所内，工作需要，在县区宣传部门工作的瓜棚主人，去送过几次新闻稿子，且大都是在晚上，所以对偌大的校园仅从报纸、网络上有些认知。瓜棚主人收到过一位党校同学送的新锐诗集《在边缘上》，诗集作者似乎也是这个学校的。

"我在交大进修时，完成了《人犯》的初稿，这里对我太重要啦。"

王海再次邀请瓜棚主人去他的工作室做客。王海的工作室位于西安南二环的永松路，四室一厅的大房子。一进门，偌大的客厅摆放着一个可以坐十几人的椭圆形黑色会议桌，十几把棕红色的皮椅围在周围，客厅的周围悬挂着名人字画，有书法界的名流，也有文坛大腕。

王海说："这里是会客室，也是茶室。常有朋友来找我聊天，有时七八个人，一聊就是多半夜。在这里，我了解了很多新鲜事，书中很多有趣的故事就是从这儿获取的。"

往进走，右手是他的卧室；左手是他的创作室，也是一个茶室，在这里可以喝"工夫茶"。知己的朋友，他会邀请到这里，泡上一壶"铁观音"，小品慢聊。

里面有个小间，他说是"个人膨胀室"，墙上挂着作品宣传画和几年来媒体对他和他的作品的各种报道。当他的创作遇到困难，本人和作品遭到非议时，他会走进来，在这里心灵会找到一种创作的平衡。

创作室的隔壁是商务会客厅，作品的出版、再版，作品的设计、策划、各种合同的签约，都在这里完成。隔壁便是打字室，有一位文员专职为他打字。他晚上写，文员白天给他打印。瓜棚主人惊叹于王海"一条龙生产"的文学工作室。在咸阳、西安，甚至在陕西，像王海这样的文学工作室在作家中是少见的。

做文学做到这一步，是作家的荣耀，是我们咸阳乃至陕西的荣耀。

晚上，瓜棚主人歇宿在王海的卧室，卧室里有两张床，中间是一个玻璃茶几，上面放了很多书。夜里，多情的蚊子一次又一次在瓜棚主人

赤裸的肉体上亲吻，折腾得他半夜在房间转悠。王海醒来拉灯拿着"枪手"一阵乱扫，蚊子便败下阵来。

拉灯睡觉。过一会儿，瓜棚主人的身上起了玉米粒儿大的疙瘩，奇痒难耐。瓜棚主人戏称这里的蚊子比美女还爱好文学，特别多情，肯定是母蚊子，它爱恋的不是作家的血，而是作家的作品嘛。瓜棚主人问道："蚊子怎么不咬你？"王海笑称："我养的蚊子当然不会咬我。"两人睡不着，王海便坐在床上给瓜棚主人谈他在交大上学的经历，直至天明。当听说瓜棚主人对交大一知半解时，他惊讶不已。

"我说的是实话。"瓜棚主人不好意思地回答。心想，交大有啥了不起，又不是屠格涅夫笔下的白净草原、普希金笔下的皇村、雨果笔下的巴黎圣母院。

"我带你去看！没有在交大进修，就没有《人犯》！"翌日，王海穿上名牌 T 恤，时针指向八点半，已来上班的漂亮内秀的文秘谭小姐见他俩谈兴甚浓，不动声色地到外面提回来两个肉夹馍和两袋牛奶，交给他们，王海一边吃，一边说。

这时，一位香港的公司老总应约来谈事。他们在上海《文汇报》看到关于《老坟》的报道，方知咸阳有一个"金字塔"群，拟投资 1.3 亿人民币要在咸阳周边组建"咸阳中国帝陵文化博物苑"项目。王海连忙丢掉吃了一半的馍，用纸巾擦擦嘴，正襟危坐，与之交谈。瓜棚主人坐在一旁的沙发上，发现此时的王海少了文人的率真，多了商人的精明，但唯一相同的是他那赤诚的胆识和坚定的信念。

"刘总，"他一边让小谭准备随行物品，一边说，"我准备和文友去交大，您跟我们一块儿去？"

"我还有事。"

"我们在那儿也只是看看，不久停的，我顺便把您送一下。"

"我真羡慕你们作家的雅兴。"

下着小雨，车打了几下火未着，机器声刺耳地响。王海便不停地用脚踩油门，一边踩，一边骂："我叫你响！我叫你响！我叫你响！"他这副模样，让瓜棚主人想起王海少年时在五陵原上放牛，牛不走，他也会一边用鞭抽，一边骂："我叫你懒！我叫你懒！"于是瓜棚主人便笑，刘总在后面也笑。王海说："这辆车，跟牛一样，你隔两天要打它一顿，才听话。"

车尾冒着白烟，冲上了二环路，很快驶到交大北门。"非典"过后，大门好进多了，电动门"滋滋"一响，红灯闪烁，王海的车轮子便朝着缺口开进去。

校园内，绿色的法国梧桐卷成了拱门，走进去，幽静极了。印象最深的是有一条路名叫"钱学森路"，别具一格，是这所高等学府的特色。

"看，这是图书馆！"他踩了刹车说道。瓜棚主人下车，跟着他走上台阶。

"图书馆门前的广场上竖立着中国四大发明雕塑，我进修时经常在这儿独坐。"王海说。

瓜棚主人好奇地一个一个上前端详，指南针、造纸术、火药、活字印刷术四个造型有序地排列在广场上，暗自叹服这所大学的大手笔建筑，这是一流的建造水平。与之相比，我们西部某些城市的雕塑，根本就是哄儿童的积木！。

"怎么样，不错吧？"王海问瓜棚主人和香港老板，他神情自豪，仿佛一个衣锦还乡的状元郎。车子经过一个豪华的大型室内体育馆后，车左转而下，是一处大草坪。"我们管理班的开学典礼在这儿举行，我代表全体学员表态，就在这儿！"王海喜滋滋地说，从他动情的眼神里，瓜棚主人想起他在陆军学院军训时也曾代表学员表态，心想：这个人总有那么一股自信。

车驶出交大，在瓜棚主人的提议下，向他的母校——位于南郊的西

125

安财经学院（现名陕西省财经大学）驶去。在校门口，陌生的门卫挡住他们，望着校园内熟悉的宿舍楼和教学楼，物是人非。瓜棚主人想起王海创作《人犯》的前后心态，陷入了深深的思考……

"我一定会给中国西部投资的。"

香港老板的话惊醒了王海和瓜棚主人。

《人犯》里的故事

白天上课，晚上和节假日创作《人犯》，王海的交大生活大概就是这样安排的。

当时，这部长篇小说已写到 8 万字，王海仔细阅读后，认为写得不满意，一生气，全盘否定了，决定从头再写！

这可是一幢大楼，建造前的"备料"十分重要。王海像一个蓄谋已久的匠人，到街上去搜集自己所需的材料。

当时正是草莓上市时节。一街两行，大姑娘、小媳妇以及几个大老爷们正蹲在装满红色草莓的担笼后边，眼睛渴盼地注视着那些手里捏着钱的大学生。宿舍里的男生，经常出去给漂亮的女生买草莓。而不哼不哈的王海，走在街上，白白让那些卖草莓的人瞅了半天。他旁若无人地满街转，问了十几家，才找到文具店，一口气买了五本稿纸。

1996 年 3 月的太阳莫名其妙地照着这个抱着一堆纸笔的男人，他不为吃喝，也不为感情，他为了什么？

晚上，宿舍里的同伴出去约会了。

二楼最里头的房子，由于安静，便显得空旷。王海坐在床边的书桌前发呆。床头，司汤达的《红与黑》和再次买来的陈忠实的《白鹿原》

放在一块儿。远处的街道上，繁忙的车流声仿佛另一个世界的声音，显得很远很远。

他开始写《人犯》的开头。钢笔在稿纸上费劲地挪动，终于写出了第一段文字：

> 他就这样一天天、年复一年地在这山顶上坐着，看着那些年龄大的犯人一个个、一层层地死去，他算计着自己的那一天。
>
> 是慧改变了他的生活……

这是长篇小说《人犯》最初的开头。看着写在纸上的文字，王海觉得"故事性不强，没有一下子抓住人的吸引力"。

他想起自己读过的长篇巨著的不同开头。雨果的《巴黎圣母院》第一句是："一四八二年一月六号并不是一个留下了历史记忆的日子……"司汤达的《红与黑》第一句是："维里埃尔算是弗朗什-孔泰最漂亮的小城之一……"马尔克斯的《百年孤独》第一句是："多年以后，面对行刑队，奥雷里亚诺·布恩迪亚上校将会回想起，父亲带他去见识冰块的那个遥远的下午……"托尔斯泰的《安娜·卡列尼娜》第一句是："幸福的家庭都是相似的，不幸福的家庭各有不同。"

这些大师的长篇小说开头，雨果显得从容不迫，很自信的样子；司汤达一开局便展现出一派洋洋洒洒的大气；马尔克斯则写出沧桑；更高明的是托尔斯泰，像个饱经世故的哲人，一句话点出了一部巨著的宏旨。而自己《人犯》的这个开头，论从容，不如雨果；论大气，不如司汤达；论沧桑，根本谈不上有马尔克斯作品里的深度；论哲理，无法与托尔斯泰同日而语。

再看下去，"老黑成了张牙舞爪的猛兽，可憎极了"。这不行，他懊丧地撕掉一页纸，揉成团，向窗外扔去。

127

又是苦思，在房间里转，像只关在笼子里的老虎。转累了，他又趴在桌子旁，再写：

> 老黑伸手抓住看热闹的瘦猴，瘦猴小鸡似的被提起来，他说："给老子泼水，让老子洗澡。"瘦猴缩成一团："我不敢，这天气不冻死你……

写完后，他从椅子上站起来，踱到门口，老远望着稿纸，仿佛待在产房里的待产孕妇。

"不错！"他一边看，一边满意地点点头。他高兴地走过来，仿佛看见分娩之初孩子满头的胎垢和奶腥味，立即捂住鼻子。这第二次开头比第一次写出了老黑"横"的性格，但觉得有些干。毕竟，这么一个人由"匪"向"人"的转变，其间不可缺少女性的润泽。而瘦猴过早出场，明显有些喧宾夺主的感觉。

不行。他又撕了，揉了，扔了，桌子上依然是又一张白纸。这时他想起朋友的一句话，秀才写文章比女人生娃还难。女人生娃再难，肚里有货。而文人，尤其是写小说的人，一切都是虚构，那种难是常人难以想象的。像今晚，自己开了两次头，还没有找来感觉，真让人心里憋得慌！

这时，床头的司汤达在《红与黑》里不动声色地冷笑着说："真实，严酷的真实。"好吧，我不妨这么写！王海又一次像装好子弹的枪膛，构思的灵感似又一股文学激光炮般喷涌而出：

> 护士小高天天来给他打针，她做得很平常，就像给他腋下夹体温表，屁股上打针一样正常，他倒觉得自己不正常了……

"这个开头很抓人，可以增强小说的可读性，不错！"但王海又很快否定了自己，"不行，《人犯》中老黑这样的人物首先应当出场，在书里应该占到男一号的位置。但这个开头却说的是护士小高，脱离主题，不合适，不合适。"

第四次，不行；

第五次，不行；

……

一直折腾到凌晨，王海终于开始了第 11 次写开头，这次，他写道：

> 他分明听到那是一个女人的呼叫。他"嗖"一下站起来，向那声音的方向扑去，树枝、岩石在他的落脚处飞起，山下响起了雷般的轰鸣。
>
> 一双惊慌的眼睛注视着从天而降的老黑。她穿着一件粗布蓝色大夹袄，浅蓝色的裤子，凌乱的头发束缠在脸上，手里紧握着一只竹篮，篮子里的草药已所剩无几。
>
> 她无所适从地挪动着身子。一声脆响，她从树枝上掉下来。老黑接住她，她很年轻，像一包松软的棉花，这包棉花向外散发着一种 20 多年来他从未闻过的味儿。
>
> ……

仿佛一渠水终于找到了出口，王海一口气写下 5000 多字。随着笔头飞舞，他发觉自己压抑的灵感终于释放了出来，而且是那种重压下的渐次绽放，轻松中带着野性。有张力，不管是语言、人物，还是故事。

"瓜棚老弟"，王海穿着拖鞋，在客厅里为瓜棚主人冲雀巢咖啡，怕神经衰弱的瓜棚主人打盹，不能集中精神聆听他的诉说。天气热，两个男人脱掉外衣外裤，只留着内裤，几乎是赤裸裸地谈文学。王海抽出一

本《人犯》翻着，分析着 11 个开头，问瓜棚主人："你说现在的开头怎么样？"

"不错，写出了那种压迫着的情欲。由于是挤压的，人物心理描写细腻逼真，使人有种要出大乱子却什么也没有发生的错觉。"

"是吗？"

"你的《人犯》我读了两遍，最让人爱和怕的是那个土匪出身的老黑，女人让他变成鬼，又是女人让他变成人。夜深人静，我老觉得老黑在敲门，因为我的职业使我无意中做过类似孙大山（就业场场长）、能行家（村党支部书记）那种官场人物的违心事，可每次开门一看，楼道里空空如也。我想敲门的不是老黑，只是我自己的灵魂。"

"你谈得不错。"

"而慧便是老黑的一面镜子。没有老黑的粗野，便没有慧的逆来顺受，这个矛盾编织得太离奇也太理想化了。"

"我最想知道的是，《人犯》中的人物有生活原型吗？"

"我可以告诉你，老刀有一个原型，'老师长'、黄一甫几乎是真人，而老黑则完全是我的艺术虚构。"

"真的吗？这未免太让人遗憾了。那么，书里面的慧有原型吗？"

"你说呢？"

王海怕隐私再次被从事宣传工作的瓜棚主人抓住，故意卖个关子，故弄玄虚地反问。瓜棚主人借势顺坡下驴说："艺术来源于生活，高于生活，我就不为难你喽！"

有了开头，《人犯》的写作，成了在交大进修的王海课余和节假日的重要工作。他给自己规定：每天晚上最多写 3000 字，只可以少，绝不能超，压住写。

收笔后，睡不着，王海在被窝里翻《红与黑》，平均每天一页，这本大师的巨著把他送入 1830 年法兰西的梦境中。一年多的写作，时间过去近 400 多天，这本多达 518 页的《红与黑》他还没有看完，可见他的阅读与写作并不是同步进行的。

"我读司汤达，要的只是那种气韵，而不是他的直观体验。《红与黑》写于连与市长夫人的偷情是犯罪；《人犯》写老黑与瘫子俊强妻子慧的偷情亦是犯罪，但二者性质迥异。一个是为了不择手段向上流社会爬；一个则是渴望过正常人的生活。司汤达写的是法国巴黎郊区的故事，而我则写的是中国西部山区的故事，二者是风马牛不相及的事。"

这段话应该让他担任客座教授的咸阳师范学院的大学生们听听。记得陆游曾说："汝果欲学诗，功夫在诗外。"他其实说的是读书与写作的关系。

王海写作时喜欢静，但他喜欢在写作前先把内容大概讲出来，根据听众的反应，不断矫正自己的写作，这个习惯的确与一般作家不同。

交大有一个茶座，是王海常去的地方。这里，喜欢文学的大学生一有空，便扎在一堆，谈天说地，指点江山。王海是这个茶座的常客，他的拿手戏是"神吹"。

"王海老师，再讲个故事吧？"他刚吃过晚饭，走到茶座门口，便有"听众"老远吆喝。

"今晚说慧去了娘家，女子也外出了，瘫子一个人四天没吃饭，跌倒在地上浑身是血，差点死去。村里人认为这是老黑勾引慧的后果，将老黑捆了，用蘸了水的麻绳抽打了一晚上。"

王海开了腔。

"那老黑就不能反抗？他什么也没干，只是背过慧、抱过慧呀？"一个盘着唐侍发型的白脸女生问。她的发式像个"包子"放在头顶，胖而圆的脸更像"包子"皮儿，男生们背地里偷偷叫她"包子"。

"凭老黑的性子，他不求饶，也不喊。"王海胸有成竹地回答。

"后来呢？"另一位戴眼镜的陕北男生瞪着眼睛，追问。

"挨打后的老黑被捆了两夜，瘫子俊强写条子放了他，把他叫回窑，说，我知道你和慧的事，我瘫了，不中用了，我想让你留下来。你只是个长工，你可以堂堂正正地进出我的家门，这是我可怜你，可怜我的慧，我不想让她早出晚归的死干活，也是为了让你们的事有个了结。"王海手里端着青花细瓷杯子，一口气咽下半杯茶，喉结咕咚一下，显出少有的豪气。

"那老黑真能这么忍辱负重？"

"我不相信天下有这样甘愿当龟公的丈夫。"陕北老乡撇撇嘴，质疑道。

"最难受的是慧，这样夹在两个男人中间，每天两头担惊受怕，她咋办？世上哪有这等稀奇古怪的事？肯定是你又在胡编乱造。""包子"说着一口流利的普通话，她樱桃般的红嘴唇吐出一粒黑色瓜籽，而白生生的仁儿被鲜嫩的舌尖勾进口腔，像变魔术般神秘莫测。

"此乃天机不可泄露。诸位同学，天色已晚，我告辞了。"

王海终于找到了写作的感觉，听众的反应说明这个故事情节抓人，有看头。他三步并作两步，几乎跑向自己的宿舍，高速运转的灵感袭来，只有敏捷地捕捉，趁热打铁，才能使自己的作品充满灵性。

沉醉在舞场的舍友，正搂着女朋友在迷彩灯下踏着舞点，宿舍里空无一人。而满腹经纶的王海，一进门，便展开稿纸，拧开笔帽，又开始了新一天的写作进程：

梦醒时分，依然是梦，太阳老公公刚一露脸就又缩回去。

抓老黑的是憨二，憨二是瘫子的门中人。

……

　　这种不动声色的冷色调叙事方式，使王海成了一个游移在故事之外的"高人"，我们很难体会他的情绪起伏。没有大悲，没有大喜，舒缓的情节像慢镜头回放，不配音乐，让迷信的你总担心会有某种石破天惊的大事发生。可这个善于编故事的怪人，硬是耐得住性子，一直把你拖到 30 多万字，才写出小说的高潮——那个恶贯满盈的孙大山被火烧了。

　　王海称他这种叙事方式为"压着写"。

　　"你是一个动辄激动的人，我不相信，你创作时就没有为主人公激动过？"瓜棚主人写过中篇乃至长篇小说，深知节奏的把握是创作成败的要害。因为作者放纵感情，往往会影响人物塑造、细节描写以及全书走向，有的文友晚上一口气可以写万字小说，读起来慷慨激昂，品起来却留不下深刻的印象，仿佛读完一篇冗长的散文，小说的特质少得可怜。想到这里，瓜棚主人若有所思地问。

　　"我不是超人，肯定有自己的爱憎。比如老黑，这个人物身上有许多关中愣娃的阳刚（关中话叫匪气）。他疾恶如仇，重情重义，品质正直，却屡遭迫害。在小说写作过程中，有几次，老黑忍无可忍，我准备写他杀人了。虽然在宿舍里我一个人面对一摞稿纸，但似乎听见窗户外夜幕里他磨刀的霍霍声，一脸杀气。这时，我提醒自己，不能急，不能急，这样会像提前揭锅冒气，让一锅蒸馍半生不熟。我忍着自己的冲动，放下笔，一个人去外面转悠，在学校的操场、图书馆前的广场、钱学森路上散步，或者和街上的小贩侃侃而谈，或者在个体商店门前和光膀子的民工们一块儿看店主摆出柜台的黑白电视。待到心平气和了，我再回房子写。"

　　这时，瓜棚主人在自己的书房正堂书桌前奋笔疾书，有些累，就利用创作本书的间隙，翻阅了洋洋 30 多万字的《人犯》，还对照一位与他同龄、产量颇高但一直影响不大的青年作家的小说，相比之下，王海的

这种"冷处理"明显棋高一着。写小说,不是写诗,不是写散文,小说的特质是故事,疏可走马,密不插针。往往一部小说的成败,会因不合时宜的"激动"一挥而过,错过了精雕细刻的机会。

瓜棚主人打电话将自己的想法告知王海,那边的王海点点头表示肯定。此刻,我们不妨再揣摩一下当代小说大师贾平凹的那句话:《人犯》再现了人性扭曲后的乖张,能催发灵魂深处的风暴。

瓜棚主人觉得十分入情入理。

当"神仙老王"的日子里

成人进修,毕竟与在校大学生不同。在交大的一年多,王海每星期六回咸阳的家,星期一早上赶到西安上学。虽然酷爱文学创作,但厂里出资让他到大学进修,他必须珍惜这个难得的学习机会。他只是利用课余时间写东西,绝大多数时间是在教室、图书馆度过的,国内外管理科学的课程他啃面包似的一点点学,笔记、作业都做得很正规。班里有的同学事多,常找他补笔记,有的甚至抄他的作业,图个省事。

由于创造人物的需要,他一边构思《人犯》中黄一甫的形象,一边悄悄给同宿舍的朋友"算命",使这位与他一块儿来交大进修的干部心服口服。

"老弟,你匆匆忙忙干什么去?"见朋友又要出宿舍,王海问。

"她约我在兴庆公园沉香亭见面,不知今天能否有突破性进展。"朋友面色紧张地说。

"我给你算算,谋划谋划。"王海坐在床边神神道道地说,一只手敲着桌子,故弄玄虚。

朋友这几天正为女朋友的事发愁。他经常是兴冲冲地出去，灰溜溜地回来。听见王海这么一说，便急切地央求他。

"伸出手来。"王海慢悠悠地说。

朋友伸出右手。

"不对，男左女右，我要看左手。"王海说，朋友的左手旋即伸了过来。

"你的手心肌肉发软，颜色红润，说明你是个忠厚善良之人。生命线、财产线细而长，你此生肯定是个长寿富贵的人。可让人遗憾的是感情线有些乱而杂，且多交叉，时断时续，有些麻烦。"王海一本正经地分析着朋友的手心，侃侃而谈。

"你说得真准。"

"没完哩。她今天穿着裙子，红色连身的那种。如果你赴约不再像往常那样买一堆草莓，而是在门口买一束玫瑰，她肯定会高兴的。咱们不是唱过一首《九百九十九朵玫瑰》的歌么。"

朋友走后，王海一个人又开始了小说的创作。洪峰似的灵感像迫击炮似的袭来，飞舞的笔尖在稿纸上跳跃，他顾不上擦去额上的汗水。虽然天气炎热，但沉浸在创作快乐中的王海如痴如醉，只知道与他笔下的人物同喜同悲：

　　他（老K，笔者注）想不通，在这里碰见了解放战争中被他活捉的国民党军官黄一甫，他觉得把自己和他关在一起是一种耻辱。上边定他什么罪，他都可以接受，他不能和黄一甫在一起劳动改造。他是什么人？他几十次向上级反映，要求把他俩分开，场里就是不肯采纳他的意见。

　　……

　　老黄说："你懂什么？先不谈你是什么东西。什么是天？

什么是地？什么是阴？什么是阳？什么是左？什么是右？什么是上？什么是下？"

"天上有太阳、月亮，分白昼和黑夜，地有阴阳上下，动物有雌雄公母，人分男女。既然大到宇宙小到生灵万物有阴阳、有雌雄公母，那么就一定有交合。黑夜交合有白昼，天地交合有阴阳，动物交合可以繁殖生命，男女交合，不仅仅是生儿育女，还是一种生理需要。"

"愉快悦心的交合，是人的两性之趣，那是人类及动物最低的需求。天作之合、阴阳之合利用大自然之灵气进行交合，这叫神交，神交不仅可以享受人之两性之乐，更可以强身健体。"

"这也是一种科学，叫性科学，你听说过这个新名词吗？其实，你活一天，你每一天的生活与它都有密切的关联。"

"你少在这儿放毒！"老 K 愤怒地骂了一声。

……

正写到紧要处，朋友兴冲冲地跑回来了，一下子抱住王海，高兴地说："你真是个活神仙！我照你的话做了，她满意得不得了，邀请我去她家呢。"朋友惊奇地问："你怎么知道她今天会穿红裙子？"

王海的文学灵感顿时烟消云散，不快是暂时的，很快变成对朋友的祝福和分享成功的快乐。

这件事很快传出去，从此，王海成了小有名气的"神仙老王"，一有时间便有人找他"算命"。

"我根本不懂算命。他每次约会的经过，我都听他说过，那女孩儿我也见过，她爱穿红裙子，但听朋友讲她几次见面都没穿红裙子，我猜这次见面有穿红裙子的可能。她的性格我能分析出来，咱是写小说的，揣摩人物心理活动可是绝技哟。"

"原来是这样。"瓜棚主人说。

"我这样算命，其实主要目的是想体验一下黄一甫因为精通《黄帝内经》《女儿经》《素女经》被犯人们成天围着热闹的那种感觉。"

瓜棚主人想起了一句话，作家不仅要体验生活，还要深入生活。

1996 年初秋，经过一年多的笔耕，初稿长达 30 多万字的《人犯》终于画上了句号。

> 卫生所传来几声嚎叫，有人跌爬着跑来，"老黑死咧……"
> 这场大火的第二天，场里换了新名字，上级给场里派来了新场长，场党委书记就是原来的夏政委。

在这个结尾里，作恶多端的场长孙大山同时被大火烧死。

与老黑、老 K、老师长、孙大山、夏政委、瘦猴、老驴头、智慧、白萝卜、梦想家、小白菜等 20 多个创作的人物一年多的神交，使王海神经高度紧张，尽管他一再调整自己或悲观或担忧或气愤或激动的心情，尽量使自己以平和的心态写作，但这种人为地"压"，使作者本人承受着巨大的心理负担。孙场长被烧死了，王海写出这个结尾时，有一种回肠荡气的痛快感，觉得自己的五脏六腑被人掏空了，有种灵魂出窍的错觉。

翌日是个星期天，他一个人从咸阳搭车去了耀州区人迹罕至的就业场，一个人在山上坐了大半天，像孤独的犯人老黑，痴痴地，一动不动。几个山民路过时，奇怪地看着这个陌生人，山下的犯人们早已作鸟兽散，他看着一排废弃的窑洞发呆。夜幕降临，他才独自下山，坐车回家。他在长途车上昏昏欲睡，进入了甜蜜的梦乡。

他明白，自己的这次外出，是用 30 多万字的《人犯》初稿，把自

己的灵魂扔在了那段留下痛苦回忆的山坳，他压抑的情感从此释放。

　　毕竟，生活中有太多的挑战在迎接着他，他必须卸下包袱，才能轻装上阵。

第十一章　另一种生存

他背负着沉重的"十字架"，他心中有了文学的精灵。他常常以经历生活来掩饰自己的虚伪，其实那是他人生的第二次"蝶变"。

经历生活的过程

1997 年王海完成了长篇小说《老坟》的创作，30 多万字，厚厚一本，放在书桌上，王海感到很欣慰。

他找到在西北大学上学时的老师杨昌龙教授，只字未提自己在工厂的"不公平遭遇"，从挎包里掏出厚厚的《老坟》打印稿。

"怎么，你又写了部长篇？"杨教授喜出望外地说。他回头望一眼书架上的小说集《鬼山》，不敢相信面前这摞书稿是王海的又一部力作。信手翻开几页，确实是王海那有特色的语言，教授摩挲着稿子，仿佛在爱怜一个才满月的胖婴儿。

"是我写的，内容是我老家守陵人的故事。我吃不准，您给瞧瞧，您是这本书的第一位读者。"

"好，我看一下。"

杨昌龙是一个长期从事西方文学教学和研究的专家，对中国文学尤其是当代文学创作无暇顾及。但是，他对自己学生的著作却是兴致盎然，他打破常规，以最快的速度阅读，并很快告诉王海："不错！《老坟》散

发着浓郁的西北黄土气息，包含着厚重的历史内涵，是一部不多见的长篇小说。"

"是吗？"毕竟是第一部长篇，王海听到老师的评价，心里感到异常兴奋。

"陕西电视台副台长延艺云是我的学生，我先推荐给他看看。"

"这成吗？"

当时，与《老坟》一样以传统文化和地域文化为背景的电视连续剧《大秦腔》正在热播，导演于庚庚忙得不亦乐乎。当王海拿着杨昌龙教授的推荐信找到延艺云时，又按其安排与于导见面，于庚庚接下书稿，一周后便与王海签订协议，组织人员与他一起在西北政法学院（现名西北政法大学）招待所编写剧本，准备将《老坟》拍成 20 集电视连续剧《大祖坟》。

这无疑是个令人振奋的好消息！ 1997 年 12 月 5 日，《西安晚报》刊登题为《华星初诞，气象万千》的文章，称：《大车帮》之后，工作室还计划投拍 20 集电视连续剧《夜市》和《大祖坟》（根据王海小说《老坟》改编）……《大祖坟》这部电视剧是再现秦人生命信念、情感模式、文化氛围的作品，将以商业化的运作方式，尽力取得较好的商业回报。

"触电"的喜悦让王海忘掉了生活中的不快。有一天，在西安忙着写剧本的他，抽空回到咸阳的家。看着他喜形于色的表情，妻子听着他的见闻，也跟着高兴。

"家里不用你管。只要你高兴，你爱干啥干啥，我支持你。"

王海是个感情细腻的男人，妻子强颜欢笑后的无奈，他明显察觉到了。文学可以丰富心灵，但维持生计是一家之主义不容辞的责任。她嫁给自己，受了不少苦，刚过上好日子又遭遇不幸。不行，我得挣钱，要一边工作，一边写作才行。

王海想起在交大培训时，一个管理干部给厂领导写了一封有关企业

管理的信，并反映了厂里管理上存在的问题，他做了几句修改。但是，那些做贼心虚的弄权者却害怕了，他们以为王海和这个干部知道了他们贪污的事件（其实他俩什么也不知道），竟气急败坏地动用了厂公安搜查了王海的家，什么也没搜到。王海做梦都没有想到：因为这封信，竟使他陷入一场噩梦之中！紧接着，在他没有接到任何通知和文件，也没有人找他谈话的情况下，他被莫须有地解除了劳动合同！更有甚者，王海半夜接到匿名电话："你们反映的事，提的建议，都是事实，但如果你们向上级或政府部门反映，我把彩秦厂翻一个个儿，也要把你们送到监狱去……"

朋友告诉他："你家的座机电话可能被监控了，我们不敢打电话给你，更不敢白天来看望你……"

一腔热血的王海，一下子被推入了白色恐怖之中！但是，王海这个铮铮铁汉，在平日的言谈举止中，都透着军人气质的，在这个极端的困境中，他告诉那位当权者："如果法律不能保护我，那么，中国的法律从此也不再保护你。"一句话让那个人胆战心惊。

有朋友见王海的心情很糟，这个军人在泰山压顶时绝不会退缩，可能会做出惊人的事。他给王海留下一张纸条说道："只要你不倒下，别人没法推倒你。"

有朋友告诉他："没必要和那些人计较！那些人大都是贪污犯，顺我者昌，逆我者亡，被陷害的人很多，厂里又不止你一个，说不定哪天他们就被抓了。"果然不久，厂长和其他几个主要领导被抓并判刑，王海恢复了劳动合同，并得到了一定的赔偿。后来他调入咸阳市政府文化局工作。

回想这些事，王海不禁淡然一笑，过去的事情，不值一提。当有关单位问他在厂受迫害的事，他说，任何语言都苍白无力了，人都抓了，咱还有啥话要说。

过去的经历也让王海深深地知道，自己能走上文学道路，是机缘巧

合，更是多种经历和磨炼，让他对人性有了更多的感触和深思。

他在省城改写电视剧本的同时，开始留心适合自己的工作，谋生成了他的一件大事。一天，有个朋友请他去刚组建的陕西秦阿房宫旅游发展股份有限公司参观，经人介绍他认识了这个公司的老总。

"你叫王海？听说你写了几本书，还在西安交通大学学习过企业管理？"公司老总问他。

"是。"王海话少，看见豪爽的老总，心里不由得有些紧张。

"他当过多年厂办主任，对企业管理精通得很。"朋友在一旁热心地介绍。

"是吗？"老总看着王海，笑着问："你们那是高科技企业，我这是旅游企业。你能不能谈谈，这个企业怎么管理才能尽快走入正轨？"

王海在交大管理学院学过企业管理，又有当厂办主任的实践经验，自然讲得让这位老总叹服。

"嗬，挺有专业水平的，能谈具体一点吗？"

"阿房宫是个好项目，建在阿房宫遗址上，又位于丝绸之路必经之地，这个项目大有文章可做……"

"你愿意来这儿干吗？"老总惊喜地发现了人才。

"我考虑一下。"

不久，王海便成为陕西阿房宫旅游发展有限公司常务副总经理。

由于种种原因，已完成的电视剧本迟迟未能开拍，但在省城就业的成功，使王海找到了另一方干事业的乐土。

成为阿房宫公司副总经理后，他以极大的热情投入到工作中。

他首先从训练保安队伍入手，实行军事化管理。每天天不亮就跟保安队员一块儿出操，练队伍，喊口令，走正步，平时懒懒散散的保安变得精神焕发，令行禁止，为公司锻炼了一支优秀的保安队伍，同时也震慑了公司周围的黑帮势力。他坚持每晚十二点亲自查岗。有一次，他发

现一名保安在岗位上睡觉。第二天例会上，他严厉地批评了保卫处处长，并责令保卫处处长向职工承诺做好公司的安全保障。此后，公司的保安队伍面貌一新，杜绝了安全事故。

公司实行无烟办公，一个部门经理看见走廊有烟头低头走过，王海捡起了烟头，为整治办公楼工作环境，就此事召开了职工大会。连烟头都管理不好的人，怎么能管理好一个部门。大家围绕此事展开讨论，让部门经理深受教育。从此，办公楼的烟头彻底消失了。一个烟头的教育，为公司创建了一个整洁的工作环境。

公司绿化栽树，已是初夏时分，白天忙于基建，晚上12点送树的车才进院子，王海带着保安和全体员工连夜加班，干完时已是凌晨3点左右。

给漆水河架桥。为节省经费，王海第一个挽起裤腿，跳进冰凉的水里。大家一看他的样子，也纷纷跳进水里，硬是靠自己的双手架起了一座古香古色的秦式古桥。

每天晚上，他坚持带着分管部门经理，打着手电，在500亩堆满建筑材料的工地巡视，直到发现没有问题，才放心地回宿舍睡觉。

为了提高企业档次，他和公司部门经理去无锡参观"三国城"，在返程的火车上，王海写下了自己参观的体会。在第二天公司例会上，他发表了关于阿房宫发展方向的精彩观点，博得大家阵阵好评。

可以说，在阿房宫公司担任副总，使王海在企业管理方面充分发挥了才能，500亩的土地上，一草一木，吸引人的文旅项目，不正是他和阿房宫同仁们的一部"杰作"吗？

2003年7月12日，省城西安大雨初霁，阳光灿烂。王海陪瓜棚主人来到位于西安市未央区三桥镇的阿房宫旅游公司。

刚一下车，瓜棚主人便被门口12个巨大的金人塑像所吸引，高大威严的门楼让人为"秦王扫六合"的气势所震撼。走进大门，宽阔的广 143

场上，游人如织。

"非典"过后，复苏的企业呈现着活力，而插入云端的前殿，"东西五百步，南北五十丈，上可以坐万人，下可建五丈旗"，令瓜棚主人没有勇气爬上去，只好跟着王海穿过四周布满历史典故壁画的围墙拱门，走过一段曲曲折折的小路，发现了可以与颐和园、昆明湖相媲美的兰池宫，硕大明净的水面映入眼帘。走在穿水而建的桥上，瓜棚主人一下子停止了自己的语言。

"那是兰池宫，再远一点是六国宫，墙外边是蒙古包，那高大的墙是秦长城的缩影。"

王海故地重游，很自豪地给瓜棚主人一一介绍。

一阵音乐吸引着瓜棚主人，他看见湖尽头岸边的一片古建筑，一杆杏黄旗上篆书"秦"字，格外引人注目。

"那边有仿秦乐舞。走，我领你欣赏去！"

王海兴致勃勃地拉着瓜棚主人的胳膊，从桥上悠闲的游人中穿过，音乐声越来越大。遗憾的是，表演厅里正在排练，倒是门外几个休息的工作人员吸引了瓜棚主人，其中几位身穿黑色"舞"T恤的女子长相脱俗，她们估计在歌舞中扮演秦王的爱妃，而另一个戴着秦代胡须的男子一边与王海握手，一边招呼瓜棚主人。

瓜棚主人想见那位阿房宫的老总，了解一下王海在这里的情况，不巧他外出，温文尔雅的茹副总接待了瓜棚主人。在充满异族情调的蒙古包餐厅里，一边吃饭，一边笑谈对王海的印象。

"我印象中的作家，不是王海这样子，他一口秦腔，方言很重，语速很快，而且吐字不清，但干工作很有激情，很投入。说实话，在我们共事的时间里，我从来没把他当作家。这么说吧，从骨子里看，王海是个经商做企业的好材料。直到《老坟》《人犯》出版了，在社会上火了，我才明白他是当作家的料。但我常问他：王海呀，你做经营这么在行，

为啥要写小说，那是爱静的人干的事，而你是个闲不住爱动的人嘛。他总是嘿嘿一笑，问我看了他的书没有，觉得咋样。真拿他没办法。"

"茹总说得不错。"

"就是嘛。"茹总欣赏着自己保养得极好的手指，夹了一筷子甘泉豆腐，很优雅地品尝着，继续慢条斯理地说："他这人呀，爱开玩笑，有一个误会害得他差点做了检查。"

"你是说张会计的事？"王海坐在他们之间，听着昔日同事的回忆，脸上露出幸福满足的笑容。他突然想起了往事，对门口站着的一位穿蒙古服装的服务生挥挥手，说："请出去一下，有啥需要我叫你。"

漂亮的服务生低着头，笑着走出门外。

"瓜棚先生啊，我们张会计是个很传统的中年女性，不懂幽默。有一回，她和我一块儿出差，走出办公楼，她惊呼：'茹总，我忘了穿防盗裤头了，咱的钱放在哪呀！'周围的人都看我俩，羞得我无处藏身。有一次，不知谁把王海小说里的一段话放在张会计的桌子上，引起了极大的误会，上面写着：世界上最恐怖的莫过于与魔鬼同行——老黑日记。"

"那是我刚想出版的《人犯》的卷首语，不知谁从我桌子上拿过去，放到她那儿的。"王海抢过话头，在一旁抢白。

"张会计从外面回来，看见桌上的纸条，哭得一塌糊涂。老总碰见，问咋咧？张会计说：'王总给我写条子，说我是魔鬼，说世界上最恐怖的是和我同行。'老总当时就来了气，第二天让王总做检讨道歉。老总后来听了他的解释，才明白缘故。"

"他工作雷厉风行。当时公司共有两个副总，我分管行政内部事务，他分管工程和外部业务。我静他动，合作得非常默契。这几年，他在外头发展了，我时常想起与他共事的那些充实繁忙的日子……"

离开阿房宫公司时，在这里担任办公室主任的刘骏茂先生搭车回咸阳。路上，他谈起对王海的印象时，这位宝鸡峡水库咸阳管理站退休的

知识分子赞不绝口:"我和王海在咸阳就认识,他是彩秦厂的办公室主任,我在单位也干过这个工作,开会时见过面。在阿房宫公司与他共事3年多,他是一个有骨气的文人,是一个会团结人的老总,同时又是一个观念创新的能人。他晒得黑黑的,像越王勾践一样在这里卧薪尝胆,他今天的成绩是与他能吃苦分不开的。"

还有一件事值得记录。

有一年春节前,一位建设工程公司的老板,想让公司多预付一些工程费给工人发工资,便找到了王海。热心的王海立即把情况告知老总,老总批准后,拿到钱的老板很感激,跑到他办公室,忙回身关门,往王海抽屉里放下一沓钱。

王海说:"你这是干啥?"

老板说:"你给我帮了大忙,这是我的心意。"

王海说:"你拿走,我知道你们不容易,这样没必要。"

老板说:"王总,你是不是嫌少?等我过罢年,再来谢承你。"王海说:"你说啥哩?这钱我一分也不能要,你真的要送,我就上交给公司财务了,我不能为这事儿犯错误!"看着他斩钉截铁的样子,老板服了:"王总,社会上像你这样的人太少了!"他敬佩地向王海鞠了一躬就走了。

在这里当管理者,除了上司的赏识、员工的爱戴和尊敬,王海也受到了所有合作者的钦佩。在公司推出《阿房宫赋》大型史诗乐舞景观剧期间,影星刘晓庆的接站、送站,以及管理演出的过程,王海都参与其中。

为了保障刘晓庆演出期间以及演出现场的秩序和各环节的安全,王海每时每刻都如履薄冰,生怕出现纰漏。当时西安市有关领导严肃地告诉他:"若刘晓庆在阿房宫演出发生安全问题,这可不是一般的西安事件,会成为引起全国关注的大事件。"

刘晓庆没有大明星那种故作高人一等的姿态,她平易近人,常常喜

笑颜开，非常随和，但有时也会做出令人想不到的事，她非常注重宣传，爱惜自己的羽毛。好在《阿房宫赋》演出期间，一切顺利。在万人瞩目的压力下，在董事长的指挥下，王海和他的团队圆满完成了一场又一场演出，为公司创下了很好的社会效益和经济效益。

天下没有不散的筵席，王海还有创作任务，《阿房宫赋》演出结束后不久，王海离开了阿房宫旅游公司。

关于这段经历，王海说自己到阿房宫公司和作家到县上体验生活一样，是在经历生活。这里有王海的一篇散文《那边还下雨吗》节选，读者可以体会到王海这段心路历程。

　　雨在下着，一会儿大一会儿小，我不知是怎样回到咸阳的。

　　上午卫平召开了最后一次部门经理会，有庞副总、冲锋、小柯、宏波、老梁、高程、09、建国、前进、小郭、小田、乔丽、一心、小李和雷春丽。宏波主持会议，我讲道：按照董事长"平安演出"的指示精神，我们顺利完成了《阿房宫赋》的演出任务，我要回咸阳去。冲锋、高程、老梁、宏波讲了很多话，我心里很酸楚，泪珠像欲滴的汗水，忍不住就会落下来。

　　这样坐在会议桌两排的经理，像刚刚经历过战火洗礼的战士，看着他们，我心里一阵难受，在《阿房宫赋》演出的日日夜夜里，在挥汗如雨的酷暑季节里，他们和我工作在一起，战斗在一线，有时工作急，推不开，我就骂人，在会上也骂。挨批最多的是高程和冲锋，因为他们是最前沿的指挥官，哪里危险，哪里救急，他们就会出现在哪里，他们的电话常常让我惊喜和恐慌。

　　最苦、最繁忙的是09，常受指责的是前进和建国，他们在"野外"工作，冬天一身雪，夏天一身汗，表扬常常和批评

相伴。

礼仪楷模是一心，她是女孩儿，我们常把她当男孩儿用，晚上演出，她带领一班人站在看台一线，遇见不礼貌的观众，常受辱骂，心里流泪，却从不给观众游客掉脸使小性子。

春丽是男人眼中的好媳妇，她听话乖巧，勤奋肯干，给她布置工作，她总会满口答应，遇到批评她总是默默承受。

风吹雨打是宏波，风风火火是宏波，吃得下苦、装得下气的是宏波，哪里有困难哪里就有宏波。

风里雨里是司机，他们从没正常休息过，很少正常下班，人都说他们工作很辛劳，奖励和表扬却极少与他们相遇。

工作认真是小柯，涉外交流是小柯，遵纪守法是小柯，证券部管理有方是小柯。

招兵买马奔忙的是乔丽，人事管理荐纳人才，办理社保三金，月底人事考核，奖惩分明从未出差错。

夏热暑晒，冬寒裹风，苦累相伴是吴丽，针头线脑也要买，为后勤保障她昏倒在办公楼前。

最年轻的专家是小田，最勤恳的是小李，最孤独的管理者是小郭，管理老手算老梁，还有那位送我巧克力却留言"仅限于一般朋友"的单纯好笑的陈冰，由于工作关系，她总是很忙碌。

两袖清风是财神小军，手过千万不留痕，赤身过河不夹水，这不是每个人都能做到的。

带头人卫平和庞侃，他们是公司前进的指挥者，公司管理诸多方面的成绩，点子都是他们出的，公司的每一步前行，都是他们的推动。

真正的承载者是那些任劳任怨的员工，任何艰难困苦的工作，他们都能够接受，在他们面前，没有险阻，没有困难。

　　两年来和我共同战斗、工作的同事，看着他们，他们是那样的英俊潇洒，她们是那样的美丽可爱……亲切……

　　散会后，他们到办公室给我整理东西，其实，没有什么好整理的。董事长邀请我同他共进午餐，卫平、庞侃陪同，饭店选在俏江南，这是一个很缠绵的名字，便又勾起我对公司的回忆。董事长这个人发起脾气急风暴雨，彩虹过后细雨绵绵，对他的指示要不折不扣地执行，来不得一点儿马虎，更不能虚假应付。

　　和董事长告别走出办公室，二楼办公室走道上站了很多人，经理和一些员工都站在门口。他们簇拥着我。在楼梯口，我挡住他们，不让他们再送，千里送君总有一别。

　　他们像一股奔腾的温泉，从楼梯上流下来，穿过大厅，涌出办公楼，我坐上车，他们拥挤在一起向我招手，那挥手，那眉宇间，那令人难忘的笑意涌满了友谊，我的眼睛一下湿了，想尽快离去，不知谁喊一声"哭！"大家都笑了，我的泪却流下来了……

　　这一段路走得好长好长，车行驶到咸阳，停在我的创作室楼下，我趴在方向盘上，抹掉脸上的泪迹，忽然看见，那些早已站在楼下等候为我搬东西、要为我洗尘的兄弟，我的心一下亮堂了，慌忙下车："我的兄弟，你们久等了……"

2010年秋

最终的精神家园

　　每当王海周末回咸阳，开着车进入大厂新生活区时，不少似曾相识

的人都向他点头。是的，这个被企业的某些领导"逼"走了的、似乎无足轻重的厂办主任，却砥砺成为了一个知名的作家。从某种意义上讲，正是苦难，才成全了有抱负、有血性、有志向的王海。

一天晚上，瓜棚主人第一次慕名去拜访王海，却找不见王海住的楼栋。偌大的新生活区，令瓜棚主人一片茫然。

"同志，你找谁？"门卫保安从门房推开半边窗户，探出头来问。

"我找王海。"

"是作家王海吗？"

瓜棚主人吃惊地点点头，在这几万人的大型企业，王海的知名度这么高，真让人称奇。

"我看过他的书，写得真过瘾！同志，你找他，你也是一位作家？"

"我？"瓜棚主人迟疑了一下，很勉强地点点头："算是吧。"

"那你也是我的老师么。走，我领您去！"

转了几个弯，他们终于来到王海家的楼下，在那位热心保安的注视中，瓜棚主人一层一层向楼上爬去。

2002年6月13日，《西安商报》发表记者田冲一篇题为"与文坛黑马王海对话"的专访，其中有这么一段：

> 记者：你作为作家，同时又干企业，在这两重身份中，你更看重哪一个？
>
> 王海：我更看重作家这个身份。20世纪80年代我开始创作，一直未停止过，先后在全国报刊发表小说、报告文学等百万余字。我是西北大学第二届作家班的学员，多年来笔耕不辍。我搞企业，这如同作家到基层挂职体验生活一样。著名评论家肖云儒认为我这是经历生活，比体验生活更深刻。

几乎同时，《咸阳日报》发表题为《被动的体验与触及灵魂的感悟——访作家王海》的文章。文中第一段颇能进一步说明这个问题。

笔者：企业管理和文学创作是两个不同的领域，在复杂喧闹的市场竞争中，你最大的收获是什么？

王海：我说过，我搞企业也是体验生活。有些人为什么老想不开，有些人认为作家去当县委副书记是体验生活，我搞企业难道不是体验生活？前一种体验生活是被动的，后一种生活体验是触及灵魂的。

企业每一次的投资都处在成功和失败的边缘，稍一疏忽，就会有无法挽救的损失。但它最能激发人的智慧，锤炼人的胆识，我每一次的生活体验都是惊心动魄的，比在政府基层挂职体验生活要深刻得多。所以我说是经历生活。

……

我搞企业不仅仅是为了经历那种刻骨铭心的生活，最终目的还是为了文学，文学才是我最终的精神家园。

秋末的一天，是个双休日，瓜棚主人正在自己的书房正堂修改即将被文化公司代理出版的长篇小说《爱恨无奈》，突然接到了王海电话，邀请我去渭南访友。

诗人董信义驾车，王海坐在副驾驶上，信义先生叼着烟，听着《周仁回府》冲上了西临高速公路。从西往东，灰色的白鹿原似一条巨龙，让人对大作家陈忠实充满敬畏。

晚饭由作家、渭南市委办公室副主任芜村先生盛情设宴，只是几个人不停喝酒，却未曾细品那精致菜肴的味道。饭后，风流倜傥的董诗人独居套间，而王海与瓜棚主人则住在隔壁的标准间里。临睡前，瓜棚主人读着芜村先生的小说昏昏沉沉进入梦中，看见父亲被扔在一个涝池

里，只有上半身，可怜巴巴地漂浮着，而岸上的人竟无动于衷地说笑，瓜棚主人便一头扎进水中，大骂那些无情的小人。

"瓜棚老弟，你做梦了？"王海拉亮床头灯，问。

瓜棚主人揉着有些潮湿的眼睛，点点头。

他说："我也做梦了，见到母亲。她老人家在那边过得不好。哎，咱得回老家一趟，多长时间没回了，这是日有所思，夜有所梦啊！"

"老家有我们永远写不完的故事。回到那里，就像鸟儿回到巢里……"

王海说完就又睡着了。瓜棚主人想：文学，给了他爱心和智慧，生活激发了他的意志，才使他的小说写得越发深沉而富有哲理。

第十二章　厚积薄发

王海万万不会想到，《老坟》会给他带来如此大的"幸运"，竟使他一夜走红。

一夜走红的王海

2000年年底，一次偶然的机会，王海碰见青海省作协主席董生龙先生，谈到了《老坟》在北京某出版社放置半年尚未出版之事。董主席细听《老坟》的内容故事之后，慨然承诺："交给我，在青海人民出版社出版，春节过后就可以与读者见面！"

2001年4月，青海人民出版社推出长篇小说《老坟》，虽然第一版装帧设计一般，但封底的导读语令人耳目一新：

一部演绎秦人秦韵、秦人部落兴衰的史诗。

百年大家庭，描绘民族历史的画卷。

这段话的后面，是一段半文半白、颇具特色的文字，耐人寻味：

佳人傅粉，

谁知白刃当前；

螳螂捕蝉，

153

岂知黄雀在后！

天欲祸人，

必先以微福骄之，

所以福来不必喜，

要看会受；

天欲福人，

必先以微祸儆之，

所以祸来不必忧，

要看会救。

瓜棚主人是从同住一个小区的作家文兰家里偶然得到这本书的。王海的《鬼山》我看过，但是这部《老坟》着实让瓜棚主人大吃一惊。创作态度严肃的文兰先生，仔细阅读了这部小说，称其"有诗有画，不但故事独到，而且语言有灵气。"

那天晚上，正是瓜棚主人的第一部长篇小说《爱恨无奈》写到欢实处，文兰的极高评价，令瓜棚主人不得不停下自己的创作，用一整夜时间将这本书读了一遍。天亮了，瓜棚主人翻到书封面的里衬，看见王海一脸冷峻的黑白标准照，其简介寥寥几语：

王海，西北大学作家班毕业，中国作家协会会员，著有

小说集《鬼山》……

那份沉甸甸的感觉令瓜棚主人如同捧读一块"秦砖"，望着窗外又一个晨曦，看着自己即将杀青的小说，突然有了一种想烧掉作品的念头！

毫无疑问，下面的事，时间女神便锁定了王海，2001年、2002年，这两年时间，陕西文坛成了王海的世事。

2001 年 9 月 20 日，陕西省作协召开王海长篇小说研讨会。陕西省作协主席陈忠实主持会议，参加会议的有：中国现代文学学会副会长阎纲，中国现代文学馆副馆长、《人民文学》原副主编周明，中国社科院研究员、中国社科院文研所原所长何西来，中国作协创研部副主任雷达，陕西省文联副主席肖云儒，陕西省作协副主席王愚，《小说评论》主编李星，《小说评论》副主编李国平、邢小利，著名评论家杨乐生，教授畅广元、费秉勋、刘建军、刘建勋、薛迪之、杨昌龙，陕西省作协副主席贾平凹、李晓雷、京夫、高建群，著名作家王晓新，著名作家、咸阳作协副主席文兰，诗人朱文杰，《延河》主编子心、副主编张艳茜、编辑姚逸仙，陕西省作协秘书长徐晔，王海的中学老师、咸阳渭城中学高级教师方振铎，陕西电视台《大秦腔》导演于庚庚等。

会上，陈忠实主席首先讲话，他认为这次会议是陕西文坛的一次大聚会，是近几年来规格最高、规模最大、人数最多的一次研讨会。

会议尚未召开，一向以炒作新闻著称的《华商报》捷足先登，于 9 月 19 日，以显眼的字体和篇幅刊登文章，在古城西安掀起"王海浪潮"。

全国文坛大腕汇集西安
评论家重炮点评《老坟》

本报讯 我省作家王海的长篇小说《老坟》出版后，在省内外引起强烈反响。陕西省作协将于 9 月 20 日举办王海长篇小说《老坟》研讨会。中国现代文学学会副会长阎纲，中国现代文学馆副馆长、《人民文学》原副主编周明，中国社科院文研所研究员何西来，中国作家协会创研部副主任雷达，中国社科院文研所研究员白烨今日将齐聚西安，明天将和陕西部分评论家、作家共同与会，重炮点评《老坟》。

长篇小说《老坟》描写的是 20 世纪前半叶，咸阳五陵原

上祖祖辈辈守护帝王陵墓的人的生生死死、恩恩怨怨的生活故事，这是我国第一部描写帝陵文化的长篇小说。何西来评论《老坟》是"三秦故地的文化展示和哀歌，它呈现的是一种悲调，仿佛用秦腔哭音奏出……是一部写得很有特色的作品"。

陕西省作协副主席王愚认为作者王海"写农村的苦难，写人性的扼杀、写窒息了的生命，如果不是对生活的认知，不是对农民生活的深切体验，很难做到这样入木三分"。

著名评论家李星则认为《老坟》是一部艺术作品，作者的艺术感觉很出色，王海的笔触很有感染力，很有灵气。让我吃惊的是作者对旧时中国农村的日常生活、各式人物、民俗风情竟能如此熟悉，表现得如此真切。细节有神来之笔，情节无一点破绽，实在令人不可思议。

据悉，9月20日举行的《老坟》研讨会，是近年来我省少有的一次文学聚会，国内部分著名文学评论家汇聚陕西，和陕西文坛宿将共同探讨文学作品，对陕西作家的创作是一次难得的交流机会。我省著名评论家肖云儒、王愚、李星及作家陈忠实、贾平凹、高建群等都将出席研讨会。

面对众多的专家和媒体，经历太多苦难和磨砺的王海显得十分平静，他认真听取了各位专家的评论后，饱含深情地作了表态发言。

各位专家老师和领导、各位媒体人：

非常感谢省作协为《老坟》举办这样有规格的研讨会，非常感谢各位专家对《老坟》的中肯评价和批评，在小说的结构上，在人物刻画方面还存在很多问题，如果说这部小说能引起读者的兴趣，除自己的努力外，主要是在座各位专家优秀的作品影响了我。

一、我创作《老坟》的动机。

追求道德完美，用传统精神重塑当代人的思想，儒家所倡导的积极入世观念并未过时。

社会上，某些人已堕落到让人难以容忍的地步，重建精神家园，为现代人打造一个道德的"诺亚方舟"，就是我最初的创作动机。

二、地域因素——寻求表达主题的最佳载体。

我生长在咸阳肖河岸边，历史积淀异常丰厚的五陵原就是我成长的特定环境，遍地是名胜古迹，到处有秦砖汉瓦，民间流传的大多是帝王将相的传说、建功立业的壮举。

一个陵墓，就是一个惊心动魄的传奇故事，一个故事，就是一部小说的绝妙素材。为了和表达的主题相吻合，我选择了《老坟》作为载体，它既有悠远绵长的历史底蕴，也有传统道德的丰富内涵，当然批判地继承下来，自然有说不完的话题。

我生活在五陵原，这是一个得天独厚的创作条件。"越是民族的，就越是世界的。"我想巴尔扎克、托尔斯泰以及鲁迅、茅盾、沈从文等大家的作品之所以深受人们喜爱，有一个鲜明的特色，就是有不可取代的地域性。

三、主观因素——写这部小说是我从交大学习之后，正处在一种非常难以忍受，甚至要摧毁我一切的精神危机中。"欲渡黄河冰塞川，将登太行雪满山"是我当时的真实写照。

人世的丑恶，人灵魂深处的卑鄙、阴险、残酷，给我上了生动又深刻的一课，在这个危急关头，我一位朋友的一句话如醍醐灌顶，给了我鼓舞，给了我力量，至今我还清晰地记得："只要你不倒下，别人没法把你推倒。"那种刚毅的表情、坚定的神态，现在想起来还很亲切，还能感受到排山倒海的力

量呼啸而来。我想，时间和历史是最好的见证人。让我们把手伸向阳光下，看看那上面沾的是灰尘还是鲜血。

在传统道德的解剖刀下，看看我们灵魂深处出事的地方，是感冒的细菌，还是癌变的细胞？世风日下，人心不古，物欲横流，是非混淆。凡是男人愚昧无知，陷入绝望的地方；凡是女人沦落风尘，为一个肉夹馍而卖身的地方，我的《老坟》就会去敲门，大声喊道："请开门，我找你们来了。"

王愚老师在《生活像条河》中说我"用心血写出了农民的遭遇，努力地以心血渗透人们的心路"，但他不知我在《老坟》的创作中真付出了我的心血，甚至生命，那个时候，我生命的支柱就是写作，写我的《老坟》。

在这部小说的创作中，我的爱妻始终站在我的旁边，在她关爱和鼓舞下，我顺利地完成了这部小说。

前天下午，我收到一位评论家的来信，他说："六十年是一个单元，六十年正是一个人的一生，一个完整的事业和全部的过程。你的路还很长，依据你的刻苦、努力、素质，你会写出更好的作品的，《老坟》绝不是你的终结和最后。"

我经常告诉我的同事和朋友，我是半个文人，但是，我在企业工作的目的是经历生活，文学才是我真正的精神家园。

研讨会结束之日，又是《华商报》率先以通栏标题《评论界四大家剖析陕西文坛》刊登全国著名文学评论家何西来、周明、阎纲、雷达大幅照片和文章，同时刊发题为《"古陵文化"引发关注——文坛大腕点评〈老坟〉》的文章，全文如下：

本报讯　昨日上午，省作协组织召开了我省作家王海《老坟》的作品研讨会。阎纲、何西来、周明、雷达等专程从北京

赶来，国内著名评论家、我省评论界知名人士骞国政、肖云儒、延艺云、李敬寅、李星、畅广元、刘建军、刘建勋、费秉勋、薛迪之、王仲生、杨乐生等，以及省作协的陈忠实、李晓雷、京夫、王愚、贾平凹、高建群等群英荟萃，共同深入探讨《老坟》这部作品所蕴含的意义。

研讨会由陈忠实主持，各位评论家、作家轮番上阵。何西来首先从浓郁的地域文化情韵、曲折回环的叙事结构和盛衰荣辱中的人物命运三个方面谈了对《老坟》的看法。

阎纲紧随其后，认为王海写出了一部具有硬汉精神的"楞娃文学"。

雷达认为《老坟》的深刻之处在于他写出了小生产者、小私有者的重要特征，这构成了他们生存竞争的主要方式，甚至是封建家族史的动力之源。

周明觉得此书用陕西话读来，尤其有滋有味，地域性色彩明显。费秉勋认为这确实是一部十分陕西化的小说，作者对旧时代的人情世故非常了解，并且在写作时深深触及了陕西人几千年深厚历史下所产生的自卑感和文化惰性。

肖云儒认为该书在某些方面呈现的信息量比较密集，开了"古陵文化"的先河，作者在生活、艺术、语言方面的准备比较充分，但思想上的厚度还略有不足。

李星认为此部书是真实和美的，对传统和现实的转换做得非常到位。王愚认为农村题材现在不好写，很难超越那些经典之作，但作者的探索非常难得。

作者王海最后表达了对各位专家点评的感谢，并且表示自己是想当一个真正的文人、作家，文学才是他真正的精神家园。

陈忠实说:"如此多的文坛重量级人物,为一部作品会聚一堂,在近年来确实不多见,有评论界和新闻界的关心,陕西文坛大有希望。"

与此同时,《西安晚报》《三秦都市报》《咸阳日报》、咸阳电视台、陕西电视台均做了不同程度的报道。一时间,毫不起眼的《老坟》初版很快销售一空,刚开始态度有些保守的青海人民出版社抓住商机,进一步有了动作。

2002年4月,《老坟》再版,新版《老坟》投入市场。在各路媒体推波助澜下,销售场面极其壮观。当时,瓜棚主人有天上班骑车途经咸阳凌云楼文缘书城,只见书店门口悬挂的"作家王海签名售书"的横幅格外引人注目,录音机里放着音乐,门口涌满了读者。事后,瓜棚主人才知道,咸阳人民广场也是如此火爆,而省城西安更是掀起了"王海风暴"!

《咸阳日报》刊载"《老坟》再版,火爆古城——王海签名售书侧记,"极尽描写签售之盛况,摘录如下:

11月24日,阳光灿烂,我市青年作家王海回到家乡签名售书。

咸阳市人民广场的售书点上,人头攒动。电视台《老坟》研讨会的录像盛况吸引了游人蜂拥而至。咸阳市文联党组书记、副主席宇文新在现场深有感触地说:"《老坟》是这几年咸阳长篇小说的一大收获,作品有深度,有哲理,有看头,必将对咸阳的文学创作产生一定的影响。"咸阳市作协副主席李春光说:"一部长篇小说能够产生这么强烈的轰动效应,近十年来还是第一次。"《老坟》的出版,使王海成为陕西文坛上的一匹"黑马"。

11月24日,王海在咸阳成了一个流动的风景,他走到哪

里都会被慕名而来的读者围住，以至于手写酸了也不敢怠慢。

咸阳签名售书现场，焦急的人们纷纷涌入书店，先睹为快，性急的买到手后旁若无人地打开阅读，全然不顾身边的熙熙攘攘和吵吵闹闹。

一位老者说："这书是我含着泪看完的，我的儿媳就像麦草……"一位青年读者说："这本书写的有咸阳文化、咸阳风情，作者是个大智之人。"几位心思细腻的女大学生考虑周到，她们把自己的名字写在纸条上递给王海，其效果远比大声叫嚷的崇拜者们好出几倍，简直是"此时无声胜有声"。

大厂新区则是另外一种情况。因为王海曾经在厂里工作过，一些熟人看到招贴画上的简介后还不敢相信，这个王海是不是以前那个在彩秦厂当厂办主任的"家伙"？打开书一看照片，哈，就是他！几年不见，刮目相看。这《老坟》里究竟有什么稀奇宝贝？于是，在手机声中招旧部，前呼后拥买《老坟》！

《西安商报》刊文《新版〈老坟〉将与古城读者见面》；
《三秦都市报》刊文《〈老坟〉再版，王海签售》；
《百姓生活报》刊文《〈老坟〉再版火爆古城，王海成为陕西文坛又一匹黑马》；
《华商报》在这一轮的新闻大战中自然不甘人后，在连载预告中，刊文称：

本报明起推出我省文坛黑马王海的力作——《老坟》（电视剧本）

王海是文坛陕军中的一匹黑马，一部《老坟》让众多的名家击节叹赏。《老坟》描写的是咸阳原上守陵人后裔的家族

仇恨、人性冲突、灵肉之战，上演了一幕出人意料的悲剧。著名作家贾平凹说，这部书是一个新的收获，行文老到，场景、情节描写有意想不到的惊奇。

本报明起连载《老坟》（电视剧本），敬请关注。

仿佛是执意竞争似的，咸阳市戏剧家协会主席王俊学先生看到《老坟》后，找到王海，提出了将《老坟》改编成多集电视剧的设想。

这位资深编剧家激动地说："《老坟》营造的典型环境，描写的大大小小的故事情节，展现的相互纠缠艰难生存的众生相，还有我从字里行间读出的秦声秦韵等，几乎是我生活经历过的，耳闻目睹过的，苦苦思索过的。"

"王海曾希望我把《老坟》改编成秦腔戏，因为我是吃编剧这碗饭的。我也有过这个想法。但是，认真阅读《老坟》之后，我觉得《老坟》中三条平行发展的线条，都不能被砍掉或削弱。小说中几个重大事件及其发生的场景，戏曲舞台上不好展开，不好表现。秦腔戏目前不景气，宣传面与影视无法相比，加之《白鹿原》改编远逊于原作，我对于《老坟》比对《白鹿原》更熟悉，尽管我是在灞河岸边长大的，上小学在新筑镇，多次去过白鹿原、鲸鱼沟，和忠实同饮灞河水，只可叹他居上游吸尽了精华，而我却在下游。我熟悉《老坟》和它的作者，我觉得《老坟》改编成电视剧很有潜能可挖，而且，我心中已有了一个雏形，几个重要人物，几场重头戏，如何开头，如何结尾，都有腹稿，改编《老坟》我是有信心的。"

"老天如能保佑我写好本子，能有好导演和好演员，《老坟》拍出后，绝对是个卖座的片子。"

至此，长篇小说《老坟》已先后有 3 家单位拟将其改编为电视连续剧，可见这部小说的分量。

　　王海在回忆《老坟》的成功时神秘地说:《老坟》出版后,我给北京的阎纲、周明老师各寄了一本。阎纲说:你给雷达、白烨、何西来都寄一本。我照他的话做了。一天,肖云儒把电话打到作协询问王海何人,是干什么的。我便知道《老坟》有成功的迹象。

　　随后,我先征求了阎纲老师的意见,阎纲老师没说他的看法,也没有提意见,他让我先听听周明老师的意见,周明接到我的电话很高兴地说:"我用秦腔朗诵《老坟》,觉得有滋有味,你给雷达打个电话,他认为《老坟》是一部很不错的小说。"我说我不认识雷达,周明说他已经认识你了。

　　我打电话给雷达老师。他说:"我要到绍兴参加鲁迅文学奖颁奖活动,看了你的小说《老坟》后我就不去了。《老坟》中的神秘文化让我很吃惊,我给李星说过了,到西安参加你的《老坟》研讨会。"

　　北京方面传来消息,告知王海《老坟》有望获得成功。陈忠实和何西来老师一次去外地开会,回到西安,陈主席讲:何老师给你把广告做大了,好些人问何老师最近忙啥呢?何老师说:他正在看陕西作家王海的《老坟》呢,这是一部不错的小说!

　　北京名家汇聚西安时,媒体即刻瞄准了这些名家。当天晚上周明老师告诉王海说:你很快会火,陕西很快会刮起一股"王海风",不信你们瞧着。果然不出所料,几个媒体询问省作协如此重大的活动怎么没有请柬,作协负责人说:阎纲、周明、雷达、何西来本身就是请柬,我们给陕西媒体都没有发请柬。会议果然像周明预料的那样,开得圆满成功。陕西文坛刮起了一股"王海风"。

　　王海说到此事时很是激动,眼里充满对帮助、支持他的大师们的感激之情。

多种艺术形式再现王海作品

2002年7月，陕西省作家协会、咸阳市委宣传部、咸阳市文联联合举办"多角艺术再现王海作品"研讨会。媒体报道《咸阳热掀王海浪潮——王海小说艺术再现展示会暨研讨会在咸阳举行》。

这次会议盛况空前，可谓群贤毕至，少长咸集，别开生面。

其特点一是规格高。与会的领导有陕西省委秘书长、咸阳市委宣传部部长以及报社社长、总编、电视台的台长等。省市领导亲自来参加一个作家的作品研讨会，这在咸阳前所未有。

与会的作家有陈忠实、杨争光、肖云儒、京夫、李晓雷、李国平、李星、畅广元以及咸阳作家。会上，阎纲、周明、陈忠实、贾平凹、高建群、杨争光、吴三大、叶炳喜、江野、李小超、王即之等一批省内外的作家、艺术家通过书法、绘画、剪纸、楹联、泥塑、篆刻等艺术形式再现了王海的作品。

参加会议的媒体有新华社、《人民日报》、《光明日报》、《中国青年报》、《中国文化报》、上海《文汇报》、香港《文汇报》，都是全国顶尖的强势媒体，陕西电视台、《陕西日报》、《华商报》、《西安晚报》、西安电视台、咸阳电视台、《咸阳日报》，都是省内媒体的"龙头"，足见影响之大。

二是规模大。来自省、市党政机关、作协、文化艺术界、新闻界、企业界的社会贤达近百人。

三是门类全。省内外的艺术家以书法、楹联、绘画、泥塑、剪纸、篆刻6大艺术门类同时展示一部长篇小说的思想内涵与人物形象，这种

形式，在陕西甚至在全国也是少见的。

咸阳市委书记和市长在外地开会，得知王海的作品引来如此众多的名家和领导，专派市委常委、市委宣传部部长从外地赶回咸阳参会。

展示研讨会上，最引人注目的是泥塑《老坟》，共由 12 组人物故事组成。泥塑艺术家李小超，曾以泥塑《白鹿原》而蜚声海内外，在谈到《老坟》时，他说："这是一部值得咀嚼、艺术空间非常宽广的小说。去年，省内外评论家汇聚西安研讨《老坟》时，就引起了我的关注。原计划近几年只对泥塑《白鹿原》进行继续完善，不打算涉及其他作品。看了《老坟》之后激情难抑，强烈的创作冲动使我在百忙之中雕塑出一组人物故事以示祝贺。"

展台上，"帝王庙前的陵爷"一脸饱经沧桑、正气凛然的神态，那苍劲沉雄的气质透示出族长的威严。

公公夏仁和丫鬟小玉夜晚"乘凉"，则活灵活现地刻画出人物关系的暧昧和邪欲放纵前的紧张和不安。

背公公看病的麦草，以栩栩如生的表情演绎出源远流长的"孝道"。最能让人怦然心动的形象，还要算"从地里回来的斗半"，胳肢窝夹着干柴，衣襟上撩着牛粪，那张沟壑纵横的老脸，透出吝啬、勤劳及过人的精明。传神的细节刻画，入木三分地揭示了人物的灵魂与心理，这是一个典型的北方传统老农，几乎集合了我们前辈的所有优点与不足。

同样的内容，评论家李星在他的题为《王海长篇小说〈老坟〉三题》一文中，回忆起自己年轻时在兴平农村的生活，拍案为《老坟》的美和真叫好。他说："读《老坟》，首先让我吃惊的是作者对旧时中国农村的日常生活、各式人物、民俗风情能如此熟稔，表现得如此真切，这种真实不只是外在的、表象的，还有本质的、内里的。这里的真实有细节的、情节的、生活场景的。细节的如写斗半老汉（应该是下中农吧）中午从地里回来，腋下夹着干柴、前襟撩着牛粪，再现了一个老农的勤劳和贪

心，我从中看到自己父辈的影子。"

上海《文汇报》在遥远的外滩也被牵动了神经，次日便发表记者采写的新闻，真是浓墨重彩！

采用多种艺术形式再现《老坟》

陕西百位作家、艺术家研讨王海小说

本报西安7月25日专电　今天，陕西省作协、咸阳市委宣传部、咸阳市文联联合在古都咸阳举办作家王海《老坟》小说艺术再现研讨会。会上，艺术家们以书法、绘画、剪纸、泥塑、楹联、篆刻等艺术方式展示了王海作品的人物形象，据悉，此种形式的研讨会在国内尚属首次。陈忠实、肖云儒、京夫、李星、李国平、畅广元、崤石、沙石、文兰、杨争光、叶炳喜、王即之等近百名陕西作家、艺术家参加了这一会议。

继去年文坛"王海冲击波"之后，就有人提出以泥塑、书法、绘画等艺术形式来展示小说《老坟》的人物形象和故事。去年曾以泥塑《白鹿原》人物而名扬海外的陕西泥塑艺术家李小超（本报去年曾作过报道），今天又一次以泥塑形式再现了小说《老坟》的人物故事和场景。

在今天的小说艺术再现研讨会上，阎纲、周明、陈忠实、贾平凹、高建群、杨争光、吴三大、叶炳喜、江野等一批省内外著名的作家、评论家、书法家和画家，也通过书法、绘画、剪纸、楹联、篆刻、泥塑等近百幅艺术作品，艺术再现了王海的作品。

中国作家协会主办的《文艺报》，更是迅速予以关注。8月6日，以《陕西泥塑又塑小说新作》为题再次报道"多角艺术再现王海作品"研讨会的盛况。

　　至此，应该说王海的《老坟》在全国已产生了一系列的巨大反响，高潮不断，小说再版一次，销空一次。北京一家文化公司的老总飞到咸阳，"抢走"王海，飞西宁办理异地独家印刷手续。短短几年，小说已经连续再版再印七个版本，成为许多专家、作家也叹为观止的奇迹。当时，尽管王海的第三部长篇小说《天堂》尚在襁褓之中，已有多家文化公司将其锁定，穷追不舍。

《老坟》再版

　　当王海开着车参加各种研讨会、签售仪式和文学演讲时，一封接一封的读者来信令他眼花缭乱，一个接一个的电话烫得他耳根发烧，而他似乎越忙越精神，不亦乐乎。经常发生的场面是，忙了一周的他刚从外地返回咸阳，家里客厅已坐满慕名拜访的各地客人。他顾不得擦汗喝口水，就让妻子倒茶递烟，墙上他们全家与陈忠实的合影格外引人注目。

　　夜深人静了，陆续送走客人，偌大的客厅只剩下王海和瓜棚主人。王海的妻子明天上早班已进卧室休息去了。

　　王海余兴未尽，从书房里端出一尺厚的各种版本的《老坟》，将七个再版再印版本摆成一溜，旁边还放着几本盗版《老坟》，盗版《老坟》的封面上赫然写着"三秦大地又一部《白鹿原》"。《人犯》已再版三次，盗版竟也有几个版本。茶几上顿时流淌着文学的河流。

　　"这是我第一次向人炫耀！"激动的王海神情中显出几分自豪来，闷热的空气使他额上渗着汗珠，浓眉大眼却很是有神，在房间里像一位指挥千军万马的将军，又着腰走来走去，手舞足蹈，像一个半大孩子一样喜形于色。

"不错，真让人羡慕。在纯文学作品普遍不景气的今天，竟有这么好的收成。"

"我送你 3 本《老坟》，一个版本一个，怎么样？"他一边说，一边很豪爽地拿起书，用他很独特的笔体写"送瓜棚老弟存正"，瓜棚主人小心翼翼地接过，如获至宝。

"谢谢老兄，10 年前你送我一本《鬼山》，逼着我摸爬滚打，走上文学创作之路。今天，你又送我 3 个版本《老坟》，看来我以后更得加把劲，跟你来一场马拉松式的文学赛跑喽。"

瓜棚主人说着，看着王海神采飞扬的劲头，似乎也被感染。

"《老坟》问题不少，要仔细修改。"王海突然一口气急转而下，令瓜棚主人措手不及。"几个文化公司和出版社又要进行再版印刷，我准备把《老坟》再改一改。"

"改啥呢？作家创作要有自信，我觉得《老坟》似乎不宜改动，它已拥有一定数量读者，改动了读者也不会答应。"

"你说得不对，《老坟》开了两次研讨会，评论家、作家老师许多意见很中肯，更让我感动的是无数热心的读者，提了许多宝贵的意见，有的相当感人。"

王海一边说，一边取出一封退休中学语文教师的来信，说："你看看，不改行不行？"

瓜棚主人接过信，只见《陕西教育》杂志社稿纸的背面写了 3 页。字迹工整、清秀，一笔一画十分精细，一看就知道是个治学态度严谨的老先生手迹。这封信出自一位老读者之手，但其对作家的心灵触动实在不容忽视，故摘录如下：

《老坟》新版文字上的几个问题

一般的错别字和显著的标点不当之处，均以红笔画出。尚有不少地方的句、逗、问、叹、冒号需要规范，因不碍大局，没有改动。另有几个文字上的问题，需要说明与商榷。

一、关于关中土话，本书使用较多。

二、有些应改正，如：

1. 瓜子：出现很多，"瓜"应为"傻"，关中人说 guǎr，就是"傻"，用"瓜子"会引起歧义，书面仍应用"傻"。

2. 玉麦：应为"玉米"，关中人读作"玉 mea"，本书后边几处也作"玉米"。

3. 松样："松"为谐音字，应改为"熊"。

4. 遭孽：应为"造孽"。"遭"是遭遇，"造"是造成。

5. 显赫：只出现一次，显耀的意思。可用谐音字作"显花"，用"显赫"则意思大相径庭。

6. 担怕：改为"单怕"好，本书后边有两处用了"单怕"。

7. 抻着："抻"是用手拉的意思，应改为"称（chin）"，意为掌握分寸。

8. 芋子：应为"苇子"。"芋"误为红芋、洋芋、芋头等。关中好多人把 weir 读作 you，如把"渭河"读作"you"河，字还是"渭"。

9. 坛沿：房檐下临院的台阶，应为"台沿"，不应为"坛沿"。

10. 窜门：这字音义都应作"串门"，"窜"字音义都不对。

11. 灶伙：应为"灶火"，见《现代汉语词典》等工具书。

12. 关道：应为"官道"，即大路的意思，大辞典中有解释。

13. 麦尖：应为"麦秸"。

14. 制地：应为"置地"，置办的意思。

三、几个同音词的用法，如：

1. 财礼：应为"彩礼"。

2. 戏笑：应为"嬉笑"。

3. 心思：本书中多数地方都应为"心事"。

4. 心机：本书中多数地方都应为"心计"。

5. 肚量：以"度量"为好。

6. 既是：本书中多处"即使"都错成了"即是"。

四、关于几个地名和方位，如：

1. 北倾沟：60 页和 190 页先后三次出现，实际应为"百顷沟"，以其占地约百顷之大而得名。

2. 60 页第三、四段说周陵在龙家祖坟西南，乾陵在龙家祖坟北边。这个方位不对，"西南"应为"东南"，"北边"应为"西北"。

3. 87 页第二、三两段中说扔火石和火镰的方向，两个"北"和两个"南"都弄反了。与前文一对照，"北"应为"南"，"南"应为"北"。

五、两处可查对：

1. 62 页、86 页、112 页三次出现帝王庙门头上的八个字"宏我农桑，赋我温饱"，是否准确，可查证。

2. 167 页说：孙子曰：礼孝当先，无后为大。应查一查是否准确。人们常说的是《孟子·离娄上》中云：不孝有三，无后为大。

还有 60 页的"务耕农种"也应查一查出处。

六、关于"皇天后土""皇天厚土"和"黄天厚土"。

"皇天后土"指天神地祇。古人认为天地能主持公道，主宰万物。"皇天"是对天及天神的尊称，"后土"是对地神或土神的尊称。"皇天后土"作为一个固定词组，就是指天和地，或天神、地神，并不是指某个具体地方。

晋人李密《陈情表》说："皇天后土，实所共鉴。"明人梁长鱼《浣纱记·伐越》中有云："皇天后土，鉴生平忠孝之心；名山大川，赡宿英豪之气。"郭沫若《女神·湘累》有云："皇天在上，后土在下，这样的冤狱，要你们才知道呀！"

"皇天厚土"和"黄天厚土"的说法我找不出根据。

本书 60、62、65、254、260、287、348、356、366、367、368 页等十几处都出现了"皇天后土""皇天厚土"这几种词语。其中 368 页最后一段的三个"皇天厚土"，若将"厚"字改为"后"字，则可以正确解释为"天地"。其余十几处，不管写作"皇天后土"，还是写作"皇天厚土"和"黄天厚土"，作者的本意都是在说古老而神秘的黄土高原。但这是对"皇天后土"含义的误解，由此误解又自造了"皇天厚土"和"黄天厚土"两种说法。

这几处我没有改，请再版时一定改过来。因为皇天后土不等于黄土高原，"皇天厚土""黄天厚土"本身也讲不通。

"怎么样，读后不轻松吧？"王海的神态开始严肃起来，瓜棚主人捧着信，也觉出沉甸甸的分量。

"这样的信还有不少。我回访了几位读者，他们看过的《老坟》画满了杠杠、纠错和感想，令我对自己的创作再也不敢有丝毫马虎。我专门从书店买了几十本《老坟》，放在车上，见了特别关注我的专家、读

者就讨要旧书，换新的，为的是看看他们的意见，他们不光是我的上帝，还是我的老师！"

瓜棚主人一下子变得哑口无言。

咸阳帝陵文化高层论坛召开

2003年3月19日，继陈忠实被西安石油学院（现名西安石油大学）聘为文学教授、贾平凹被西北大学聘为文学教授之后，王海被咸阳师范学院特聘为文学教授。

咸阳师范学院领导为王海举行了隆重的聘请仪式。

王海心情十分激动。聘请仪式之后，他在该校的阶梯教室为数百名大学生进行了文学讲座，掌声雷动，他说："想当作家吗？到咸阳来！……生长在这里的人们是很幸运的，生长在这里的文人作家更是幸运，这里本身就是成长文人的地方，是最适合文人作家居住的地方。汉时咸阳五陵原上的陵邑中，居住了多少文学大咖啊！

只要你在咸阳原上走一走，在帝王陵上躺上一晚上，就可以成为一个作家或者写出一篇美文来。我的小说《老坟》《人犯》出版后，引起了社会各界的关注，这主要归功于这片皇天后土，这片生我养我的黄土地！"

2003年4月，王海积极倡议在咸阳组建"咸阳帝陵文化博物苑"，引起咸阳市委、市政府的重视。市委书记在省上开会，带着新版《老坟》，一有时间就饶有兴致地阅读，兴奋地安排有关部门约见王海。

他对王海说："现在的一些优秀文学作品，包括《老坟》在内的小说，文化底蕴很深厚，也很吸引人。但能否把本土文化和风貌写得更美

些？山西人的一句'人说山西好风光'唱红全国，我们能否也有一个作品可以在全国走红？"

市长在参加东西部贸洽会的繁忙之际约见了王海。

王海说："小说《老坟》出版后，著名学者肖云儒称《老坟》开创了帝陵文化的先河。他的'帝陵文化'学说，很快被专家学者关注，咸阳为何不在五陵原上修一条'帝陵文化'旅游大道，把五陵原上帝陵连接起来，使游客一日阅尽千年历史文化，成立帝陵文化研究会，建一个具有规模的咸阳帝陵文化博物苑，然后以此申报世界文化遗产。

"这个项目一旦建成，在陕西的旅游版图上，东有兵马俑，西有'中国金字塔'的旅游格局必将形成，一定会引爆陕西旅游的高潮。"

"好嘛。"市长仔细听取了王海的汇报，高兴地点点头："你这个想法不错，以后有什么困难，你可以直接找我。"

不几天，王海写了一份成立咸阳帝陵文化研究会的报告，市长批示：市委宣传部、文化局、文物局请予以支持。在市委、市政府的关怀下，"咸阳帝陵文化研究会"很快成立，市长亲自划拨专款进行帝陵文化研究。

2003年4月9日，"咸阳帝陵文化博物苑"项目投资意向书正式签订。不论这个意向书以后能否实施，《老坟》引起的反响给咸阳带来的旅游财富是意想不到的。咸阳"五陵原"和陈忠实笔下的"白鹿原"、贾平凹的"商州"将一起成为陕西的文化投资热土。

王海凭着对咸阳地域文化的赤诚热爱，本着报答故乡人民养育之恩的浓重情怀，积极在咸阳组建帝陵文化研究会，汇集国内外专家、学者研讨咸阳帝陵文化，准备把千年帝都的历史文化推向世界。

为了完成这一理想，他除了倾尽自己的财力、物力，还殚精竭虑地奉献了他所有的智慧。这位咸阳原上的汉子，以军旅生活锻造的刚直不阿的品格，促成了"咸阳帝陵文化高层论坛暨咸阳城市形象定位研讨会"

的召开。为使这个盛会顺利召开,王海给市有关部门预付了 13 万元(至今没有报销)。但他无后悔之意,他多次说道:"我只是为家乡做点贡献,如果咸阳五陵原中国金字塔群能像埃及金字塔一样,被天下人认识,我就心满意足了。"

王海的努力、付出及赤诚之心天地可鉴!

2004 年 8 月 7 日,咸阳帝陵文化高层论坛暨咸阳城市形象定位研讨会在咸阳顺利召开,来自国内外的 120 多位专家、学者汇聚帝都咸阳,他们为一个作家的虔诚而感动,为中国第一帝都的召唤而震撼!会上,这些在海内外享有盛名的专家、学者为打造咸阳文化名城,为促进咸阳五陵原帝王陵墓群申报世界文化遗产而振臂呐喊。海内外媒体对论坛进行了全方位的报道。会上,专家们为咸阳五陵原帝王陵墓群"申遗"提供了多个申报渠道。根据专家们的一致意见,"中国第一帝都"被确定为咸阳的文化誉名,从而为咸阳获得十大魅力城市确定了准确的文化定位。"中国第一帝都"因此成为魅力咸阳的代名词。王海也赢得了"中国第一帝都"给予的崇高荣誉——"咸阳市有特殊贡献专家"。

2004 年,咸阳为此打造了一条"咸阳帝陵文化旅游路线",连通咸阳五陵原上的帝陵,使旅客能够一日阅尽千年历史文化。

2005 年,《老坟》获得美国"国际文化与科学交流奖"。

2005 年,因小说《老坟》,国内外刘氏 1000 多人汇聚咸阳五陵原寻根拜祖,并举办汉文化研讨会。

2017 年,西安一家影视公司斥巨资买断了小说《老坟》的影视改编权。

第十三章 《人犯》的魅力

如果说，《老坟》是对社会上作恶者的一种精神批判，那么，《人犯》则是一种肉体的鞭挞。

作家和作品都应进入市场

有人说，王海不同于普通的作家，他有着深邃的思想意识，有着敏感的市场意识。

此话有一定的道理。

正当《老坟》一而再、再而三地火爆时，一批精明的出版商便瞄准了王海这棵"摇钱树"，穷追不舍，软缠硬磨，想高价代理出版王海的下一部作品。而这时，王海早于《老坟》写成的长篇小说《人犯》已修改 3 次，洋洋洒洒 30 多万字，新鲜出炉。北京一家文化公司以其新颖的策划和合适的价位捷足先登，独家买断了《人犯》的国内出版发行权。

谈起《人犯》的出版，王海有些激动。

他说："《老坟》出版后，《人犯》的修改还没搁笔，媒体就已经爆料，《人犯》完稿了，很快就被北京一家文化公司盯上了，要求代理出版，买断出版发行权。

出版《天堂》时，我对文化市场已有一定了解，有了还价的实力和底线，也很会借助媒体的宣传。当谈《天堂》的买断权遇到困惑时，第

二天一家媒体就爆出'十万重金难买《天堂》',促成了《天堂》出版合同的签订。"

签订《人犯》版权合同时,王海在北京遇到乡党、著名作家、编剧杨争光,他的《激情燃烧的岁月》刚刚完成。王海住在北京朝内大街一家宾馆,杨争光知道王海在这里谈《人犯》的出版合同,赶了过来,他当着文化公司老总的面,大谈王海的作品的卖点和在陕西的影响。

杨争光在北京影响是很大的,他的话起了大作用,给王海壮了胆。王海和文化公司老总一直谈到晚上,次日早晨,才签了出版合同。王海说:"《人犯》其实没卖上好价钱。有人说《人犯》卖了十几万、几十万,那是没影儿的事。"

说起刚到北京,约见北京文化公司老总时,王海说:"我俩不认识。老总给我定了宾馆房间,我坐飞机到北京,找到那个宾馆房间,老总说咱先吃饭,吃饭后再谈书的事。我说:'不吃饭,你先看书,如果看不上书,这顿饭你就白请了,如果你看上了书,咱再好好喝几盅。'"

当老总要走时,王海又说:"如果你看的过程有困倦的感觉,就扔了,你拿的是复印稿,我自个儿回陕西,机票不要你管。"事后老总说:"都说陕西人耿直,我这次是长见识了。"

说到作品进入市场,王海说:"小说《老坟》做得比较好,再版数次,至今还有文化公司想再版。"有人说王海作品再版数次肯定是胡吹,陕西几个大名家这几年的书也没那么多次再版过,王海的书就那么火?所以,《陕西日报》在《"王海现象"冲击和思考》一文中,把《老坟》历年来再版的不同版本样书照片集中刊出。

别人不信,王海自己也不信,他甚至不敢给别人说他的作品再版再印了多少次,可2002年、2003年、2004年、2005年、2006年、2007年连续再版再印已是事实,2008年《老坟》《人犯》《天堂》的再版合同,已在2007年国庆节前全部签约。

咸阳市文化局一位领导对王海作品的数次再版产生怀疑，要求再版签约时和王海一同去，他想看看作家是怎样卖作品的，作家卖作品和农民卖红苕有什么不同。

他和王海一同去成都后感叹地说："农民卖红苕是吆喝着叫卖，作家卖作品就像牲口集市卖牲口，没人吆喝，在袖筒里捏着卖呢。"

那天，王海和局长一起飞到成都，他们在宾馆与成都文化公司马总见面（马总叫马庆福，瓜棚主人认识，在王海的推介下他购买了咸阳几位作家作品的出版权），没有讨价还价的过程。他仿佛知道王海作品的价位和行情，王海报出价位，马总掏出一张早已准备好的合同，王海看后签了字，整个过程如此简单。当马总向王海付款时，王海抽出了 3000元，说："陕西人有这个礼仪，要回礼的。"他把 3000 元塞给马总说："《老坟》已再版几次了，我怕你们赔本。"

马总硬是不要，说："我们不打无准备之仗，我们已调研了市场，不会赔！"最终，马总还是收下了王海回礼的 3000 元。老总感叹道："我还是第一次碰到这样的作家，怪不得陕西作家的作品写得这么好，这么厚重！"

过意不去的马总带王海到商场购物，想给王海还情，王海走进商场又出来，推说商场太吵要回宾馆去。马总要请王海吃饭，王海和局长坐在车上，一路上，见马总在几家大酒店跑进跑出，为没有包间而叹息。王海意识到情况不对，这不是要还情吗？他看见路边有一家"兰州拉面馆"，立即拉局长下车，跑进了"兰州拉面馆"。

他俩刚坐下，马总就跟进来喊道："王老师，你太瞧不起人了！我怎么能让你在这吃面！"

王海说："陕西人爱吃面，我今天很想吃面，一人一大碗。"老总要点菜，王海说："一人消费 5 元，超出部分由我来支付。"

这就是王海。局长为家乡文人的敦厚和耿直而叹服。

以前，很多作家作品走不出去，他们呼吁媒体为作家寻找代理人，代理人来了，有人又怨代理人进行市场炒作，说作家是自我炒作！文化公司策划说："全国一年要出版几千部长篇小说，不宣传能行吗！要在几千部书中找出自己作品的特点，文化公司和出版社必须把每一部书当作商品去生产、包装、宣传。是商品就必须宣传，即使炒作了又有什么不对？"

然而《老坟》再版时封底的几句话，给王海带来了诸多麻烦。

贾平凹写活了商州

陈忠实辉煌了白鹿原

王海以如椽巨笔在五陵原上纵横捭阖，谱写民族精神的生命绝唱！

王海终于以文坛陕军一匹黑马的姿态，啸鸣般喊出了自己的声音。一部《老坟》沉雄苍郁，倾情演绎秦人部落坚韧顽强的生存史诗，带给我们太多的惊喜，让众多名家击节称赏。

《人犯》的封底语更是火上浇油，王海受到诸多指责：

如果你爱他，就让他看《人犯》，上帝让他上天堂。如果你恨他，就让他看《人犯》，上帝让他下地狱。

《人犯》你可以不读不听不看，但是你如果读了听了看了，你的灵魂肯定会受到煎熬，得到洗礼。

有些话的确是有些过了，但我们完全可以不去看它，撕掉包装，里面的东西才是我们真正需要的。即使外部的包装花哨了一点，但这毕竟不是作家策划制作的，而且王海听到这些话后，一再表示"太过分了，不好"。并且亲自给陈忠实、贾平凹打电话解释，他们劝他不必在意这些，只要书发行得好就行。

有人说他会"炒作",甚至有人说,王海背后有一个炒作的团队……

出版商投资十几万做这个"产品",他们认为作家的作品也是产品,"卖东西"就必须打广告。王海无奈,只好听之任之。他无法向一些人解释,只好说"我的神经还正常"。

《老坟》《人犯》以及《天堂》的畅销证明了在市场经济条件下,文学创作必须走出闭关保守的怪圈,那种老学究观点,那种唯政治、唯艺术的教条主义,在商品大潮的冲击下,显得多么苍白。

文学作品也是"商品",而作家这个"商品生产者",不懂经营理念,势必会影响产品的销售。素以思维超前著称的《华商报》敏锐地捕捉到了这一现象,以醒目标题《陕西作家群体疾呼——我想要个代理人》刊登省内五位著名作家的访谈及观点。

陈忠实说:"从长远来看,作家代理人肯定是个方向。"贾平凹说:"理想的代理人对作家的创作能起到促进作用。那样作家肯定能轻松些,我也会多写些东西。"肖云儒说:"作家代理人对作家来说是一种解放。"高建群谈到拜伦的代理人时说:"有这样的代理人,我求之不得。"

王海对报纸上的讨论也做出了回应。

他说:"在市场经济的条件下,作家应有一种真正意义上的生存觉醒。作家的作品应像商品一样进入市场,才能在竞争中以才情互相温暖,以艺术互相砥砺,进而突出重围,提升境界,写出无愧于时代和历史,深受读者喜爱的好作品。

你需要代理人,代理人也期待着你和你的好作品,代理制的产生是作家和作品应对市场的必由之路。"

这便是王海的魅力所在。《老坟》《人犯》若是没有代理人的市场运作,这两部富有艺术性和可读性的作品很可能被打入"冷宫"。

有专家认为:《人犯》不同于老鬼的《血色黄昏》,更不同于张贤亮

的《绿化树》，它不仅仅让读者重新审视历史，更重要的是他对"人性"的揭示，达到了极度细致。评论界给予《人犯》比《老坟》更高的评价。有一家报纸以《泥土中逸出的激情》为题摘录了评论家对《人犯》的评价，读起来令人振奋。

肖云儒说："读王海的小说，使我有时会回忆起莫言的那种味道。人物命运极为奇诡。王海有本事用高浓的质感、很强的情节，一下就把人物从外到里写出来。每个章节前的景色描摹既有艺术感觉，又能用文字使感觉到位，因而具有了个性特色。语言在泥土味儿中透出一点现代感，变形、通感、变调，什么都来一手，土得掉渣又逸出一股激情。"

李星说："我以为，《人犯》通过具有象征意味的空间结构，对以往年代中国人真实的生存状况的揭示，对专制年代造成的人性的扭曲，人格与人性的沦陷，对悲惨时代具有恶魔性的男人与具有圣徒精神的男人的角逐和对立，表现得都很有特点，极具个性。"

费秉勋、畅广元、杨焕亭、杨生博等评论家浓墨重彩地关注《人犯》。毫无疑问，《人犯》再次证实了王海的文学洞察力、文学感受力、文学表现力。

2003年1月26日，《小说评论》主编李国平在《陕西日报》发表文章《关于王海创作的判断》，全文如下：

王海在很短的时间内接连推出两部长篇小说，如果用厚积薄发还不合适的话，至少是长期积蓄的产物。我开始读《老坟》的时候，的确是暗暗吃惊，除了后来人们说的意识的高度限制了作品的气象之外，这是我有限的阅读里，读到的业余作者里面，各方面经得住考验的、最为成熟的小说之一。还依稀记起王海多年前的《鬼山》，我开始读《老坟》的时候，的确不敢相信这是王海的作品，不只上了一个台阶，而且上了多个

台阶，对作品的评价，的确可以放到相当的水平线上。

《人犯》也是很有特色、很有层次的作品。特殊的环境和特殊的背景，各色具有传奇色彩的人物，男人与女人之间的纠葛，使作品本身就有一种传奇色彩，但王海避开了传奇的路子。《人犯》和《老坟》一样，虽然依靠自己的乡村记忆，但显然是非亲历性叙述。他的想象力，使他能将一种生存图景作出逼真的显示，笔力又时时注意着节制和沉静，在一些地方，配得上"老道"这个词。

王海的《人犯》写到老黑、慧和俊强这条冲突线时，颇见描写刻画上的功力。他写情与欲、道德与人性、生命的挣扎和追求，是很有性格深度和人性深度的。《人犯》构筑的整体生存图景，有些地方是形象大于思想的，《人犯》很少有当代小说思潮的影子，王海的创作处于一种自觉和非自觉状态。自觉的一面也许是人性的剖析和树立，也许是道德和人格的评判；非自觉的一面也许是被宏大叙事遮蔽了的生存本相的显示，是生存真实的凸现。这当然都是王海的主题，但王海在处理历史叙述和人性叙述方面还有不足的地方，还有许多应该讨论的地方。

王海的《老坟》和《人犯》已经为自己树立了很高的标尺，他的作品完全可以放到人们认同的文学语境中评说。不知我的判断适合不适合于现在王海的创作。

《老坟》之后，《人犯》的成功，使王海成为"陕军东征"文学的重要一员。《三秦都市报》记者徐敏在终南山采写了长达 3000 多字的《感受黑马的空灵——访作家王海》，配以大幅作家照片，成了当年抢眼的新闻之一，摘录如下：

记者：听说你的第二部长篇小说《人犯》已于4月底出版，能否透露一点情况？

王海：《人犯》由全国"五朵金花"之一的北岳文艺出版社出版发行。这部作品是与《老坟》完全不同的当代题材。"人犯"就像《老坟》中的帝王陵一样，只是一种象征。在《人犯》里，我不再追求一种文化底蕴和背景，表述的是在特定环境下人内心深处的精神追求、道德完善和灵肉之争。字里行间你能听到狼与猎人在深夜厮杀的惊叫和呐喊。我试图以一种无法抗拒的力量来引起读者的关注……

记者：你的小说凝重、古朴、具有丰厚的文化底蕴，而你谈及最近出版的《人犯》时，却只字不提它的文化底蕴，这是怎么回事？

王海：我曾经说过，《人犯》缺少一种文化底蕴是针对《老坟》而言的，就像自然界的花草树木一样，松柏有它的刚正挺拔，牡丹有它的雍容华贵，谁也不会用松柏贬低牡丹……

《各界导报》以整版的篇幅报道，题为《与专家学者在五陵原上谈王海——将中国的"金字塔"群推向世界》。

《西安商报》以半版篇幅发表记者田冲采写的《与文坛黑马王海在五陵原上对话》，该文引言称：陕西作家王海的长篇小说《老坟》《人犯》相继出版后，好评如潮，在文坛掀起了一场强烈的冲击波。王海人气骤升，风头正劲。本报记者在其新作《人犯》出版之际，对他进行了采访。

记者：王海先生，《老坟》出版后，评论家给予了很高的评价。请问你新出版的《人犯》和《老坟》在艺术水准上哪个更胜一筹？

　　王海：陕西是一个历史文化底蕴非常丰厚的地方，中华人民共和国成立以来出了很多文学大家，要说《老坟》在社会上、在文坛上引起人们的关注，这是前辈大师的作品对我影响的结果。《老坟》和《人犯》各有千秋，是我两个比较争气的儿子，它们还需要成长，更需要多方面的批评。《人犯》是一个顽皮捣蛋的家伙，会给我带来很多麻烦的。

　　……

　　记者：你已出版的两部书，发行量都很大，社会反响很不错，请问你在写作时是否有意追求商业效应？

　　王海：没有。我不会一味地追求什么，创作《老坟》是因为我完全被那种风土人情和地域文化吸引，因为我对这块儿地方太熟悉。《人犯》是对人性的一种质疑和鞭挞。

　　一天，《延河》总编子心先生特意邀请王海吃饭，他说："这么多年来，我很少看长篇小说，我看《人犯》时，你嫂子见我看得如此投入和神秘，不知我看啥书。我只好真实地告诉她，这是王海的小说《人犯》。"子心说："《人犯》让人很解馋，小说结尾让人畅快淋漓，过瘾！"

　　瓜棚主人第一次看到《人犯》，是2003年春节后的一天傍晚，他与妻儿去爱家超市买东西，二楼楼梯的书架上，一册装帧朴素的《人犯》与莫言、池莉、余华、苏童等大家的新书挤在一起，如同一堆盛装的美女群中唯一的素面朝天者，一下子吸引了他的目光。

　　"你干啥哩？上那边看鞋去！"见瓜棚主人又捧书不走了，妻子不悦，拽着他说。

　　"我看一会儿嘛！"瓜棚主人小心翼翼地翻开牛皮纸一样的封面，上面老枪用双拐抡打着让自己蒙受强奸罪之冤的老K女儿开媛和她的男人，悲壮凄凉，沉重凝滞，令人叹息，催人沉默。陈忠实题写的富有特

色的"人犯"二字被染成血红色，而贾平凹的简短评语如画龙点睛，印在一角，勾起了人们的阅读欲望。扉页"序"的作者"丰临"不知为何人，但其有特色的文章"逃到无可逃处"很吸引人，最后几句话让人胆战心惊：

> 荒诞离奇的故事，如春梦了无痕，跟往事告别，就业场和小山村的人们四散而去，老黑和蕙留了下来。老黑眯着那双豹子眼，像是对自己又像是对我说："但愿别回到过去。"

应该说，《人犯》的魅力，远超过《老坟》。瓜棚主人是咸阳人，对《老坟》那种文化背景再熟悉不过，但《人犯》这种罕见的题材，恐怕在陕西文学界很少有类似成功的作品。瓜棚主人一直纳闷王海怎么能写出这种乡村怪诞的小说？他又没当过犯人。采访他之后，瓜棚主人才知道，《人犯》的起因是一次偶然发现，但对就业场人文景观的好奇，使瓜棚主人无法打消实地考察的念头。

在瓜棚主人的一再要求下，王海终于摆脱繁忙的文学创作和社会应酬，专门抽出两天时间，陪瓜棚主人去了一趟远在 100 公里外的"人犯"生活地，走进了那个今天依然荒凉神秘的、现在叫水泥厂的地方……

《人犯》"创作基地"探秘

汽车冲上咸阳原，细雨中，路两边的玉米林寂静沁绿，依次掠过视野的树木在风中摇曳，车子忍不住在土路上调皮地跳跃着，车里放着秦腔名伶肖若兰的唱段。刚上公路，王海便如脱缰野马一样踩足油门，在公路上疾奔。一座巨大的陵冢掠窗而过，眼看前边又是一座巨冢。"快

停车！"瓜棚主人吼着。王海轻踩刹车。瓜棚主人下车拨开萋萋荒草，只见石碑上用汉隶书写着"汉×××侯萧何墓"。

瓜棚主人对王海说："这咸阳原上一不小心就会遇见过去省长般的大人物，你开那么快干嘛？"

王海听说后开门下车，弯腰一瞧，也啧啧说道："真了不起，真了不起！"

瓜棚主人说："萧何可是汉高祖手下的两大谋士之一，张良主管军事，他主管内政。'萧何月下追韩信'可是千古佳话，在他的力荐下，刘邦在汉中筑拜将坛，重用韩信，才打下汉室江山。"

王海看着荒草中的巨冢，似乎想起了村子附近的康王陵、周陵。瓜棚主人似乎与他心心相通，又说："啥时有机会邀几个文友来此聚聚，兴许会沾些老先人的光，写几篇妙文哩。"

王海重复地点头，又驾驶着车子过泾阳，穿三原，上了西铜高速路。沿途车辆稀少，他踩足了油门飞驰，仅几十分钟便到了目的地。210 国道左拐，车子上了一个小坡，便是耀县（现在的耀州区）孙原镇泥阳村，他舅父落户的地方。

"我舅父命不好，他和我妗子本是咸阳周陵人，他自己在耀县孙原公社工作，把全家户口转到了这里，想弄个城市户口。谁料户口未转成，三个孩子永远留在这儿，他和妗子也在这里走上了天国之路。"

王海说着，车子走着，终于停在一家庄院门前。敲开门，一个满脸愁容的少妇迎出窑门。王海说："你还认得我不？"

"你是？"少妇两眼茫然。

"我是咸阳来的，姓王。"他递上路过县城才买的两袋礼品说。

"我娃他爸不在。"女人回了屋，撂下王海和瓜棚主人在外头。

"也难怪，"瓜棚主人看见王海有些失望，小声劝道，"你表弟结婚、生子你肯定没来，人家不认识你很正常。"

"你看,"王海指着一排三个窑洞说,"最左边的是我舅和妗子住的,中间是大表弟,这个,"瓜棚主人看见右边的窑洞木门紧锁,门上灰尘老厚,锁已经生锈,"是我和三表弟住的地方。"

"那你二表弟呢?"瓜棚主人问。

"他那时在一家国有企业当工人,在厂里住。"

"这里现在是三表弟的家。舅舅后来任耀县畜牧站书记,搬到城里去了。大表弟长大后把户口迁到了咸阳周陵,在一次事故中丧生了。刚才你看到的,是我三表弟的媳妇。"

"噢。"

天下起小雨,两人都没多说话。直到晚上八点半,好不容易等到三表弟从外边打工回家,他们又一次开车,将其和二表弟接到了位于耀县的大川饺子馆,热腾腾的菜和啤酒上齐后,王海才露出笑容。王海看着家境贫寒的三表弟吃得极香,又不住夹菜给他可爱的女儿,脸上洋溢着满足幸福的笑容。做生意、脑瓜灵活的二表弟很会来事,给瓜棚主人送包"金卡"猴烟,并不时和瓜棚主人碰杯,大家的心情好极了。

夜幕降临,王海送走表弟后,又驱车带着瓜棚主人在县城转悠。县城夜景很是漂亮,最耀眼的是那种如火晶柿子形状的路灯,很有特点,让人怦然心动。县城不大,似乎最繁华的街道应该是北大街了。

王海减低车速,带着瓜棚主人满街找电影院、文化馆,找他当年经常拿着稿子来请教的文化馆文学辅导老师。

"那时,我有一种印象,这县城大得很,也很繁华!"他沉浸在回忆中,痴痴地说。

车穿过一座石桥,桥下边是一座饭店,上面写着"跃进饭店",是那个年代流行的水泥字,用红漆涂刷。

"就是这里,山上的就业人员出来后,经常和人在这儿打架。有一回,双方动了刀子,影响可大咧。"

　　瓜棚主人好奇地顺着他的手指，向着远处的山上看去。夜幕中，半山上只有几点橘红的灯光，显得鬼火般恐怖神秘。

　　"咱们明天上去，现在夜深了，上边路烂，不好走。"

　　他们当夜住进宾馆 1403 房间，王海很快进入梦乡。瓜棚主人从包里翻出随身带来的《人犯》，看了几页，怎么也难以入睡。梦中看见山上的犯人，狰狞地杀人越货，尤其那个老黑，每次作恶都吊着个脸，瞪着牛眼，令人胆战心寒。

　　次日吃早餐，巧遇来此采访的省某报社的记者何小姐，听说他们要去"就业场"，她好奇地主动要求随行，王海开着车向县城外驶去。

　　一路北上，个把时辰之后，他们离目的地越来越近。

　　瓜棚主人心里充满一种神秘的感觉。

　　"五号？"企事业单位不直呼其名，而代之以序号，不是需要保密的工厂，便是与世隔绝的监狱之类。这对于第一次涉足此地的瓜棚主人，一切都显得那样深不可测。

　　车驶进一条窄窄的水泥路，到了一个丁字路口，面前一大片积水挡住了去路。

　　"看，那就是理发店！门口经常有犯人被管教带下来，在那儿受体罚。"王海说。

　　瓜棚主人好奇地望去，只见前面是两间平房，一间是黄门，一间是红门。《人犯》里描写的理发师——"老刀"的形象便活生生地跃入瓜棚主人的脑海，他凭着一手理发手艺在山下常为孙大山场长理发、按摩，收了十几个干女儿却只留下一堆照片，只能向着自己的宠物狗抒发感情。王海对这个心理怪诞的犯人的描写颇为传神：

　　　　当你举起刀子的时候，你就想他是你的囚犯，一个该杀
　　的囚犯，他被捆绑在你的面前。这理发店就是杀场，你可以轻

轻地在他脖子上划一刀，他很快就会死，你是场里最有权威的人，你可以主宰他的一切，看着他在你的刀下躺着，你就有一种兴奋和冲动，一种膨胀的占有欲……你拿起刀在旋转的椅子上施展自己的技艺，你想象他就在他的刀下，你的刀术极高，刀在他的脸上如鱼儿在水中嬉闹，你给他正刮脸时，突然扬手把刀扔在空中，当刀快要落下挨到他的脸上时，你双指出奇地轻轻一捏，很有分寸地在他的脸上如浪中的滑板轻巧地飘来飘去。你喜欢看他那种惊恐万状的面目，你变着法儿戏耍着他。他在惊愕中看着你的刀术表演。座椅停下来，你发现自己的手腕上有血，你异常冲动。你把妞妞（老刀的宠物狗名儿）抱在怀里，把鲜红的血抹在妞妞的脸蛋上，鼻尖上……

穿过积水，面包车向右拐。前面是一个铁门，再往里是一面约40度的陡坡。王海加足马力，把车开上去，然后步行下到半坡，走进一个办公院。

"这里是化验室。"王海和何小姐走在前面，径直下了楼梯，何小姐婀娜的背影，令瓜棚主人想起了那个让孙大山备受灵魂煎熬的化验员小云（孙大山和初恋情人高护士的"私生女"）。瓜棚主人急忙沿梯而下，只见两间空旷的化验室杳无人迹。白瓷片砌成的化验台上，试管、药剂瓶摆放整齐，墙上的制度镜框字迹有些陈旧，似乎正是小云与刘主任上班时的模样。

趁王海与两位值班人员搭讪的空档，瓜棚主人仔细地扫视着墙上的一排奖状，终于明白这个现在作为水泥厂的就业场，正式名字是省监狱管理局某中队。

我们继续上山。先是一段水泥路，沿途有一排窑洞和二层楼宿舍，一些上了年龄的男人和女人三三两两围在一块打牌，其中一个大头上身

穿绿色背心，下身穿西式短裤，好奇地望着我们三个人。

王海小声说："这些人原来都是犯人，释放以后留在了这里，现在是就业人员。"

瓜棚主人扶着何小姐，跟着王海继续往前走，上了山路。雨后的小路，泥泞不堪，路两边的牛蒡草、扒地草、灰灰草、扎刺根、野酸枣煞是茂盛，湿漉漉的羊粪洒在路中央，几个人走过去，黑皮鞋被泥糊成黄的，何小姐漂亮的白凉鞋更是遭了大殃。王海一个人鹿似地蹿在最前边，瓜棚主人和何小姐在后面费劲地追他。

"快看！"王海指着一条从山那边拐过来的小路说："从这过去，就可以进山。"

"《人犯》里的豁口村也在这里吗？"

"山那面有两三个村子，豁口村是我虚构的。"

"是这样的？"何小姐读过《人犯》，恍然大悟地说。瓜棚主人也点着头，算是明白了他的意思。

"看看下面，"王海指着一条又深又长的山沟，说，"这里三面环山，只有一面与县城相通，我为它起名叫黑风口，《人犯》原来叫《黑风口》，名字就是这么来的。"

瓜棚主人放眼望去，只见恢宏的群山绵延似龙，山腰零星的村庄显得渺小而遥远，山下水泥厂高大的烟囱插入云端，一切都令人生出一种对大自然的恐惧和崇拜。

"真正的好去处在山上边。"王海说完，又拔腿前行，我俩只好跟着。路况愈来愈差，经过一座桥时，何小姐的凉鞋要滑断了，她看着远处的山顶，很遗憾地说："我实在不行了，你俩上去吧，我在这里等着你们。"

看着她可怜兮兮的样子，瓜棚主人只好鼓足干劲跟着健步如飞的王海，翻过又一道山坡，终于登上了半山腰的一个平坝，山下的何小姐站在原地，看见他们直招手。

"快来看，"王海指着一排窑洞，说，"这个是老师长住的窑洞，那个是老枪——打不死的'吴琼花'住的。"他手指的方向已被一堆疯长的荒草埋住，窑门已无法看清，但他依然记忆犹新地说："这是老黄住的窑洞。"

瓜棚主人便好奇地走到"老师长"的窑门外，从玻璃窗户外往里望，一张很旧的书桌，一顶草帽，别无他物。瓜棚主人明白，这里是作家王海体验生活的住所，在这个就业场，他曾经度过了 3 个月炼狱般的生活。

"这是磅房。"他走在前边，继续对瓜棚主人说。瓜棚主人想起因逃跑被打断腿的老枪在这里过磅，村妇梨花为了多加份重量，卖弄风骚遭拒的情景，想起对老枪一往情深的村姑黄妹的身影……

> "你不要怕她们，你越怕她们，她们就越爱和你开过分的玩笑。"黄妹对他说。

> 老枪说："没事！我知道。"在这些人中，唯有黄妹不和他开玩笑，他更喜欢和她多待一会儿，黄妹每次匆匆而来，匆匆而去，跟他说话就脸红。

> 黄妹说了话就走，长辫子一甩没了人影。他把头伸出窗外看她，过磅的人过来喊："看，看到眼里就拔不出来了。"

不知怎的，读到《人犯》里的这一段情景时，瓜棚主人便回想起本书第四章里写到的那个给王海送咸菜的姑娘。

"那就是采石场。"王海站在山崖边，指着眼前巨大的岩石断面，给瓜棚主人介绍。"那时，人们用炸药炸石头，然后用架子车拉石头，从这里用传送带把车子拉上来，再送到料场去。"

"那个山顶便是老黑常一个人坐着发呆的地方喽？"瓜棚主人指着对面山顶好奇地问。

"是的。老黑是采石场的爆破技工。他经常一个人坐在上面，因为

他要上山装炸药。我给你讲过，老黑这个人是完全虚构的。老黑在山上一个人发呆是因为我在就业场太孤单，我把自己的这种感受，写进了创造的艺术形象里了。"

我们最后来到采石场，这里空无一人，高大的粉碎机像沉睡的狮子，四处堆满了乱放的石块。瓜棚主人捡了块石头，上下平面，中间一面发黑一面发白，像是就业场里的两个世界。

王海也捡了两块，问瓜棚主人像啥？

瓜棚主人说："一块像男人，你不妨叫他老黑。另一块像女人，你觉得它是不是慧？"

王海爱不释手，便撩起地上低洼处积的雨水，洗净石头，小心翼翼地收好，向山下走去。瓜棚主人跟在他的身后，脑海里一下子涌出了王海笔下塑造的老 K、老驴头、瘦猴、能行家、憨二、小白菜、黑狗、白萝卜、麻婆等一大批活生生的艺术形象。在这么一个与世隔绝的就业场，王海经历 3 个月的艰苦磨炼，诞生了一部独具魅力的力作《人犯》，实在是与他过人的胆识有关！

走到山腰的二层楼边的水池子时，漂亮的何小姐正在洗鞋，那位大头一声不吭地跟过来瞧着她。瓜棚主人和干海也洗鞋，准备走时，心里便怕这人要收水费刁难。瓜棚主人尽量抬着头目不斜视，从大头阴郁的目光里走过去，看见路边一个中年妇女蹲着吃米饭，碗里只有发霉的腌豇豆。瓜棚主人的心跳个不停，万幸的是，他们下到水泥路时，没有遇到任何麻烦。瓜棚主人开玩笑地对何小姐说："你们这些城市女子呀，看看这里的人，总该知道你是多么幸福！穿漂亮的时装，涂着指甲油、唇膏，吃着营养丰富的饭菜，还总是不能满足。如果把你嫁给那个大头老汉，你还不一样要穿旧衣服，住窑洞，吃那么差的伙食！"

何小姐吐吐舌头，说："真是的，真是的。"

从就业场回到咸阳家中，瓜棚主人利用两天时间，又一次集中精力

通读了《人犯》，小说的结尾写到恶贯满盈的场长孙大山被火烧死，而被王海人性理想化的角色——老黑，却在救火中丧生，让人在回肠荡气之中，不免有些欲哭无泪。瓜棚主人实在弄不懂作家为何这么残酷地处理！

在《人犯》"后记"中，王海写道："人是一个复杂的生灵，恶和善，爱和恨是一个对立的矛盾体。本书血淋淋地剖开了人的两面性，字里行间描绘着一个主体矛盾的演变交织过程。在生命的长河里，时间是最好的判官，你可以看到小丑的丑恶表演，也可以看到正义和善良被戕害。"

这可能是王海对《人犯》某些艺术构思的解读。

《人犯》告诉我们，要永远坚信这一点，一切都会变的，无论受多大的创伤，心情多沉重，一贫如洗也好，都要坚持住，太阳落了还会升起，不幸的日子总有尽头，过去是这样，将来也是这样。

做好最坏的准备，别羡慕那些春风得意的骄子，他们往往是脆弱的，一旦面临灾祸，就会束手无策，彻底崩溃。也别学那些倒霉时的可怜家伙，他们一遇到挫折就不能自拔，常沉溺于悲哀，一错再错。在眼看柳暗花明之际，却躺下不再起来。

灾难对有些人是一种惩罚，对有些人则是一种财富。有人在灾难之后变得软弱，感到惩罚像一把刀挂在他的头顶，以为像狗一样地活着才能躲过一次次惩罚。有人把灾难当成一种收获，当成一种锻炼的机会，充满信心地去迎接灾难，战胜灾难。饱经磨难的"老黑"，20年后唱出了人世间最悲惨、最壮丽的生命之歌。

坚强的王海以惊人的毅力完成了《人犯》的创作，以后成了文坛令人关注的强者。

这可能是《人犯》的最大魅力所在！

第十四章 《天堂》
—— 一部值得批评的作品

　　人们都喜欢听好话、赞扬的话，但一部经得起批评的作品才是作家的实力所在。

王蒙推荐"中文必读书"

　　长篇小说《老坟》《人犯》在文学界持续火热，王海却没有闲下来，2006 年 6 月，他的长篇小说《天堂》又出版了。

　　虽然瓜棚主人和王海走得近，但王海从未透露相关情况。突然有一天，王海和瓜棚主人遇见。

　　王海送给瓜棚主人一本《天堂》。素色的封面上印着"天堂"两个行书大字，和王海的《老坟》《人犯》设计风格完全不同，更重要的是 30 多万字的篇幅，书籍厚度、开本和陈忠实的《白鹿原》相似。

　　某一天，瓜棚主人忽然看到一个新闻，小说《天堂》被推荐为"中文必读书"，而且是在德国法兰克福书展上，这消息让人很吃惊，这是震惊陕西文坛的大事。瓜棚主人把消息告诉王海，王海说刚才接到《华商报》的记者打来电话，并证实了这个消息来源于《北京晨报》，后被人民网、《陕西日报》等相继转载。《北京晨报》报道如下：

作为"出版界的奥林匹克"、世界规模最大书展的法兰克福书展日前开幕，中国首次作为主宾国参展，将举办600多场文化活动，向德国读者赠送从中国读者中募集而来的优秀中文书籍。中国五位著名作家王蒙、刘震云、苏童、阿来、方方也推荐了心目中的"中文必读书"。

王蒙向德国读者推荐了王海的长篇小说《天堂》，他认为"描绘农村本来是中国当代文学的长项，可惜反映近三十年来的历史巨变的成功之作，尤其是长篇之作并不多见"。

刘震云推荐的是汪曾祺的《受戒》；方方推荐的是韩少功的《山南水北》；苏童推荐了王安忆的《长恨歌》，阿来推荐的是马丽华所著的《风化成典·西藏文史故事十五讲》。

王蒙推荐《天堂》的文本

推荐人：王蒙

推荐图书：《天堂》

作者：王海

王海的长篇小说《天堂》有历史与文化的内容，好读，贴近生活、贴近农民、富有情趣，令人拿起来就放不下。

历史行进的庄严与悲情，喜悦与热闹；男男女女的热情与梦想，哭哭与笑笑；故家热土的质朴与浓郁，多情与催人泪下，时尚变化的诡异奇突与动辄叫人捧腹；时代的心曲，青春的躁动，家长里短的情节，谝闲传（闲聊）式的叙述，传统与变异的波澜，昨天与今天的交响，时尚与机缘的瞬息万变，扑面的生活气息，脚步的沉重感与命运的喜剧化，及一种总体阳光健康的主调，这样的《天堂》使人耳目一新。

描绘农村本来是中国当代文学的长项，可惜反映近30年

来的历史巨变的成功之作，尤其是长篇之作并不多见。有几部，所写内容也多是阴郁有余，明朗不足——此类作品更像是要告诉人们：改革给古老的农村带来了灾难？《天堂》不同。这是一部值得重视的作品。我愿意为之做出个人的真诚推荐。

小说《天堂》改编话剧

王海打电话给瓜棚主人："《天堂》你看了吗？"

瓜棚主人说："不用看，你最好的小说是《老坟》，可读性最强的小说是《人犯》。别写了！"

瓜棚主人读不读，挡不住《天堂》的再次火爆！

《天堂》描写20世纪40年代末，咸阳五陵原官道村一批热血青年起来闹革命，赵怀仁等人经历20多年的奋斗依然没有摆脱贫困，对自己的信仰产生质疑，直到70年代末，中国农民再次获得土地，以老书记赵怀仁为首的村民们，展现了在中国农村惊天动地的改革浪潮冲击下，那种呼天喊地的阵痛和悲壮的抉择。

曾被老书记推荐上大学，在城里教书的"富农分子"萧德厚的儿子萧汉忽然回村，打乱了老书记经营了20多年的秩序。萧汉的父亲萧德厚，是一个听见老书记声音也会怕得颤抖的人。然而，儿子萧汉却要承包陵后边那一片荒地。老书记对萧汉放弃在城里教书的铁饭碗，回家承包荒地由起初的不理解，到后来感到一种恐惧和担忧。然而，正是萧汉的出现和革新，顺应了改革发展的趋势，才使得农民在新政策支持下，开拓出一片新的天地。

　　小说塑造了很多典型的人物，还原了一段历史，让深有体会或经历过的人感到亲切和熟悉。

　　2006 年 6 月小说《天堂》出版后不到半年，被陕西人民艺术剧院改编为话剧《钟声远去》。

　　2007 年初，话剧《钟声远去》被国家文化部评为"优秀剧目"。

　　2007 年 5 月，话剧《钟声远去》被推荐参加由中宣部、国家文化部、中国文联主办的"中国话剧诞辰 100 周年纪念暨第五届全国话剧优秀剧目展演"。

　　2007 年 5 月，小说《天堂》被中国文联推荐参评中宣部"五个一工程"奖。

　　2008 年 5 月，话剧《钟声远去》参加"第五届陕西文化艺术节"并荣获编剧、导演、演出奖。

　　2008 年 5 月，《农业科技报》全文连载了小说《天堂》。

　　2008 年 10 月，小说《天堂》被陕西人民广播电台连播。

　　2009 年，在德国法兰克福书展上，小说《天堂》被推荐为"中文必读书"。

　　有人预言："50 年之后再看《天堂》，它一定是一部唤醒人们记忆的大作。"

　　2022 年 5 月，小说《天堂》被改编成大型现代戏《春到五陵原》，名家汇聚，演出阵容庞大，参加第九届陕西省艺术节优秀剧目展演，入选陕西省重点现实题材剧目创作计划。

　　在 2006 年度中国小说排行榜评选时，记者对雷达、谢有顺、阎晶明等著名评论家、作家、学者进行采访，专家认为："2006 年的小说创作呈现出丰富多样的姿态，现实主义创作仍然在深化、在创新、在扩大、在发展中。不少长篇小说如《天堂》等，题材上更加开阔，关注生活的角度更为丰富，对社会现实形成多维透视的表现结构。"

2007 年 4 月 2 日，话剧《钟声远去》在陕西人民艺术剧院公开展演，省文化厅厅长秦天行、作家陈忠实、导演吴天明等参加展演并进行了点评。

4 月 16 日，在陕西省文化厅进京展演新闻发布会上，省文化厅，咸阳市委、市政府领导，著名导演孙文学，编剧、解放军总政话剧团团长孟冰等出席了话剧《钟声远去》记者见面会。

4 月 23 日，话剧《钟声远去》在中国评剧大剧院进行展演，国家文化部、中国文联、中国剧协领导，陕西驻京办事处、咸阳驻京办事处相关人员出席，《文艺报》《中国文化报》《剧本》杂志等媒体进行了报道。

话剧《钟声远去》大幕拉开，土塬、土炕、古树、大钟，构成了一幅陕西关中农村的生动画面。地道的陕西方言、秦腔的委婉旋律不时回荡，剧场内时而静寂，时而爆发出抑制不住的掌声和喝彩声。最后，伴随着舞台上漫天飞舞的大雪，荡气回肠、如泣如诉的《五陵原之歌》响起："陵是个啥，心窝窝装的是啥就是啥，大老碗泡满秦汉月，鞭梢梢上抖活了六骏马，一辈辈脊背卜滚太阳，一代代汗珠里长庄稼……"观众的情绪激动了，有的眼中噙满泪花。"这个剧真实生动，咱老陕祖祖辈辈就是这样过活的。"

演出结束后，剧中萧汉、老书记、瓜婆、茹云、萧厚德的扮演者赵力强、郭景华、胡小莉、赵宏、常宁国等主演手中捧满了观众献上的鲜花。

所有演员都站到台前谢幕，观众酝酿了近两个小时的感动，终于通过持久的掌声爆发出来，演员久久不能退场。

何西来看完演出说："我以为我感动，是我经历过这段历史。而我旁边坐着一个女孩也哭得稀里哗啦，真是太真实、太感人了，很长时间没有看到这么地道的陕西方言话剧了！"著名演员李琦走出剧场时不停

地抹泪……剧院经理告诉记者，一出方言剧能吸引这么多观众，引起人们如此强烈的情感共鸣，真不多见。

李琦是从陕西人艺走出去的小品明星，他早早就赶来观看演出。他说："陕西方言剧在全国能有一定知名度，首先要感谢'王木犊'（石国庆），他在 20 年前将陕西方言推向了全国；其次要感谢郭达，他把'秦腔'推向春晚。陕西方言为什么能火，就在于人们喜欢这种有个性的语言。陕西方言出自黄土地，抓一把黄土扬上天，能映出两个字，就是文化！"看了《钟声远去》，李琦是哭着走出观众席的，他没有离开，径直走向后台。他对演员们说："这就是咱的家乡戏，演得真好，很长时间我都没有流泪了。"

纪念中国话剧诞辰 100 周年暨第五届全国优秀剧目展演，共吸引了全国各地 30 台优秀话剧参演，因为最终要评奖，各剧团都鼓足了劲，评委们四处"赶场子"。演出结束后，文化部（现名文化和旅游部）艺术司司长蔺永军、中国话剧艺术研究会副会长王福麟、著名戏剧导演徐晓钟、《剧本》杂志主编温大勇专门来到后台与《钟声远去》主创人员见面。温大勇说："这是一部让人激动、令人震撼的话剧力作，戏里许多台词听来朴实、普通，但是观众对其妙趣却能心领神会，反应热烈，足见编、导、演的功力之深。"

王福麟说："这出戏人物不多，但个个活灵活现，个性鲜明，像老书记、萧汉、瓜婆这样的人物可以说在话剧舞台上是具有独创性的。"

曾成功执导过《突围》《绿荫里的红塑料桶》等知名话剧的本剧导演孙文学告诉记者："我是第一次跟陕西艺人合作，他们有顽强的拼搏精神，我们合作起来非常愉快！"

2006 年冬季某天晚上，话剧《钟声远去》在咸阳秦都大剧院汇报演出，咸阳市委书记、市长、市人大常委会主任、政协主席等领导前来观看，著名作家贾平凹也来到了演出现场。现场座无虚席。瓜棚主人正招

呼人员入场，忙忙碌碌的王海突然把车钥匙塞进瓜棚主人手里："赶紧开车去接电视台记者！"

瓜棚主人傻在原地，不知如何处理。

"我才学车哩……"瓜棚主人说。

"我不管，事情交给你了！记者正扛着摄像机在电视台门口等着呢。"王海丢下一句话，急匆匆地登上剧院高高的台阶。

当时，瓜棚主人正在借单位同事的旧面包车学车，每天下班路过市体育场十字，见到交警就打不着车，只好央求会开车的朋友把车开过十字，才小心翼翼地开车回家。王海的突然袭击，令瓜棚主人左右为难。那时，王海刚刚换了新车。

瓜棚主人站在剧院门口，想着遇见一个会开车的熟人代劳。很遗憾没有他找的人，没办法，他咬牙挂了一挡，只愿沿途不熄火，第一次开车带人把记者送到了剧院。将近 20 年过去了，他想起来都后怕。

一部值得批评的作品

从柳青到陈忠实、路遥、贾平凹，三秦大地的文学从某种意义上代表了当代中国文学的最高成就。他们的作品虽很传统，但也很现代。他们的作品基本是反映乡土中国生活的，但在他们的乡土中国想象中，又逼真、尖锐、真实和准确地表达了当代中国农村生活的巨大变迁。最近，陕西作家王海又推出了长篇小说《天堂》。《天堂》以 20 世纪 70 年代末，农村推行家庭联产承包责任制为背景，描写了中国农民在这次重大变革中，在中国农村惊天动地的改革浪潮冲击下的抉择。《人民日报》《光明日报》《中国青年报》《中国文化报》《文艺报》、中

央电视台、北京电视台等众多媒体对《天堂》给予了极大的关注，著名评论家何西来、雷达、范咏戈、贺绍俊、孟繁华、白描、陈晓明、杨焕亭、杨生博等专家、学者，对《天堂》先后从不同角度进行了评论，现将评论综述如下：

关于主人公老书记、萧汉和他揭示的意义

这部小说描写"文革"后中国乡村变革初期的故事，这个背景无疑是极有价值的。如何表现那个时期中国农民面临深刻历史变革时期的精神面貌，这在中国当代文学中已经沉默了一段时期。当然，"文革"后的"伤痕文学"和"反思文学"都有表现，但那时明显受到"文革反思"时代的意识形态的影响，小说叙事的政治意向相当浓重。现在，文学叙事已经不需要直接呼应当下的政治氛围，可以更为自由和更为客观地还原那个时期的生活。在这一意义上，《天堂》虽然不是打开一个新的历史断面，但也确实是以新的眼光重写那段历史。萧汉曾经是富农的儿子，他的父亲德厚老汉自从被打成富农整整20年抬不起头，听到老书记的声音就浑身发抖。现在，萧汉却走在了历史前面，敢于放弃体面的教书生涯而面朝黄土背朝天。为的是什么？是证明父辈的历史？是表现被欺压的后代所做的反抗和证明？应该说萧汉的身上确实表现出了一种令人惊叹的历史烙印，一种人格力量的觉醒。

有专家认为，萧汉不是梁生宝、萧长春似的人物，梁生宝、萧长春是带领农民走社会主义集体道路的带头人，是社会主义农村新人的代表。他们不仅根红苗正，而且是道德楷模。萧汉却不同，他是一个走个体道路的先驱。而且在个人感情方

面坚持的还是一条"三角路线"。但是，正是这样一个复杂和有争议的人物，从另一个方面表现了那个时代的变迁、宽容和旧秩序的瓦解与新秩序的诞生。萧汉的形象不能说写得不好，相比较而言，老书记的形象就写得更为扎实合理，他以农民的质朴和厚道理解和支持萧汉，他处于这个历史转折的关节点上，却成为历史变化的局外人，他的内心矛盾又相当复杂。在这个时期，乡土中国以它自然的小农经济生产方式获得了改革的美名。小说在这一点上，提示了令人深思的东西。

值得注意的是，作家并没有把这一外化过程简单化、平面化。作品通过故事的铺排，突出地展示了人物性格的内在矛盾：一方面，老书记赵怀仁对于固有的传统理念表示了固执的坚守，对新生活的到来存在着种种疑虑和彷徨；另一方面，对家乡的深情又使得他在公社干部要铲除作为"资本主义"象征的萧汉承包地上的玉米苗和草药时，采取了丢卒保车的迂回对策。一方面，他从感情上对联产承包存在着抵触和冷漠；另一方面，出于对历史的忏悔而不得不对萧汉的承包要求给予了"代管"的掩饰。一方面，出于对萧汉行为的"看不惯"，刺激诗云与萧汉的爱情；另一方面，他又不得不承认萧汉与自己一样属于"五陵原"上的风云人物，而把打井的重任委托给他。一方面，他千方百计地在忠孝面前弱化萧汉创造的业绩；另一方面，又在改选时极力推荐他担任大队长。一方面，他对周先生的历史观表示了深深的怀疑；另一方面，他又时时地为自己极端地对待萧德厚而不断地进行着反思。

这些性格的不同侧面，正是人物理想追求与现实冲突的悲剧要素，它构成了老书记性格的丰富性、立体性。这种丰富性和立体性，正是被历史选择和选择历史的生命主体灵与肉、

思维与行为、性格与环境、期盼与无奈的痛苦煎熬的表现。老书记正是在这重重的矛盾中走完了他的人生历程。

王海在塑造老书记和萧汉这两个艺术形象的过程中，并没有把他们置于绝对的冲突地位。在作家的笔下，对传统文化的认同，对事业的共同追求，对故乡的共同情结，使得这两个负载着不同历史岁月的人物身上表现出一种承前启后的关系。老书记最终以推荐萧汉参与村委会主任的竞选而拂去了蒙在他灵魂深处的尘埃，而萧汉从老书记手中接过党章的一瞬，也带给读者一种凝重而又亮丽的审美感受。

著名评论家贺绍俊指出："老支书见证了新中国成立以来几十年间土地的沧桑，他又是改变土地与农民关系的直接参与者。毫无疑问，承包在他的内心所造成的震撼更大。如果说别的农民在承包面前的反应是胆怯继而是喜悦，那么在老支书的内心更多的是痛苦和迷茫。小说充分地写出了老支书思想的复杂性。"

《文艺报》主编、著名评论家范咏戈评论道："《天堂》写出了改变中国农民整体命运的那场变革中的一个缩影，人物在这场变革来临时的怀疑与拒绝，以及先觉者的孤独，为我们充分展示了那个时代的历史氛围。而这个历史氛围的营造又是以一些琐碎的农村生活及具体情境构成的，显得真实而具体，形成了一个个具体的农村生活样态。"

关于瓜婆和那些女性人物

读《天堂》自然会想到路遥 20 世纪 80 年代的小说《人生》，在路遥那里，乡村是作为"精神家园"来理解的。在这一点上，路遥与现代文学史上的鲁迅、沈从文以及其他乡土文学作家没有区别。在那些作品中，乡土中国还是古旧的田园风光。《天堂》固然有萧汉的另一种理想，但它更是现实的。土地不仅仅是精神家园，它更是农民赖以生存而非想象的所在。在这个意义上，大地就是天堂。因此，在《天堂》里发生的故事都是现实存在的。它所有的理想也是基于现实而发生和明确的，它不只是观念层面的问题。当然，我们不是由此判断作品高低，而是说，时代的变化对文学的影响竟是如此的不可思议和难以抗拒。

《天堂》对女性的书写应该是小说最精彩的部分。她们不仅风采各异，而且也生动地表达了乡土中国独特的风俗与风情。哪怕《天堂》仅仅塑造了瓜婆这样一个形象，都是一部了不起的小说。当然，小说还塑造了翠儿、凤儿、诗云、茹玉等女性人物，构成了小说女性的万种风情。《天堂》的成功之处是对女性和情感的描写，塑造了接生婆瓜婆这一全新的艺术形象，可谓惟妙惟肖，这个新颖的典型形象是文学创作上的突破，一定会引起专家的关注。茹玉，这个美丽、善良、贤惠、聪明、能干、勤劳的年轻女子是一个难得的好媳妇，可是她命途多舛。是谁造成了她的悲剧？作品中的这些艺术形象告诉人们追求人性的解放，向往美好生活，跨进理想天堂任重道远。最终萧汉放弃了爱着的诗云，要和可怜的茹玉结婚。故事的结尾，则是萧汉抱着弥留之际的茹玉走到石龟陵，为她拉二胡曲

《赛马》。茹玉最后躺在他的怀里辞世了，"太阳暖暖地照着她，照着这恢宏的五陵原……"

这样一个三角情感纠葛不能说写得不细腻丰富，萧汉初识诗云的场景，与茹玉心心相印的关切，都刻画得栩栩如生。特别是有些细节相当感人。茹玉始终压抑隐藏着自己的感情，直到有一天，萧汉把她从医院带到家里，茹玉翻出一箱为萧汉做的鞋，那一刻他们的感情达到了如泣如诉的境界，确实是感人至深。此外，《天堂》还写了诗云的境界、翠儿的放荡、凤儿的堕落，这些众多女性形象，读后令人激情澎湃，感慨而泣，难以平静。著名评论家孟繁华感慨地写道："《天堂》是近一段时间以来，我读到的最流畅的小说。它的叙述如行云流水，故事构架跌宕有致。"北京大学文学博士、著名评论家陈晓明在文章中指出："从总体上来说，作者的叙述只要一离开那个主导结构就有一种轻松自由的灵巧，娓娓道来总能精心刻画乡村生活的一个个生动场景，对乡村历史的穿插描写也显示出作者叙述故事的不俗才能。整部作品随处可见妙趣横生，颇多引人入胜的情节。"

关于小说的文化内涵和《天堂》的影响

著名评论家何西来说："'西风残照，汉家陵阙'，这是五陵原上典型的自然景观和人文景观。《天堂》的故事就发生在咸阳五陵原上。小说的故事是从帝陵写起的：在一个上午的冬雪滋润之后，咸阳五陵原变得特别的温情。高祖长陵、惠帝安陵、景帝阳陵、武帝茂陵、昭帝平陵，这些经过千年沧桑的帝王墓群失去了往日的磅礴雄姿……官道村北的石龟陵，不仅是

外在的人文景观，是故事展开的背景和道具，也是萧汉和诗云邂逅的地方，是萧汉高兴或郁闷时拉二胡的地方，而且它在萧汉和村人包括老书记的心里，都有崇高的地位，它早已内化到人物的脉息里、心里、灵魂里。"

《天堂》为萧汉营造了一个十分特殊的环境。在作品中，萧汉之所以能够成长为"五陵原"上新一代的风云人物，与他性格中这样几个因素有着不可分割的关系。首先，优秀的传统文化在他潜意识中植入了一种天然的"善性"。作家浓墨重彩地铺叙萧汉对帝陵文化的钟情，从而把主人公的情感置于传统文化的基点之上。因此，当社会环境为这种文化基因提供了雨水和土壤时，它就迅速地复苏和葳蕤，成为他处理爱情和事业的精神动力。他虽然从个人情感上与老书记赵怀仁有着种种的恩恩怨怨，却仍然能够在关键时刻与他走在一起；他虽然深深地爱着诗云，然而，当他得知茹玉患了绝症后，却将对诗云的爱藏在心底，而决定与茹玉结婚。萧汉性格中的这种善良，充分展示了传统文化对人格塑造的魅力。

老书记这个人物是党在农村执政的基层干部，他有很强的党性原则，但他同时又是一个深受传统文化影响的农民，他有着自己的一套道德标准。他批斗了德厚老汉，又将德厚的儿子萧汉送去当了工农兵大学生。萧汉要搞承包，他起初反对，后来也允许了。公社要拔萧汉的苗，他又挺身保护。他与富农萧家的复杂关系，所体现的并不是一场你死我活的阶级斗争，而是一种体现儒家精神的有斗争、有关怀、有原则又有灵活性的党群关系。这个人物身上体现着一种中国农民的传统处世原则。再比如，关武干也是一个讲乡村传统处世原则的干部。王海笔下的这些人物体现着一种传统的乡村伦理，写出了传统文

化以及乡村伦理对人的行为的影响。

这部作品的现实意义也耐人寻味，这是一个与路遥的《人生》中高加林的故事相反的故事，路遥的高加林是年轻一代农民要离开土地，这里的萧汉则是回到土地。这也使我们想起当下中国面临的难题，进城的青年农民在不同的历史情势下回到土地将有何种作为呢？历史一直在重复中前进吗？这是小说留给我们更为深远的思考。

著名评论家雷达评论道："《天堂》带给我们最主要的，倒还不是它的全景式追求，而是它的人物刻画的成色，以及对于积淀深厚的五陵古原上传统文化精神的一定程度的开掘。有专家认为，《天堂》具有深层次的文化内涵，字里行间渗透着秦地秦声和咸阳地域文化的魅力。鲁迅文学院副院长、著名作家白描说："《天堂》中的老书记形象刻画得非常成功。党性、乡情、传统儒家文化的影响，在他身上时而统一，时而冲突，但是最终又得以很好地解决，这是作家创作的一个突破。"

著名评论家、咸阳师范学院教授杨生博在他的论文《当代文学艺术的形象》中讲道："在当代文学的天空，人们认识了吴琼花、田大春、梁生宝、萧北春、罗刚、李天成等艺术形象，并在理解中升华着自己的生命而成为民族前进的一员。王海在《天堂》中塑造的赵怀仁老书记，又使中国当代文学的天空升起一个引领时代前进的艺术形象。"

原刊于 2006 年 11 月 28 日《文艺报》

再火也不忘拉朋友一把

听说小说《天堂》出版并改编成话剧《钟声远去》，朋友们都给王海送来祝贺。而王海在喜悦之时，仍不忘帮助咸阳作家出书，为他们站台寻找出版社，很多作家都得到王海的引荐和帮助，大家都对他充满了敬意和感激。

王海在个人发展的同时，也在不断助推身边的作家朋友成长和发展，那些深受王海帮助的基层作家，甚至后来成了知名作家，都铭记着王海的这份付出和帮助，曾多次在公开场合表达了谢意。

2003 年，王海首先关注瓜棚主人的长篇小说《爱恨无奈》，并积极为这部作品进入文化市场而忙碌，以个人的影响力为之助力，称赞其"比《老坟》好！"从而促使出版商在众多的作品中，最先选中瓜棚主人的作品并一口气读完。

在推荐作家杨焕亭（后担任咸阳市作协主席）的长篇小说《岁月如歌》时，他运用独到的理念和全新的卖点，说服出版商在第一时间看完《岁月如歌》，加快了这部作品的出版。

为了能向出版社阐明自己推荐作品的充分理由，他亲自去成都洽谈，谈作者的实力，谈作品的卖点。回陕后，对出版社预计的市场进行调研，他又和出版社、文化公司进行电话沟通，重新寻找进入市场的视角，有时电话一打就是几十分钟，一个月电话费高达数百元，但个中滋味他却从未向文友提起……《爱恨无奈》《岁月如歌》最终出版。当他夜里把这一消息告诉杨焕亭时，杨焕亭激动哽咽地说不出话。最后他说："老兄一辈子也忘不了你这情分。"

2006 年，咸阳作家中正在创作和已完成创作的长篇小说已达 30 多部，面对这种喜人的创作丰收，王海说："我一个人走出去不算啥，我要带着咸阳的作家团队走出去！"

当他听说一个青年作家得了一个麻烦病，要动手术，他去医院看望。这位作家表情沉重地说，医院要开颅治疗，他很担心自己这个病。"王哥，我写小说比瓜棚主人、焕亭兄早，如今，他们的长篇小说都出版了，我睡不着，我不想动这个手术，想等这部小说出版了再说。"

"你的长篇小说是写什么题材的？"王海问。

"写一群国有企业职工的爱情故事，但由于我受先锋文学的影响，联系了几家出版社，都搁浅了……"他说到这里，情绪再次低落。

"这部小说的出版包我身上！"王海也有一个条件，他说："作品出版后，你要在医院配合治疗，马上动手术。"王海的关怀令这位作家深受感动。

王海一诺千金，回去后，频频与出版社和文化公司联系。不到一个月的时间，这位作家便和文化公司签订了买断版权的出版合同。

当王海把小说出版的喜讯告知这位作家时，他紧紧拉着王海的手，要请王海吃饭表示感谢。

王海说："不要谢我，这是你作品的魅力所在。谁让我是兄长，谁让我们是作家，人不亲行亲！"

这位作家作品出版后，王海激动地开车跑了两天，帮这位作家一起给省市的评论家、作家送书。

当送完书，这位作家要住院动手术时，病灶却奇迹般地消失了。王海在一次讲课时讲道："文学可以治病。"

一位女作家身患重病（全世界少见的一种病症），几次病危挣扎在生死线上，王海不仅帮她联系出版社出版了作品，还帮她从西安物流公司拉回 200 多本图书。当王海带着书和咸阳作家去看望她时，女作家激

动地差点给王海跪下。她说："这是救命的书……没有文学，我不知怎么活……"

只要他知道咸阳作家谁出版了书，他就会去帮助策划促销。他说："我有车（当时王海有一辆小面包车），我有这个便利条件。"咸阳作家开会、聚会，大都是他把大家拉去，再把每一个人送到家门口，有作家把王海的这辆面包车戏称为"咸阳文学小航母"。

王海曾为好几位作家从西安物流公司拉书，都是他自己垫付托运费，而有的作家至今不知道。即使有人知道，提出要向他支付费用，他也从没收过。他说："还有什么比看到文友作品的出版更令人高兴的呢！"

在王海的努力下，2006 年，他先后推荐出版咸阳作家长篇小说十几部。一个地市的作家队伍，一两年内，竟有十几部作品被出版社和文化公司买断出版发行，公开出版，而且作者还会拿到一定的稿费，这在全省是一个奇迹，是陕西文学界一件震撼人心的喜事。

王海对同行文友的无私帮助，引起出版社和文化公司的好奇和质疑。他们询问王海："你推荐一部作品，收取多少中介费？"他只是憨厚地一笑。

别人怎么也不敢相信，在经济市场大行其道的今天，自己掏钱上北京走西南，为文友找出版社，给朋友帮忙的赤诚和热心能达到这种程度，实在少见！竟连西安老作家王世雄先生也对王海发出感叹："你这样做到底为的是啥？"王海说："我每推荐一部作品，就有一种愉悦和收获感，这就是我的幸福和快乐。"

王海给咸阳作家写了一封公开信，使诸多的文友泪眼汪汪："……因为我的能力有限，不能很好地帮助你们，还有那么多优秀的文友在艰苦的条件下创作，还有那么多优秀的作品得不到扶持出版，但你们丝毫没有停止对文学的追求和热爱……"

为帮助作家山岚看病、出书，他资助 5 万元；为一个老作家完成一部重大题材创作项目，他资助 4 万元；一位作家的亲人有病住院，向他求助，他又资助 1 万元。他说这是作协资助的，不用还（其实都是他的钱）。

他提出的"文学使人善良"，使众多的作家重新审视自己创作的目的和理由。

王海在一次会上讲述"文学使人善良"和"文学存在的理由"，他说：

> 文学使人善良，所以，文学才如此神圣。
>
> 什么是善良？善良不仅是放生、捐款，也不仅是做公益。
>
> 什么是善良？当你刮完胡子，用纸把刀片包起来放进垃圾桶，就是善良。
>
> 什么是善良？任何时刻都能做到尊重他人，不伤害他人，容忍无智的伤害，但不容忍恶意的攻击。文学的神圣，在于它是黑夜中的一盏明灯。用文学诽谤、侮辱、攻击他人，会让文学蒙羞，一定会受到文学神灵的惩戒。捍卫文学岌岌可危的神圣和尊严，是我们应有的责任和良心。
>
> 不制造麻烦也不麻烦别人，当别人取得成绩时，不要嫉妒，在有能力的情况下，记得向前推他一把。当别人落难时，切勿落井下石，走近他温暖他，拉他一把，他一生都不会忘记你。大海带过的每条河流，浪花淘尽是英雄。
>
> 也许你会觉得自我良好，但在别人眼里，你也许一文不值，身边没有云彩，几度寒来望春去。但只要做好自己，遵从自己的心，这也是一种对自己的善良。

天下所有的风景，都是因为懂得欣赏才变得美丽，而懂得欣赏的目光，最终都是来自心底的美丽。

文学不会大于人性，不会大于牛奶和面包，但在这个时代，坚持文学的使命，坚守文学的初心，依然让人尊重和敬仰。生活就是这样，很多人会从你的生命中路过，但只有真正懂你的人，才会留下。

保持情绪稳定，和颜悦色地对待你的亲人和朋友，对有恩的人要一生怀有敬意。有文学情怀的人，都会这样做的，都会因文学而改变自己。

向纯粹者致敬，向善良者致敬，向文学致敬！用我们的善良，通过我们的力量，为需要的人，争取应有的尊严，让我们的百姓生活得更体面，他们需要文学去抨击、揭露、批判和帮助。请永远记住这一点，文学是黑夜的一盏明灯。只要我们心中的光明不灭，中国的光明就永远不会熄灭。

所以，文学依然神圣，文学使人善良，这就是文学，这就是文学存在的理由，这就是我们不能放弃的理由。

王海说："如果善良得不到回报，如果文学不能成为黑夜里的一盏灯，那么，我们还要文学干什么！"他的名言名句在文友中传播。

王海很平凡，因为平凡，你很难了解他。但在咸阳和西咸新区一些作家心中，他很真诚又很神奇，因为他们都曾被他感动过。

王海的这种古道热肠和助人为乐，比我们谈及的"王海现象"更有深远意义。

今天我们再谈论"王海现象"，这大概就是"王海现象"的真谛！2006年岁末，《陕西日报》刊发《"王海现象"冲击和思考》，引起社会各界对作家王海的关注！ "王海现象"是陕西文坛的骄傲，大家在谈论"王海现象"时，在讨论"王海现象"引发的冲击和思考时，除了为他所产生的现象而惊叹，更应为他的人品和精神而感动。

第十五章　关于《城市门》的广泛热议

有专家说：《老坟》写得是民族的根，《天堂》是魂，《城市门》是梦，《回家》是神。

作家凭借人品和作品立足，其后续作品面临的不再只是热度，而是给读者留下多少想象的空间并引起共鸣。

《城市门》的故事来源

一个优秀的作家是不会停止创作的步伐的。几乎是在《天堂》的轰动效应中，闲不下来的王海又开始了新的创作。

2007 年，刚调入秦都区文联的瓜棚主人的两部长篇小说出版困难，长篇小说《欲望罂粟》（原名《省委行动》），虽有朋友推荐，却因敏感问题被省内某出版社搁置，王海知道后，将小说推荐给了北岳文艺出版社。瓜棚主人去找王海，王海说："你如果下午没事，跟我去西安一趟。"当时，瓜棚主人开车已经很熟练了，上车后，才知道王海已开始又一部长篇小说《城市门》的创作，当时他正在搜集创作素材和有关资料。

在一个狭窄的街巷，王海让车停下，他走进一座写字楼，说和一个领导要"说事"。瓜棚主人有午休的习惯，吃过午饭就开车，已是下午 3 点左右，迟迟不见王海下楼，只好把车开进附近一个地下停车场休息。

下午五点多，王海笑嘻嘻地坐上车。瓜棚主人问："回？"

王海说:"不急!有个公司要出资把我的小说改编成电影,老板说,《城市门》的故事震撼了他,同时也圆了他的一个梦想。今天高兴,我领你去见他。"

按照王海的指挥,瓜棚主人开车在街道上拐来拐去,终于在一个十字路口停了下来。

老板肯定在大楼上班,瓜棚主人四周一看,视野之内全是门面房,不免有些狐疑。

"跟我走!"

王海轻车熟路,一转身进了一个小巷子,奇怪的是前面有一座二层楼,楼上灯火通明。

"这是啥地方?"瓜棚主人边走边问。

"这是我的新作《城市门》体验生活地,今天带你见的这个老板,他很仗义。对了,我现在开的那辆车就是他送的。他见我开的车老要麻达,就送了我一辆车。我说,这不合适!他说,那就算借吧,啥时你有了新车再还我。他给我提供了很多创作素材,我和他走访了很多新市民,他们中间有很多可歌可泣的故事。为了创作《城市门》,当时我已到了一个忘我的状态。"

我们不妨搞个插曲,节录王海写《城市门》时的一篇创作随笔:

历时两年时间的创作,我每天早上9时到咸阳体育场十字文苑大厦十层创作室,直到凌晨甚至更晚才回家。我每天夜里要从10楼步行到1楼,我每天之所以回家,是因为我的身体需要锻炼,而且这是我唯一一次锻炼的机会。

创作兴奋时,我会深夜开车去咸阳五陵原,在原上独自散步。

驱车在宽阔无人的大道上,或者是寂静的沣河河畔,我

停下车，躺在车上，放大音乐，感受音乐的魅力和奇妙，聆听音乐背后作者的呐喊，捕捉其深邃飘浮的灵魂。此时我感到天地间唯有我存在，上帝如明月般照耀着我，赋予我激情和灵感。

为了集中精力写作，这段时间，我变得特别自私，我在创作室的门上贴了"谢绝来访"的留言，在创作室里贴出"请您谈话勿超半小时"的辞客令。有朋友经常借车影响到我的创作和采访工作，我学会了拒绝。我在车里贴出一条告示："这是我的代步工具，如果您能借走车，可见你的事比我的重要，请按下列标准付费：每天每趟1000元，如果让我驾车，每公里100元，不管我如何拒绝，请您自觉将费用放在车上。"

开始有人不理解，后来都理解了，不理解的那肯定不是朋友。我难以相信《最后一个村庄》（现更名为《城市门》）就这样在那天夜里被一颗流星击中，它如同一座正在建造的房子，在轰鸣中倒塌……

当时我想停止一段时间的创作，好好调整自己，很多朋友给我打电话、发信息，网上留言，使我受到鼓舞和支持，因为他们才有了今天的《城市门》。

长篇小说《城市门》，描写农民失地进城后的生存状况，城市化进程中的矛盾和冲突，农民对土地的依恋以及失地的农民进城后对生活前景的迷茫和恐慌。工业化和城市化的进程使农业和小农经济发生了变化……走进城市的他们，将如何面对生存的困难，走出一条豪壮的康庄大道。

著名评论家、《小说评论》主编李星看后撰文说道："《城市门》是

文坛陕军近几年不多见的好作品！"中国海洋大学文学院三位文学博士认为《城市门》是当今最具批判力的文学作品。

有一家报纸率先披露了《城市门》的创作内幕：

> 故事发生在 21 世纪初的咸阳上林苑，以秦汉战鼓闻名的掌旗寨村。县政府征地要建"西部服装城"，掌旗寨要拆迁，土地要征收。一些村民为多分得征地款，村里娶媳妇成风，村里 18 岁甚至未到 18 岁的小伙子都娶了新媳妇，闹出不少笑话。为多获取赔款，有些村民在房前屋后大量栽树，制造假井。拆迁组长朱理违规评估，和个别村民套骗国家赔偿资金，他借评估诱奸二怪媳妇，调戏新媳妇琴。拆迁时，朱理制造混乱停电停水，逼村民搬迁引起村民不满。德胜曾以外甥在县上当副县长为荣耀，面对村里发生的情况，他欲见外甥县长进行反映，几次叫不来外甥县长，后装病外甥也未到村上来看他。
>
> 德胜和村民去镇里上访遭到暗算，村主任张虎和村民被抓，张虎父亲张大在恐惧中死亡，村民找不到上访渠道到县上上访，在县政府门口德胜怒打外甥县长，回家捆好被子准备坐牢。县委赵书记上门家访，与德胜沟通，他说："舅打外甥是常事、况且外甥做了对不起舅的事，就得挨打。"让德胜冰释前嫌。赵书记在外开会耽误了给德胜解决赔偿问题的时间，朱理以为赵书记不愿管此事，他羞辱德胜，并让王老虎威逼德胜搬迁，引起德胜对赵书记的误会，成为村里的钉子户。赵书记开会回家再次家访德胜，赔情道歉并与德胜叙说衷肠，感动德胜。德胜听说朱理因贪污受贿被抓，一把火烧了旧宅搬迁了。
>
> 面对失地，上林苑掌旗寨村民进行了一次痛苦的选择，张大和德胜老伴的遗骨永远留在了村寨里……他们为了城市

化建设失去了土地，浩浩荡荡地走进城里，开始了一种新的生存方式。

他们一夜间拥有了巨额赔款，他们在城郊建起了一座新村，家家盖起了二层、三层的楼房。进了城的他们不知这钱怎么花，花光以后怎么办！年老者为以后的日子恐慌。有的人慌张地跳进商海，再也没有上来……有人很快花光了钱……有人进入赌场走上了黑道。更多的失地农民进城后，依然靠苦力养活自己，有的人为了生计突破了道德底线……当然也有精明者的成功，使失地农民看到了生活的前景。

锣娃进城做生意赔个精光，被媳妇黑花赶出家门，天天睡在门口不敢进门。锣娃母亲抱着孙女在儿媳面前痛哭给儿求情……

黑花说："妈，我的心思你还不明白，你不让他受点罪，吃点苦，他不知道过日子的艰难。我知道你心疼儿，我更心疼我娃她爸……你这次饶了他，他下次能把我娘俩卖了。现在没地了，不像前几年有几亩地，坐在家里饿不着。你老了，撒手走了，我和他的日子还长着呢……"黑花说着落了泪。

德胜的儿子大笨闯入商海借高利贷被南老虎追杀，天天躲债不敢出村……

张伍因开"老虎机"被公安拘留，从此进入黑道，媳妇带儿子出走，母亲蒙羞自尽……

村里人再也不敢轻易下海做生意，他们宁愿天天守在麻将场里。

一夜间，村道上出现了一街两行的洗头房，抹着红嘴唇的女子躲在门后招惹客人。张虎听着村广场传来阵阵的麻将声，他心里很恐慌，他和德胜叔商量，把自家的二楼改造成

"秦汉战鼓茶馆"，安置村里的年轻人上班工作。秦汉时期，掌旗寨先祖曾给秦始皇、汉武帝掌过战旗，掌旗寨是上林苑有名的秦汉战鼓村，德胜和张大都是村里有名的鼓手。

一天，德胜误入洗头房恐惧地愤怒了，唯有张虎的茶馆让德胜感到心安。他夸张虎给村民办了一件好事。心中苦闷的德胜给自己购买一头公羊下乡转悠散心，却碰见了曾改变他一生命运的早期恋人"狼咬"翠花，扯出一段不该发生的故事。

镇政府原拆迁组长朱理因贪污判刑保外就医，看中了临街的秦汉战鼓茶馆。他在狱中结识城中的南老虎，以终结大笨和南老虎的高利贷债务为诱饵，迫使大笨去说服张虎把秦汉战鼓茶转让给他。大笨急于摆脱南老虎追杀答应此事，以和朋友联手经营秦汉战鼓茶馆还债为由，从张虎手中骗取秦汉战鼓茶馆，使其落入朱理手中。

德胜痛打儿子大笨，大笨却不悔改又混入村里麻将队伍之中，德胜见家败在此，要把大笨赶出家门，迫使大笨断指从商，承担家中男儿责任。

锣娃为了生计，天天蹲在县城十字口"钓鱼"揽小工挣钱，却不知租房住在他家的老赵钓走了他那能干的媳妇黑花。

朱理接管了秦汉战鼓茶馆，辞去了村里的年轻人，拐骗铁锤媳妇，以茶馆为掩护在城里招聘舞女，做起了不干净的生意。"天鼓茶馆"被德胜告发，朱理欲找人给德胜说情，德胜怒掀酒桌。

张虎为了让村民体面地生活，他用秦汉战鼓专利和省城旅游公司联手打造大型鼓舞《霸王别姬》，并在村里成立股份公司，集中闲散资金创办企业，为失地农民走出一条致富的路子。

　　然而，一场可怕的传染病侵袭了村庄，一起让世人为之震惊的惨案发生了……村里人忽然得了一种怪病，村中的客人和洗头房里抹着红嘴唇的洗发女一夜间全跑了。德胜病危，张虎擂响秦汉战鼓，德胜睁着双眼在战鼓声中死去。

　　小说还没出版，已有媒体抢先报道。

　　笔者却无暇关注他的新作，春节将近，老父亲病危，朋友推荐了一个老中医，需要及时接大夫到家里。王海一接电话，就停下手头事，立即赶过来。他开着车，拉着瓜棚主人冒着大雪把大夫接到家里。多年后，瓜棚主人仍忘不了王海兄的深情。

　　王海的文学传奇还在不断上演——

　　《城市门》还没完稿，就被西安慧特文化传媒公司看中。王海和陕西中视文化传播有限公司签订了 15 万元买断《城市门》电影改编权的协议，根据双方协商，小说《城市门》出版和电影同步进行，陕西中视文化传播公司和北京一家公司签订了共同拍摄《城市门》的合作协议。

　　此时，因为某出版社看稿在先，忽然要求王海授权他们出版《城市门》，当他们知道王海已卖掉《城市门》出版权后，很生气，要求王海承担相应的赔偿。几经协商，某出版社同意放弃《城市门》出版。

　　几个月之后，由于各种原因，改编电影和同步出版《城市门》的事搁浅。王海回头再找某出版社时，他们已找到一部和《城市门》同类题材的小说。此时，省作协创联部转达太白文艺出版社欲出版《城市门》的意向。王海的几部小说都在外地出版，还没有一部在家乡出版社出版，王海觉得《城市门》出版不能再等待，或许交给陕西的出版社出版会更好些，他欣然决定把《城市门》交给太白文艺出版社。

　　2011 年 7 月，王海长篇小说《城市门》出版并在网上选载。

　　《城市门》作为"陕西百名作家集体出征"队伍中的重要一员，有

关方面这样介绍，如下：

> "西凤烈"丛书，是文坛陕军在全国的一次盛装亮相，省
> 委宣传部、省作协都很重视。在众多的陕军作家作品中，《城
> 市门》是一颗闪烁的星斗。《城市门》首先是体裁新颖，很少
> 有人以这种长篇形式碰触这个题材。有作家称"这是一部从中
> 央到地方都关注的描写关于农民失地进城的生存状况的作
> 品"。其二，《城市门》写出了几千年来中国农民依恋土地的痛
> 苦情结。其三，写出了女性一种大爱的悲壮故事。在历时近3
> 年创作，5次修改稿件，反复斟酌，《城市门》很少有城市的
> 味道，字里行间处处透着方言土语，在近乎"愣"劲的质朴中
> 生动叙述。

王海和中国海洋大学文学院教授温奉桥做客网易读书，"在线探讨
失地农民的生存之困"。

咸阳电视台播出了专题片《王海与城市门》。

2011年10月，陕西广播电台连播小说《城市门》。

2011年10月19日，"王海长篇小说《城市门》研讨会"召开。

2012年9月，《城市门》被长春电影制片厂改编成同名电影。

2012年10月，《城市门》荣获陕西省"五个一工程"图书奖。

2012年，《城市门》获第十四届北方十五省市文艺图书一等奖。

2014年5月，电影《城市门》参加上海国际电影节优秀影片展演。

2014年11月，电影《城市门》参加第十届中美电影节并荣获得"入
围奖"。

2014年10月，小说《城市门》再版；11月，由五洲传播出版社出
版发行英文版。

关于《城市门》的思考

王　蒙：我对咸阳的兴趣，完全来自王海的作品。

雷　达：那份感情充满了神秘色彩，其心灵感应近乎灵异。一个作家若用文学手法关注当下热点问题，似不如新闻纪实来得可看，若用平实的语言讲一个或悲或喜的故事，那又是有一定写作能力的人都能胜任的；倘若在这一切元素中，能够深埋诸多意象于作品肌体中，并能生动地描绘，那是需要具备较为深刻的思想和成熟的艺术手段的。《城市门》的乡村风情表现得相当充分，显示了作者对生活的深入理解，尤其是为当地秦汉历史背景下的乡土文化，唱出了一曲挽歌，显示出作家极大的救赎愿望！且不无直面社会矛盾的勇气，独具社会批判的高度。

陈忠实：《城市门》有一种逼近心灵的撞击和震撼。

贾平凹：《城市门》是一曲悲歌与赞歌，一个自我拯救的真实文本。

李　星：他在《现代化进程中的沉思和浪漫》中说：这是一部地域风情色彩浓厚，充满诗情画意，叙述清新流畅，人物形象独特生动，好读且耐读的乡村题材长篇小说。这部作品不仅有沈从文的文风，而且隐藏着贾平凹创作中的东方神秘主义的色彩，这是近几年在陕西文坛不可多得的一部好作品。

雷　涛：《城市门》使读者思考更多的东西，反思更多的

问题。王海是我省青年作家群体里一位优秀人物，是一个实力派作家。我说他有实力，是因为不仅他多产，而且他作品的思想和艺术的高度在不断地征服读者。《城市门》则以深刻的人际关系的变化，揭示了改革开放攻坚阶段，社会矛盾的积累丛生，成功与失败在较量，光明与黑暗在对峙，理想与现实在激烈冲突，是社会运行中的一次真实的图解。

常智奇：《城市门》就是这种"为民立命"的心声的体现。它表现了中国农耕文明向工业文明转变过程中，当代农民的心理阵痛。王海的《城市门》是一部敢于正视现实，以一个作家的正义感和责任感，站在中国城市化建设的疾风暴雨中，表现农民失去土地过程中，心灵的阵痛、情感的失落和精神的迷茫无助。这是一部在中国农村历史的转型期，站在农民的立场上，怀着深深的悲悯，为中国当代农民生存和前途而呼吁的作品。

畅广元教授：《城市门》是陕西长篇小说的一个重要收获。

温奉桥教授：在《城市门》中，王海通过一种深具象征意味的描写，把当代文学现代性反思的主题，推向了一个新的高度，这成为陕西作家的标志性精神徽记。陕西作家更痛苦，更执着，也似乎承受着更为艰难的内心煎熬。这种沉重、痛苦和内心煎熬之于陕西作家，是一种无法摆脱的宿命，是那块黄土地给予他们的，是源于对土地、对历史和生命的敬畏感。这种沉重和痛苦，新时期以来，催生出了路遥的《平凡的世界》、陈忠实的《白鹿原》、贾平凹的《秦腔》，而王海的长篇小说《城市门》，则再一次让我们感受到了这种陕西作家特有的沉重和痛苦。

杨生博教授：《城市门》能让读者有浴火重生的体验。

杨乐生教授：这是一部写城市化最好的书，看出作者的

成熟。王海的艺术勇气很锐利，写德胜老汉在城里自家院子挖地道是最出色的一笔，他指向我们最荒诞的现实，我不只看重今天的《城市门》，还希望王海在创作上走得更远一些。

刘炜评教授：《城市门》是当下的一部"病相报告"。《城市门》写失地农民在城市门口的徘徊，那种阵痛、焦虑、失落，对未来生活的迷惘，作品都惨烈地展现出来了。王海写出了当代的一种乱麻景象。这样还不够，你应像《白鹿原》那样展开来写，会更好些，但《城市门》仍是很值得肯定的一部好作品。

冯希哲教授：读完《城市门》甚为吃惊，读至有些地方泪泣难禁，其深刻渗透至结构、表达、修辞等方方面面，感人至深之余，蕴藉悠远而不失本味。

袁书会教授：看了《城市门》感觉很震撼。这一部书，可以说是在我们现在社会经济发展情况下，随着城市不断拓展而带来的农民问题，我们原来的农民土地被征用，以后变为市民，那么他们的生活，他们到了城市以后种种文化上的隔膜或者不适，王海在这本《城市门》里，做了一个深度的解读。可以说，这本书是当下反映农村题材非常好的一部力作。

2011 年，专家学者共同研讨王海小说新作《城市门》，对《城市门》进行了高度审视和点评。专家们认为，《城市门》是一部重新审视并考量那段历史，直抵人们道德良知的作品。

2012 年 1 月 6 日，人民网评《城市门》：以知识分子视角写农民与土地，触动了当下社会转型期出现的两大难题：精神失落与生存困惑。

听说电影《城市门》荣获美国电影节入围奖，好久不见王海的瓜棚主人，听到他从美国回来的消息，打电话联系王海，因为有人买了好多

本《城市门》，请他签名。

瓜棚主人的单位和王海的创作室距离很近，王海连忙放下手头事务和瓜棚主人见面。

王海回国后，在谈到中外对比时，他感慨地说："美国的月亮和中国的一样圆！"

王海谈了在美国的所见所闻，并谈了他这几年去国外的一些感想。他说，前几年去马来西亚，有一件事让我难以忘记。那是我在马来西亚拜访一位朋友，一天，他送我一张卡，说："在这座大厦里，出示这张卡，一切都是免费的。"第三天，他和夫人请我吃早餐，问我怎么不用那张卡消费。我说："这是张诚信卡，我不能消费你对我的诚信。"他说："你是一个不被金钱诱惑的人。他们很好奇，是什么样的人，会有如此的自律和清高。"

"看来你做得对。"瓜棚主人感慨地说。

王海笑着说："是自己该得的我要，不属于自己的，我一分也不要。过多的身外之物，只会增长人的欲望，不值得。后来，我们成为很好的朋友，他邀请我去他家做客，让他的夫人亲自为我做了当地的美味佳肴。这件事告诉我，只有保持做人的自律，才不会被人瞧不起。只有内心坦荡，才会行路高远。"

瓜棚主人看到了这样一篇新闻，让他很高兴。内容如下：

2014 年 11 月，在美国洛杉矶举办的"第十届中美电影节"上，作家王海的小说改编的电影《城市门》获得入围奖，受到国内外影人的关注。王海说："这部作品只是为读者和史学家提供了一个历史的文学文本，它真实地记录了，在我们这个时代曾发生过那样的事。我要告诉我们的后代，多少农民为了城市化建设失去了土地，他们浩浩荡荡地走进城里，开始了

一种新的生存方式，他们以赖以生存的土地、以生命为代价，给这座城市带来了繁荣和豪情。"

《城市门》的故事不仅仅是一次"拆迁事件"，它的深层内涵其实是现代性与人性的关系问题。中国搞城市化建设，那么多农民失去土地，一些美国人看电影《城市门》是抱着怀疑的态度看的。《城市门》电影让他们看到了一个团结、和谐、强大的中国正在稳步发展。同时，《城市门》展示了咸阳的美丽风景，如咸阳的非物质文化遗产"秦汉战鼓"，恢宏的"中国金字塔"群和咸阳五陵原，让观众震撼，风景如画的咸阳，引起美国人对咸阳地域文化的关注。

杨珺（著名电影评论家）：看电影《城市门》是一种震撼，这种震撼来自于灵魂。电影《城市门》走对路了，无疑也成功了。影片深刻展示了时代变革中的一个农民老人的心路历程，像一条有灵魂的河，极富人性的光辉与深刻，让人在震撼中回味和启迪。这是近年来少见的文艺影片。影片《城市门》不是长篇小说的缩写，也不是长篇小说的片段，它有着自己的叙事结构，有着主创人员的二次创作：《城市门》无疑是一部彰显情怀的作品，也会勾起电影人对电影的怀念和思考，是可以带给中国现代化建设启迪的一部伟大作品。

王海当选省作协副主席

2013 年 5 月 7 日至 5 月 8 日,陕西省作协第六次会员代表大会在陕

西宾馆召开。

咸阳20多名作家代表参加会议，王海和瓜棚主人也参加了这次重要会议，咸阳市委派专车送行。会期4天，大会选举产生了新一届陕西省作协理事会和主席团成员。

贾平凹再次当选陕西省作协主席，蒋惠莉当选常务副主席，齐雅丽当选专职副主席，王海、方英文、龙云、朱鸿、杨宏科（红柯）、李国平、李淑珍（冷梦）、吴克敬、张虹、高建群、阎安、梁向阳当选副主席，陈忠实被聘为陕西省作协主席团名誉主席。赵熙、李星、文兰、李凤杰、曹谷溪、程海、李晓雷、李天芳、叶广芩、莫伸、冯积岐、李康美、王蓬、和谷等被聘为陕西省作协主席团顾问。

对王海来说，这是他人生的又一次进步，这是对他的文学成就和带动地方文学发展所创造的成绩的一次肯定。

在王海上车之前，一般在人面前不爱发言的瓜棚主人说："王海是咸阳第一个进入省作协主席团班子的人，他当选省作协副主席，不仅是他本人的光荣，更是咸阳文学界、咸阳300万人民的光荣。我建议，等王海上车时，大家鼓掌表示热烈的祝贺！"

瓜棚主人的建议得到大家的响应。王海刚踏进车门，20多人的掌声令他意外。王海激动地说："谢谢大家！我没想到大家把我推到这个平台上，咸阳、全省比我优秀的作家很多，以后，我要好好地为大家做好服务工作。"

接下来的日子，王海没有食言。

2014年春天，王海在咸阳五陵原上创建咸阳秦汉文学馆，瓜棚主人突然接到王海的电话，受邀去文学馆工地参观。

一年之计在于春。意气风发的王海开着车，一路风驰电掣，有说有笑，令因工作和生活繁重、有些消沉的瓜棚主人也轻快起来。咸阳原上辽阔的大地和葱郁的绿色，仿佛复苏的文学事业，四处生机盎然，蓝天

白云，道路畅通，充满生命的美好和世界的可爱。

王海手握方向盘，目视前方，最时髦的是挂在耳朵上的蓝牙耳机连接着手机，接打电话不影响开车，生活紧跟时代的步伐。他说："这次我筹建文学馆，可能干了一件大事。"

"是的。就全省来看，陕西作家建文学馆的有路遥、陈忠实、贾平凹、高建群，王海文学馆如果建成，在咸阳你是第一个，在全省你无疑与陕西一流的大作家站在一条线上了。"

传说咸阳文坛有"三海"，出生于 20 世纪 40 年代的程海特立独行，而出生于 50 年代的王海和出生于 60 年代的瓜棚主人则性情相投，亲如兄弟。瓜棚主人为王海兄长的成绩感到十分高兴和自豪。

"不敢叫王海文学馆，等我拿了诺贝尔奖再建王海文学馆吧，现在还是叫咸阳秦汉文学馆好，我已经请贾平凹主席题写了馆名。"王海诚恳地说。

瓜棚主人沉思一下表示赞同。

转眼间，车子到达施工现场，文学馆与学校相邻。工地上，王蒙题字"城市门"的牌楼已初具雏形，院内房间基本建成，进门一块蒙着红布的大石头隐约可见贾平凹题写的古拙浑厚的红色大字"咸阳秦汉文学馆"，工人们正站在脚手架上砌筑围墙。喜欢收藏的瓜棚主人站在一堆花雕围墙砖前半天不语。

"干啥呢，快看看，我找人按照原样，制作了一个石匾'深沉节制'，这是康熙皇帝给我们村曾当过两广提督的王化行题写的石匾。"王海在一旁催着。康熙皇帝给两广提督王化行题字石匾"深沉节制"，在咸阳市中山街城建时被挖掘出来，现存于咸阳渭城博物馆。

瓜棚主人顺手捞起一块雕花墙砖放进小车后备箱，慢慢悠悠地说："你建咸阳秦汉文学馆在咸阳干了一件大事，我收藏一块墙砖算是一件小事，但过 50 年后也就成大事了。你把文学馆叫咸阳秦汉文学馆，这

个名字好，也体现了你的胸怀和眼界，这不是一般人能做到的。"

回家后，瓜棚主人把这块雕花墙砖放在自己的书房，直到 2023 年夏天，因老家拆迁，好多东西无处安放才丢弃了。为此，他后悔了好一阵子。试想，文学馆建成距今已十多年了，几十年、百年后，收藏的一块秦汉文学馆的墙砖，你说值多少钱就值多少钱。

这是闲话，打住。

2015 年 7 月 1 日，王海经过多方努力，在上级各部门的支持下，咸阳秦汉文学馆举行盛大的开馆仪式。参加人员很多，瓜棚主人在文学馆王海的办公室第一次见到青年女作家晓瑜荣儿（后来成为这部书的创作者之一）。

晓瑜荣儿年轻漂亮，盘着高髻，一身咖啡色套裙，脚穿黑色长腰皮靴。办公室挤满了人，不善交际的瓜棚主人与众人打招呼后，一个人独自捧着茶杯闲坐。见晓瑜荣儿进来，如遇一股春风，心里掠过一阵惊喜和期盼，片刻他又恢复沉默寡言的笨拙状态。

仿佛看懂了瓜棚主人的心思，晓瑜荣儿大方地走过来："你是瓜棚主人老师吧？我读过你的书，见过你的照片。我是晓瑜荣儿，真名叫李荣，业余爱写小说，一直在网络文学圈子里，和传统作家很少接触，今天是第一次来到文学馆，见到了仰慕的王海主席和您，真是荣幸之至。"

瓜棚主人就和晓瑜荣儿聊起写作方面的事。当时的瓜棚主人的新作已经基本完稿，忙于其他事务，直到 2024 年他才腾出空闲再做最后定稿。而后，由于晓瑜荣儿帮忙，增加了近期资料。天意如此，当初发生的一切，竟然在冥冥之中，早就草蛇灰线，一脉相承。晓瑜荣儿也不承想，这次见面后，二人因这本书有了一次难忘的合作。

2015 年，咸阳秦汉文学馆正式对外开放，标志着咸阳的文学阵地开启了重要的时代，秦汉文学馆成为咸阳乃至陕西文学的名片，成为文人墨客和社会各界人士学习和参观的重要场所，并成为作家们的创作交流

基地。

王海功在当代，善莫大焉。

秦汉文学馆占地 3 亩，建筑面积 1000 多平方米，馆内设有"陕军文学星光灿烂大厅""名家走廊""咸阳作家作品展厅""作家作品艺术再现展厅""文学史馆"（咸阳古代文学、近代文学、当代文学、新世纪文学）、"空港新城非遗馆""青少年活动室""文学茶馆""电子图书阅览室""会议室""电影院""驻馆作家创作室""作家餐厅"等。每逢周末、节假日文学馆热闹非凡。

面向读者、面向群众，这才是作家的文学根基、梦想温床、灵感源泉。王海创办秦汉文学馆是一件普惠大众、影响深远、功德无量的大事。这个馆已成为一个重要的文化符号，成为咸阳、西咸新区、关中、陕西乃至丝绸之路上，凝聚文化力量、增强文化自信的一面旗帜，成为播撒文学种子、集合创作队伍、弘扬优秀文化的一个重要场所。

文学馆书香雅韵浓郁，文学之美成荫，多元精神文化需求与城市文化氛围相互激活，一枚枚小小的文化种子，在此生根发芽，文学馆也随之壮大，形成良性循环的文化生态。

文学馆自开馆后，王海一直助力作家的成长和发展。在文学馆，他实施驻馆作家签约制，文学馆签约驻馆作家，承担咸阳和西咸新区重大题材项目创作。

在创作中，文学馆免费为签约作家提供食宿，并组织专家进行创作指导。根据签约作家创作要求，安排作家去有关单位体验生活，采风学习。

首批承担重大题材项目的作家作品有：贾松禅的《大汉将军霍去病》、林仑的《苏武牧羊》、梁新会的《璇玑图》、王楸夫的《昭陵六骏》、高鸿的《一代水圣李仪祉》、杜芳川的《五陵原风雨》、何冠雄的《幸福里》、魏小英的《先生吴宓》、杨明的《韶华》、董信义的《袁家村》等。

在创作中，这些重大题材项目先后都获得省、市政府重大题材和精品项目资助。承担"重大题材项目"的作家，先后被各大专院校聘为"客座教授"和"文学导师"，并受到政府的重金奖励。

在文学馆，王海组织"抢救古镇名村编辑部"。他说："在城市化的进程中，很多村庄正在消失和已经消失，我想以'史记''史志'的形式，把现存的和将要失去的及已经失去的古镇名村的历史、文化及发展状况记录下来，志书存档。作为作家，这是我们的责任和担当。"

王海组织专家在大规模搜集资料的同时，进行分门别类的整理、归类和编写入志，最终抢救出 31 部"村志"，编写《西咸历史人物史记》和《空港故事》。媒体报道称"283 个故事让世界认识空港"。"村志"全景式展示、记载了古镇名村的地理位置、物产资源、农业作物、古镇溯源、历史留痕、名胜留影、历史文化、风土民情、乡贤家训、传说、民歌等风貌。

作家李鸿印写过一篇随笔，让没有去过文学馆的朋友开开眼界，留点印象，也算是一个导游词吧。

> 文学馆位于咸阳五陵原上，占地三亩，距咸阳国际机场直线距离只有一公里。馆前一座牌楼式大门，素朴庄重，门头上镶嵌着原国家文化部部长、著名作家王蒙题写的"城市门"三个大字。我们只知道这三个字是王海主席一部长篇小说的名字，而王海主席介绍说，这三个字意味着此门之外是农村，一入此门即到城里。王海戏称，进了"城市门"，才是真正的城里人。

> 文学馆建在乡下，就是让作家时刻保持清静的心态，融入人民、融入大众，以此提醒作家时刻不忘为人民创作的初心。

> 进入大门，迎面墙上挂满了省市单位和作协十多家单位

授予的创作基地牌匾，可见有关部门对这座文学馆寄予的厚望。大门东侧竖起一块巨石，上勒贾平凹手书"咸阳秦汉文学馆"几个朱红大字，在阳光照耀下，庄重醒目，成为这座文学馆的名片。

大门西侧一块石碑横刻"深沉节制"四个大字，周围雕刻二龙戏珠图案，为康熙皇帝御笔亲书、赐予名将王化行的"康熙御制之宝"的仿制。

王化行，本姓殷，是当时西安府咸阳县靳里村（本馆所在村）人，康熙九年（1670）武进士，在平定"三藩"和剿灭噶尔丹叛军战役中建立大功。这块石碑有较高的文物价值和书法艺术价值，为研究咸阳历史增添了新的资料。

跨过前院，是一扇朱漆的木门，门上与手臂等高的位置刻着贾平凹的手印，王海撰写的有关手印创意的解读是："当你推开这扇文学大门时，你会和著名作家贾平凹亲切握手。和平凹握手，你定会和文学结缘。只有想成为贾平凹的人，才能成为贾平凹。只有无数个想成为托尔斯泰的人，才会有托尔斯泰的出现。"

土主席在念这段话时，满含笑意，把"只有想成为贾平凹的人"后面两字特别读得很重，说贾平凹看了手印的解读，也很高兴。我就想着难怪王蒙给王海的题词是"妙语"，一样的语言，在他这里都会妙趣横生、回味隽永、令人击节！

文学馆另一个出人意料的创意是吊顶。每一块玻璃灯池都有几位作家姓名及其代表作品名，想必晚上顶灯亮起，那些著名作家、作品一定像天空的星宿熠熠生辉。我想，那不仅是一种昭示，更是一种启迪、一种呼唤、一种激励、一种鞭策、一种精气神的凝聚。

　　难怪以王海为代表的咸阳、西咸作家群，近年佳作频出、作家队伍不断壮大，原来这里有一面星光璀璨的旗帜，在时刻召唤、昼夜鼓舞着大家。而扛着那面大旗的就是王海，一位文质彬彬、平易近人、拥有无数粉丝的文坛明星。

　　进入内院，第一眼看到的是一尊形如山峰的景观石，竖刻陈忠实手书名言"文学依然神圣"。

　　我注意到，这是正院唯一一尊勒石，应该象征着陈忠实在中国文化人内心独一无二的重要地位。勒石东西两侧，王蒙、莫言、阎纲、周明、贾平凹、陈彦的题字格外醒目。院落四围，是秦汉以来咸阳籍书画名家走廊……

王海的事业还在推进，尽管他平时觉得累并面对越来越多的非议，很想歇一歇，但一觉醒来总是被莫名的力量推动着。

2018年7月17日下午，西咸新区作家协会成立，王海当选为主席。作为西咸新区第一届作协主席，他知道第一届作家协会班子不仅要肩负文学创作的使命，还要组建一支优秀的创作队伍（这一年，咸阳秦汉文学馆划归西咸新区空港新城管理，咸阳秦汉文学馆又称西咸新区空港新城文学馆）。他有计划地对文学创作人员进行培训、加强创作队伍建设。他不断邀请文化名家、作家走进西咸新区，授课、座谈交流，让作家与名家面对面对话，提高作家的创作能力。

王海在西咸新区作家协会第二届换届会上讲道：

　　西咸新区作家协会成立至今已有六年多了。六年多来，西咸作家作品上《人民文学》《中国作家》《小说选刊》《长篇小说选刊》《人民日报》《光明日报》等国报大刊，上央视、上央广，文学创作实现了"零"的突破……

为了保障现有作协会员的权利，提高会员证的含金量，西咸作协对加入作协提出了限制条件，随后又提高了入会会费，但仍有人托各种关系要加入西咸新区作协。

西咸新区作协每年评选"优秀作家"，不举手不投票，每年把发表出版的作品摆在桌上，硬碰硬地比对。每年评选出的"优秀作家"，可以到省内外采风学习一次，优先参加名家面对面座谈交流、优先安排在各地签约的"创作基地"创作学习、免费参观和休闲读书。持有西咸作协会员证的会员，可免费旅游参观西安、咸阳地区作协签约的重要场馆和景区。

王海讲道："非常感谢你们的信任，让我再次当选西咸新区作协主席，非常感谢你们的推荐，选举出如此优秀的人才，成为第二届作协主席团人员，这个队伍一定是一个团结的、具有爱心且满怀创作激情的队伍。

我们将继续推行作家以作品立身的评选方法，每年荣耀推出我们的优秀作家，继续组织优秀作家走出去，去你们想去的地方，开阔视野，与兄弟单位交流学习。

我们将继续为你们搭建平台，打造'陕西文学'最好的平台，让你们与高手见面，与高端人才座谈交流，助推你们起飞，扶持你们翱翔在中国文学的天空。"

第十六章　王海创作的蜕变

作家的作品，在不断地聚焦不同群体和个体，以此来表达不同的情感和社会本质。

在《新姨》中感受女性的力量

几乎是在不知不觉中，2017年，王海的又一部长篇小说《新姨》创作完成，并很快出版。

《新姨》的故事发生在陕西咸阳茂陵（汉武帝陵和霍去病墓）附近，一个农妇，没有大师的指导，她拥有的是和丈夫结婚那一夜的悲伤回忆，对丈夫的切切思念……一个在生活中煎熬，在痛苦中成长的中国妇女，怎样创作了一个艺术的辉煌。在她生命的终点，活着的人在她面前不仅是悲痛，还有无尽的震撼。

可云和旺财结婚第二天，在坡头窑上背砖的马旺财和本家侄子马上被国民党队伍抓了壮丁。夜里，马上小解逃跑回家，旺财杳无音讯，传言在战场上被打死了。马上把新娘子可云叫新姨，前去看望可云，当可云发现叫她新姨的马上竟是和她年龄相仿的小伙子，很是吃惊，随后两人产生感情。马上告

诉可云，他们两家早已出五服，他之所以把旺财叫大、把她叫新姨是他们马家人丁稀少，如此称呼显得两家亲近，家族大。马上的行为引起可云家人不满，但这并没有阻碍他对可云的追求。

为防止可云出轨，让可云不心慌，婆婆教她剪纸，并限制了她的人身自由。为教可云剪纸，婆婆打断她的胳膊。为防止家里再出事，可云受尽折磨。可云不允许马上再叫她可儿，叫她新姨。马上不听劝告，被她推出房子，引起好多误会。

旺财走了一个多月后，可云怀孕，婆婆喜悦至极，再不让可云剪纸。可云为了排遣寂寞，却要学剪纸。后来发现可云剪的肖像像马上，婆婆怒火中烧，对可云百般摧残。当婆婆撕毁可云的剪纸时，王十万发现可云剪纸"回门"的艺术妙笔，把其送给了李县长。李县长把"回门"送给了上司，并赠送王十万一块银圆，欲再要一幅"回门"剪纸。

王十万生财心切，几次要可云剪纸，可云婚后一直想和旺财风光地回一趟娘家，这却成了她的梦想，可云怕引起她回门的痛苦回忆，不愿再剪"回门"。

可云在痛苦的煎熬中生子叫宝儿，人们都说宝儿像旺财，婆婆打消了对可云出轨的怀疑。

王十万和秀娘结婚十几年膝下无子，他续娶柳儿生下儿子叫有福，秀娘失宠在家烧香念佛。在宝儿半岁之后，王十万说服可云婆婆，让可云到他家当保姆照顾儿子有福，欲再让可云剪"回门"。可云思念丈夫，不愿再提剪"回门"的事。王十万生财美梦再次落空。

新中国成立后，可云剪过"互助组""大跃进""炼钢铁"等主题的剪纸。在公社的红剪刀小组学习班，县上专家来讲课，她发现专家图解的剪纸是她的"回门"，但没有人相信她

是"回门"的作者。当县专家考证"回门"的作者是她的时候，1962年大饥荒开始了。

柳儿说她家是贫农，要和王十万离婚。马上等候可云无望，和柳儿结婚。可云婆婆去世，可云不但继承了婆婆的剪纸艺术，而且已是方圆十几里出名的拾娃老婆，她给村民拾娃，还会驱神赶鬼。

后来，时局的变化了、人们思想的变化了，村民不再叫他拾娃了，宁肯把媳妇拉到医院让男医生去接生。她很少出门，在家里潜心剪纸，她把对丈夫的思念，还有人间百态的苍凉都剪在了纸上。

一天，乡政府通知有人找她，当她得知是丈夫旺财从台湾回来时，她把旺财关在了房门外。夜里，可云痛哭的声音使村民不得入睡。深夜，可云打开房门把在门外跪着向她赎罪的丈夫旺财扶起，在灯光下，旺财看到房子里挂满了思念、盼望他回家的剪纸……

回家的旺财在家里待了一个多月，忽然接到台湾发来的一封"速回"电报。旺财走了，乡亲们埋怨可云，盼了几十年的男人回来，咋让他走了。她说："宝儿他爸有难处……"因为她在电报的字眼里闻到一个女人的味道。

改革开放的浪潮冲击着可云思想的浪花，她再次拿起剪刀，剪刀如蝶，在她手中飞舞，她的剪纸"奔月""七夕"在省城轰动，在京城轰动，在国外轰动……当人们回望可云的一生时，发现她生活中有诸多的传奇和神秘，村民再次对她崇拜起来。

乡政府为发展旅游事业，要在村上建一座"可云剪纸艺术馆"，可云说给她建庙呢，庙建成了，就要把她放进庙里去。

可云病了，昏迷不醒，她清清楚楚地听到一种洪亮的声音："可云，你不是神，你是宝儿他妈……

这是她从未听到的一种声音，有人在使劲地摇她，她觉得自己飘逸得要升天了。她醒了，霍先生坐在她的炕沿。她用微弱的声音说："你把……马上叫来……"

马上疾步跑来说："乡政府给你把纪念馆盖好了！等你去剪彩。"她看着马上说："你叫我一声可儿……"马上没叫她可云，他说可云是剪花娘子，她呆呆地看着马上走了。

马上跪下为她整理衣服，大声地哭道："你羞羞答答来，轰轰烈烈地走了……可你把自己的人世糟蹋咧……"

一场大雪覆盖了咸阳五陵原，天地间一片白茫茫，恢宏的帝王陵墓群失去了它往日的雄姿。

作家晓瑜荣儿正充满激情地投入长篇小说创作中，在一次文学采风活动中她见到王海，王海送给她一部《新姨》。

晓瑜荣儿："王老师，你平均三年一部长篇，令我尊敬和吃惊！能谈谈《新姨》的创作情况吗？"

当时，作家们在礼泉县的一个企业采风。王海处理完手头事务，和晓瑜荣儿坐在会议室，一人一杯绿茶，侃侃而谈：

"一部优秀的文学作品，从来不只是属于某一个人的，她属于一段历史，一个环境，一群人。这就需要文学的真实性，残酷是真实的，苦难是真实的，悲悯是真实的，幸福也是真实的。"

王海平时说话很随性，突然高谈阔论，表情严肃，令初入文坛的晓瑜荣儿有些不适应，表情也跟着严肃起来。

王海似乎发觉了什么，笑了一笑，品了口香茶继续说："其实，《新姨》的故事就发生在咱咸阳，主人公原型就在你们旬邑县。"

"是吗？"晓瑜荣儿惊喜地说。

王海说："是的。20 世纪 90 年代，中国出了个库淑兰。"

晓瑜荣儿："库淑兰，我听说过，我们旬邑县的民间剪纸艺术大师，联合国授予的。"

王海道："是的。写小说要深入研究创作素材。我读过这位大师的有关资料介绍，产生了强烈的创作冲动。

> 1985 年初冬，库淑兰不慎在坡头坠入崖下，被人救起，她大病 40 余天，几乎不省人事。然而，一日醒了过来后，她精神矍铄。大难不死的库淑兰，认为自己是得到了"剪花娘子"的"保佑"。从此，在她剪纸作品中，多次出现"剪花娘子"的形象。由于她剪纸构图大胆、人物形象饱满、色彩鲜丽，她的作品很快受到了关注。她的剪纸作品也先后在西安美术家画廊、中国美术馆、中央美术学院陈列馆展出。1996 年，联合国教科文组织授予她"民间工艺美术大师"称号。

这段记载使我大为震惊，一个人的艺术成就绝不是这样形成的，它必须经过长期的磨炼、探索，通过艰苦地创作获得的。于是，我创作了《新姨》。"

晓瑜荣儿道："通过您的介绍，我对这本书的故事充满期待，我期待看到在生活真实的基础上，你怎么展开小说艺术的想象。"

王海道："我以库淑兰为原型构思了一个叫'新姨'的艺术形象，一个充满艺术魅力的女主人公。好多人拿到我的书问新姨是个什么样的人？我总不厌其烦地讲，新姨是这样的——她嫁给旺财的第二天，旺财就被抓了壮丁，她婆婆怕她寂寞、怕她出轨，给她的炕上扔了一堆纸张和一把剪刀，她就这样学起了剪纸。30 多年，她把自己守寡、等候丈夫回家的苦难，用剪刀剪了出来，当丈夫旺财从台湾回来的时候，推开房

间的门，满屋子的剪纸，新姨把几十年的苦难，用剪纸写在了墙上，在几十年的磨炼中，新姨最终成为一个剪纸艺术大师。"

晓瑜荣儿："我听瓜棚主人老师讲，你写小说，是咸阳最会编故事的作家，今天领教了。"

王海："这话最早不是瓜棚主人说的，是我的文学老师、咸阳市工人文化宫费宏达说的。我没有那么厉害，这个评价属于老师的期望和鼓励。"

三年时间，中间断断续续，经常晚上加班加点，王海终于完成了《新姨》的创作。

王海专程去西安，把小说稿子送给了文学导师李星老师。

过了好久，王海突然接到李星电话，说是小说读完了。王海就急匆匆赶到李星老师家里，他心情忐忑，想听取李老师对这本书的意见。

王海面对着李星老师，李星在房间里老是转悠。老伴说他："你转悠啥？赶紧说话呀，王海都等急了。"

李星半天不言语，给了王海一个背影。

王海手机一响，他刚准备低头看信息，李星突然转过身，提高声音开了腔："这部小说写的真不错！真不错！"

"真的吗？"王海不相信自己的耳朵。

李星道："没问题！我弄了一辈子这事儿，不会走眼的。"

王海心里有了底气。

但王海还是不放心，在小说没有出版前又召开了一次前所未有的"出版前专家诊断会"。

2014 年 12 月，王海带着自己的小说《新姨》书稿，在陕西省作协会议室召开了一场别开生面的专家诊断会。

没有媒体记者，没有领导和作家同行，只有评论家。

会上，评论家就小说《新姨》的质量、特色和王海进行了一次面对

239

面的讨论交流。专家们认为：王海一直坚守着纯文学创作的路子，他的作品已形成自己的独特风格。《新姨》写出了历史感、生存的苦难和对生命的体验。

在会上，王海提出了在《新姨》创作中需要解决的 10 个困惑问题，专家们进行了解答。

很多研讨会都是在书出版后召开，专家提的意见已无法修改，留下很多遗憾甚至错误，只能有再版的机会才能弥补，研讨会实际是宣传推介会。

在这次研讨会上，《小说评论》主编、著名评论家李国平说："这个会开得很好，这是一次真正意义上的作品研讨会。"

教授杨生博说："评论家真正履行了自己的职责。"

当时的省作协党组书记、常务副主席蒋惠莉得到这个消息，说："这种形式很好，作协今后应多开这样的研讨会。"

会后，王海对专家提出的意见进行了归纳，整整用了半年时间进行了修改。修改之后，保存起来，半年之后，再做修改。

2017 年 8 月，王海长篇小说《新姨》由作家出版社出版，这部作品，创作 3 年，修改 3 年，历经 6 年的创作修改，方才完成。

晓瑜荣儿很幸运，成为第一批拿到《新姨》这本书的人。和王海谈完，回到家中，她仔细翻阅。她发现，王海这部书的封底，出版社把尖锐批评的话语印在上面，这在众多书籍中是少见的，可见他们对这部书的力挺和执着。

《新姨》出版后，读者众说不一。

有人找到在文学馆办公的王海，就《新姨》和他谈了三个小时，批评得多，称赞得少。

有人打电话，含泪告诉王海，新姨太苦了，能不能让新姨和马上和好后，再让她死。

　　还有人大声疾呼，不能让旺财回台湾，新姨等了他30多年，他怎么能说走就走了呢！太残酷了！

　　还有，关于历史变迁的描写，有人说王海写得很真实，有自己独特的见解。让人心里既高兴又难受。

　　王海说："只有正视人类之恶，只有认识到自我之丑，只有描写了人类不可克服的弱点和病态人格导致的悲惨命运，才可能具有拷问灵魂的深度和力度，才是真正的大悲悯，才是具有高峰的作品。"

　　晓瑜荣儿认真地读完《新姨》，很受感动。一个在生活中煎熬、在痛苦中成长的中国农村妇女，30多年的艰辛磨炼，成就了一个艺术的辉煌。白茫茫的大雪覆盖了咸阳五陵原，大地白茫茫，世界白茫茫，一切颜色都被白茫茫的大雪覆盖了……新姨就在这个时候走了……给人们留下诸多的谜团和震撼。

　　作为女性作家，晓瑜荣儿为王海塑造的悲剧性的人物形象感动。

　　王海对晓瑜荣儿说："几十年来，我的小说创作故事发生地一直坚守在咸阳这块土地上。我曾无数次地问自己，这样写下去行吗？读者会不会厌烦？还有多少东西可以再写？《天堂》出版后，新闻发布会在北京召开。有一个文化公司老总找到我说：世界大得很，你不能老守着你的咸阳。这样下去，你的创作不会有出路。我给他谈我正构思创作的《新姨》，他根本听不进去。他说：'有多少人喜欢看农村题材的小说？市场需要啥，你应当去写啥，才能火，才能赚大钱。'"

　　晓瑜荣儿说："王老师，我觉得你做得对。文学创作不是做生意，商人唯利是图，无可厚非。但作家要直面人类的灵魂，要有自己的精神追求。当然，追求效益是对的，但绝不能违背艺术追求。我支持您！"

　　由于王海坚持己见，他们谈话不欢而散。次日那老板再次给王海打电话："你不要再写农村、再写失地农民了。我有一个题材，写好后全国肯定火，火过贾平凹是小事。"还未等王海回答，他又说："我们策划

了一个盗墓题材。乾陵被盗，在市场上发现《兰亭序》真迹。这是一个世界畅销书的题材。"

王海说："每个地区都有盗墓者，但咸阳人保护陵墓、保护国家文物的故事比咸阳的陵冢还要多。因为我是咸阳人，因为我对这块土地爱得深沉。我不会写咸阳五陵原盗墓的故事。这么多年来，我一直写咸阳，写咸阳五陵原，写咸阳人的丑与美、善与恶，写咸阳的人文故事。因为写他们，我很骄傲，因为写他们，我心里很充实。"

瓜棚主人听说后，对晓瑜荣儿说："王海的文人风骨令多少人赞叹啊！事实上，他坚持自我，才有了与众不同的王海，而他写的《新姨》，就是我们咸阳的故事，把咸阳的故事带给千千万万的读者，这是多么幸福的一件事。"

在争议声中，更多的肯定纷至沓来。

2017年8月《新姨》出版后，陕西广播电台第一时间推出同期连播。10月，为满足市场需求，《新姨》第一版二次印刷新版上市。如果王海真应了少部分读者和商人需求去创作应景的作品，他只能是别人包装下的写手，而不是忧国忧民，具有大情怀、大格局，对人性充满探究的作家了。

2017年12月24日，由中国出版集团作家出版社、《中国作家》主办，陕西省作协《小说评论》承办的王海长篇小说《新姨》作品研讨会在咸阳召开。

北京来的有中国作协副主席、书记处书记李敬泽，《中国作家》杂志社社长王山，作家出版社总编黄宾堂，《脊梁》杂志社总编、原《中国作家》副总编肖立军等。

陕西有中国作协副主席、陕西省作协主席贾平凹，陕西省作协副主席、《小说评论》主编李国平，中国小说学会副会长李星。还有专家学者段建军、李震、仵埂、冯希哲、刘炜评、邢小利、王军君、杨生博、

韩霁红、张书省、姚逸仙等参加王海的作品研讨会。

雷达发来贺信：

> 王海是一位创作力旺盛，富有才华，底蕴深厚的实力派作家，他的前几部长篇我都读过且写过文章，《老坟》的苍凉，《天堂》的反思之深，《城市门》的新视野，至今记忆犹新。但《新姨》仍然给我带来惊喜。它的文化背景的纵深感类似"老坟"，它对五陵原特有的人文环境和风土人情有逼真描绘，想不到王海这么一个粗拉拉的汉子，却极善于揣摩新媳妇和老婆婆内心千回百转的冲突，活脱脱写出了一个杰出的民间剪纸艺术家，如何从古塬上诞生。极端的封闭环境中有内在的轰轰烈烈。祝贺王海新作《新姨》问世，祝研讨会成功，同时大家可借此深入研讨乡土文学的空间与前景。

2017 年 12 月 19 日晚，陕西省委常委、宣传部部长庄长兴给王海打来电话。

他首先询问了小说《新姨》研讨会筹备情况和中国作协副主席、书记处书记李敬泽参加研讨会的情况。

王海告诉部长一切都准备好了，没什么困难。

庄部长要求转达他对中国作协副主席、书记处书记李敬泽的问候；转达对参会专家、学者及作家的问候，祝长篇小说《新姨》研讨会圆满成功。

评论界开始又一轮对《新姨》的强烈关注，无疑，对作家王海的执着和坚持，给予强有力的声援！王蒙、李敬泽、贾平凹主席的评价让众人震惊。

中国民间文化的密码

王　蒙: 我对王海特别欣赏,欣赏他作品的生活气息、文字描述。王海是一个人才,他的小说题材广泛,很有味道。

他的新作《新姨》,是他新的大收获,对陕西作协来说也是一个大收获。遗憾之处:一是关于霍去病墓的背景描写不详细。霍去病墓、咸阳原,咸阳人都知道,可是外地人不知道呀,应该介绍得再具体些。二是前半部分没有重大的历史节点,写得从容,可是后半部分"文化大革命"、自然灾害等节点多,大家都知道的,却写得过快,有些匆忙。

李敬泽:《新姨》是王海创作的一个突破,是陕西文坛的一件大事,是中国文学应当重视的。王海创作进入了一个新的境界,严密而从容,在创作中突出了艺术风貌。主人公在历经苦难后走出困境,艺术就是从她身上开出的一朵花,就像一棵枯树开花,活生生地立在人面前。带着她的历史性,充分饱满地出现在生活中,有着独特的味道。中国的传统文化,不仅仅是四书五经,它就在我们民间,是宝贵的东西,《新姨》就有这样宝贵的精神。创作这个小说,是有一定难度的,王海的创作有着丰富的情感,这个小说考量了长篇的方向和力度。

贾平凹: 王海创作精力很旺盛,带动了周围一大批年轻作家的创作,咸阳年轻作家的成长,很多人背后都有王海的影子,他的人格和作品影响着一大批人,在当前陕西创作如何跃

上一个新台阶，确实需要像王海这样的人来带动。

王海的创作在陕西文学上是值得关注的。我看过王海的所有作品，作品的生活气息、文字描写我很欣赏，从王海的语言里受到很多启示。他的作品，大都充满着民族忧患意识和批判锋芒。

王海是个人才，他的写法很不一般，他的作品不管写什么样的题材，那种叙述的语言，很自然，人物、环境、人物的命运都很有味道。他写作的那种放松、沉着、从容，我非常欣赏，非常惊讶，受到很多启示。

《新姨》是小说的大收获，陕西文坛的一个大收获。

李　星：王海找到了中国民间文化的密码。在《新姨》这部新作中，王海的写作自然、润物细无声。在日常生活中，人情物理的平淡中，人和人关系的微妙之处，达到一种人性和艺术的境界的高蹈。我看到旺财回家那一段落泪了。这是厚重的文化，民俗文化的自然呈现，写出了人物的灵魂境界。看完这部作品，当时我很兴奋，兴奋地看到王海不再是我熟悉的王海了。他整个是在日常生活、家庭和村庄环境中，在个人命运和生存状态中写出了一个天才而伟大的民间艺术家的诞生。

温奉桥：在小说《新姨》叙述的后半部分，其叙事则有流于形式之嫌，且人物刻画的形象感与前半部分相比明显存在着不足，对民间传统文化展示的真实性也有一些可疑之处（如可云棺材救人），而这些事实上构成了这部小说的某些瑕疵。

陕西作家大都具有一种似乎与生俱来的为文学献身的殉道情怀。这种文学殉道情怀，使他们的创作呈现出独特的精神特质和审美品格。王海是一个有独特文化情怀和人文立场的作家，这在其创作中表现为两个价值维度：一是深沉的文化反思

意识，一是冷峻的现实主义批判精神。王海的小说没有狂放瑰奇的想象，也没有令人眼花缭乱的叙事技巧，甚至也缺乏某种激情性表达，他就是自自然然书写一如他生活的那块黄土地。

黄宾堂： 读完小说，我有一种奇异的感觉，好像置身于那个叫作黄家村的地方。第一个感受，王海作品的代入感特别强。这部作品真实、生动、鲜活，人物细节历历在目，村外的老槐树呀、村道呀、晒场呀令人印象深刻，人物对话非常饱满。我是南方人，对此却毫无陌生感，就像其中的一个村民，和他们一起呼吸。屋里真是一个大世界，不熟悉就不能写。我觉得敢于挑开门帘写屋里的，必然是生活积累非常丰富的高手，王海就是这样的高手。他写一日三餐灯明灯灭，都非常生动鲜活！

第二个感受，王海小说构思匠心独运。旺财是整个小说构思中非常重要的"眼"，是他构建起了人性坐标、伦理坐标、价值坐标。新姨一生的命运及其和他人的关系全部是因为旺财才展开的。旺财失踪了，不是死去了。失踪是巨大的存在，有无限的可能性，也许随时会回来，也许永远不会。他的失踪，把所有的臆想都叠加起来。可云，作为媳妇就得背负这一切——等待丈夫、孝敬公婆等。旺财妈则因此引起各种猜疑，怀疑儿子出走的原因并把所有的怨恨全发泄在可云身上，可云的命运可想而知。

第三个感受，可云是民间的艺术家，这条线虽然着墨不多，但对小说境界的提升、作品纵深的发展起着重要作用。可云无意中剪出"回门"，其实那是她几十年的期待、辛酸、内心苦痛的自然凝结呈现。小说中几幅剪纸作品就点染起可云一生的悲惨命运，又被巧妙地植入小说的关键节点上，出神入化。

最后谈点不足。前面的叙述犹如月光倾泻般自然饱满，最后部分有些气喘吁吁。另外，可云前后判若两人，缺少内在的依据和逻辑性的转变。不过，王海语言叙述的能力，我还是非常赞叹和欣赏！依然期待他的新作，还是由我们出版社出版。

肖立军：《新姨》是陕西作家王海的又一部代表作。作者把大半辈子的心血都倾注在作品之中，故事很简单，就是一个草根的民间剪纸艺术家、两代乡村接生婆的故事，但是故事的叙述很有味道。作者使用了非常纯正的白描手法，特别自如地刻画出一群生动的人物，令我非常佩服。这部小说，不是靠情节的大起大落、曲折跌宕来吸引读者，而是用纯文学的技法来写，人物很鲜活很耐读。从中华民国末期到改革开放，高级社、土地承包、"文化大革命"等半个世纪以来的大的历史事件几乎都写到了。作者没有清晰地直接描述，而是使用了画技中的"横云断山法"，结合人物的命运用隐性的手法真切地表现这一切，很高雅地描述着，特别是对可云的剪纸作品的解读，其实就是作者自己对美学的解读，用纯文学的技法真是难能可贵。总的来说，这是一部非常成熟的作品。

王　山：我很喜欢《新姨》这个书名，它很有意味很有味道。新姨，就是新人、新娘子、马上的新姨。然而，她只有"新姨"之名而无"新姨"之实。她的命运、她的遭遇具有普遍性，于是就有了象征意义。王海的作品在自觉与不自觉中暴露了国民的劣根性，充满了批判的锋芒。这部作品所呈现的人与人之间的关系，是一种病态的、扭曲的关系。可云与公公婆婆、王十万与小老婆柳儿、马上与邻居等，都是非良性的互动。人和人之间充满了种种防范、猜疑、争斗、误解，无法建立正常的、健康的关系。命运弄人、造化弄人，个体在巨大的

变化面前显得无可奈何、委曲求全、表里不一。旺财妈打断媳妇的手腕，但是看到孙子生下来像儿子马上露出笑脸……这些都表现出人性的丑陋、自私、狭隘。这种人性的扭曲不仅仅存在于咸阳五陵原，而是在中国大地都具有代表性。传统文化是什么？哪些该继承发扬？哪些该摒弃改造？作家要通过作品来展示！这部作品读完令人有一种沉重感，王海正是对人性不好的、丑陋的、不人道的地方有更多的思索，他思想上批判的锋芒更强一些。

冯希哲：我一口气读完《新姨》，与《城市门》作比较，感觉在写法、人物形象上都有了新的尝试。不管是小说前半部分的从容平和，还是后半部分的荒诞、黑色幽默。作者把民间文化、传统文化、政治文化三者相融合，用从容的笔墨、平和的态度讲述了一个近半个世纪以来，在不自觉中从五陵原上成长起来的民间艺术家的故事，展现出一个女人不幸的后半生，为陕西文学画廊增添了一个叫可云的妇女形象，这是值得肯定的。作者具有作家的良知和使命感。不管是《新姨》还是《城市门》，写到社会的变迁时，都具有强烈的批判意识。从《城市门》到《新姨》，作者由社会变迁中的个体内在冲突转向意识形态的人性的具体化，他虽然没有刻意塑造，但出现了许多能够让人牢记的民间人物形象。其中旺财妈是最富有艺术价值的人物形象，她代表了传统的陕西关中地区最贴近生活、最接地气的农村老太太。她把治理媳妇的所有手段都用上了。这部小说阅读感很强，但也存在一些问题，如计划生育的时间问题，霍氏家族的寻踪问题，天使与故事的发展有些脱节，不像《白鹿原》中的白鹿与白鹿原那么贴切自然、贯穿始终。

李　震：我的三点感受和建议。读完小说，第一个感受

就是五陵原作为王海的个人意象正在形成。就像商州与贾平凹，湘西与沈从文、高密东北乡与莫言。一个成熟的作家都会形成自己的意象，那么说到五陵原就会想到王海。

二是王海把三种文化、三种生活样式合成了陕西意象——五陵原。以汉陵为代表的霍先生植入的传统文化、以关中咸阳剪纸为元素的民间文化与作家主体意识的现代文化三种文化相互融合。特别是现代人才有的现代文化，表现在作家理性的批判精神和悲悯情怀。小说中没有坏人，即使毛病很多的王十万的小老婆、集中了农村妇女劣根性的旺财妈，作者都带着大爱去写。秀娘更是作者悲悯情怀的化身。

三种文化样式，一个是五陵原上人们日常生活的原生态，一个是中华民国末年到20世纪80年代的中国政治生活，一个是五陵原上人们以剪纸艺术为代表的精神生活。以上三种文化和三种生活样式相互拉动，合成了丰富性、立体性的五陵原意象。

三是作者的叙述支点和具体意象很独特，但是也有改进之处。塑造了一个剪纸艺术家的形象，这是超越生活之上的，是生活的存在更是象征。王海对艺术的理解很到位，艺术是生活的显现，他是把三种文化、三种生活样式聚合起来了。"天石"的意象，前面铺垫得很好，后边缺乏出神入化的描写，应该让它活起来，让它和人物的命运勾连起来。"霍先生"是传统文化的象征，他永远60岁，很有神秘感和象征意味，但是他是外乡人，似乎和五陵原联系不大。

刘炜评：《新姨》反映的还是王海的文学创作根据地咸阳五陵原，这个生活气场、文学气场在他的笔下延展、拓宽、提升。我欣喜地看到这部小说更注意了生活流的叙述。首先值得肯定的是，所写的主要人物可云、马上、旺财妈、王十万、秀

娘、柳儿等都立起来了。第二是整个的叙述语言更加从容舒展了，更加显示出创作者的定力。这是他文学生涯中的一个新收获。不过，在两个向度上还要做得更细，一个是再往生活的深处挖掘，一个是构建自己的文学理想世界。我和王海相识快30年了，他的五部小说我都仔细看过。他已经初步形成自己的文学格局，但我还是对他的长篇创作有新的期待和更高的期许。我想等他再提升一个高度，我会为他写一篇观察报道，专门介绍王海的文学道路、文学品格。

邢小利：在陕西作家中，咸阳的作家很突出，都在不断寻找自己的文学领地。程海是一个高度，王海更是一个高度。王海比较自觉，找到了自己的文学世界、艺术世界，不断建构着五陵原的领地。陕西作家大都受到柳青的影响，写农村题材，写大事件中的人物。路遥主要写乡村青年，以高加林为代表的对人生的思考、对命运的改变。陈忠实则主要写男人的世界，《白鹿原》里的白嘉轩和白孝文、鹿子霖与鹿兆海、鹿三和黑娃等父子两代人。贾平凹主要受孙犁、沈从文等的影响，笔下的人物相对来说更多，女性更加丰富多彩。王海呢，他的几部长篇塑造了很多人物，新姨可云是一个全新的人物。他也在不断寻求写法的突破，改变了以前的情节化走上日常生活化，以人物的命运走向为主体。这也是陕西作家这些年来的突破，不再以历史大事件为主，而是关注人物命运，展示人物的内心世界、精神世界。不过，新姨这个人物还是不太饱满。她为什么能坚守30多年，她的信念支柱是什么？应该对她的家庭出身、文化背景多做交代。

仵　埂：我仔细、认真读了一遍，用了整整一个礼拜时间。我觉得作品中的主要人物可云，在当下这个时代应该是具

有特殊的意义。和丈夫只有新婚那一夜，她却守了 30 多年。她一直等待失踪的丈夫，孝敬公婆、抚养孩子……再看当今社会，男女性爱出轨几乎达到了泛滥的程度，失去了底线。与这个大时代的背景相比较，可云正好背向而行，她告诉我们，人还是要坚守一些东西、一种情怀、一份感情。于是，她的光彩就绽放出来了。所以从这个意义上讲，她的形象就有了新的价值。可云默默地剪纸、接生、给村民看病叫魂，发展到最后被人们称作神婆，具有了神性。这又与历史上的造神论不谋而合，遥遥呼应，这是民间的造神啊，具有了历史意义。王海能在小说中隐隐地谈到造神的问题，从这一点上说明他是有想法、有历史观的。总之，这部作品的艺术性强，人物形象鲜明，是一部成功的现实主义小说。

韩霁虹：作为一个出版社的资深编辑，我想给王海和大家谈一些自己的认识。我每年要审的稿子来自全国各地，可是绝大部分可能看几页就翻过去看不下去了。王海的这部小说我认真看了，不仅是为了友情，更重要的是作品的代入感很强，吸引你能够读下去，的确写得好。至于怎么好，刚才大家谈了很多，我基本赞成，不再多说。作为他的责编（《城市门》也是我编辑的），我认为《新姨》是王海迄今为止最好的一部小说，达到了一个新的艺术高度。我也跟很多拿了稿子来我这里的作者说，作品完成了不要急着出版，不要一年一年地只出数量，这是没有意义的。很多作者可能也在文坛上获得一些荣誉，可是他的作品也许只在很短的时间内有人记着，不久就忘了。王海的《新姨》，让我对他未来的创作充满新的高度的期待，这在今年的陕西作品中也是可圈可点值得评价的。小说中使用方言，会给图书审查、审稿等带来麻烦，所以方言语言尽

量不要用，人物对白必须用的时候也要尽量通俗规避偏僻。比如小说《青木川》，我是责编，作者无法驾驭方言，主要就用了叙述语言，一点也没有影响小说的优秀。

这天，瓜棚主人下班途中，遇见路过体育场十字的晓瑜荣儿。两人恰巧没事，在王海上班的文苑大厦楼下打通他的电话，提出上去坐坐。

"瓜棚，我正要和你有事说！"看情况，王海刚处理完一天的事务，闲下来了。

瓜棚主人刚为儿子办完婚事，累了一场病出院不久，好长时间没和王海兄长叙谈了，就给晓瑜荣儿使了个眼色，两人结伴乘坐电梯上到咸阳文苑大厦 10 层的王海工作室。只见门上贴着一张 A4 纸，上写："未经预约，请不要来访。"

晓瑜荣儿道："王老师是大忙人，这是闭门谢客，咱进去不方便，还是回吧？"

"没事没事，这是给唐突拜访的生人写的，熟人不在其中，他重人情超过写作，我经常不打招呼过来敲门，他不会生气的。再说，我刚才打过电话了。"瓜棚主人一边"咚咚咚"地敲门，一边喊"王哥，开门"。

晓瑜荣儿吐了下舌头瞥了他一眼，门打开，王海笑着说："快进快进。今晚我请你们到楼下'小可香'吃饭。"

还没落座，就看到墙上两行警示语："请您谈话不要超过十分钟。""请您不要吸烟。"

瓜棚主人是这里的常客，晓瑜荣儿则是第一次，一切显得陌生而新鲜。这是她第一次走进省作协副主席王海的办公室，坐进靠南墙的实木沙发里，不敢吭声。瓜棚主人高声说话，大口抽烟，从不管这些警示。

主人沙发对面是一张写字桌，上面铺满稿纸，显然这是王海写作的地方。再往里走，正对门是一张豪华的大办公桌，上面整整齐齐堆放着

《人民文学》《小说选刊》《延河》《秦都》等文学杂志以及咸阳作家的作品。再往里走，一张桌上铺着毛毡，毛笔、砚台、墨汁、宣纸一应俱全。王海本来不写书法，因为这些年名气大了，要字的人越来越多，只好一有空就练字，免得人说他的字不好看。

"咸阳电视台刚给我做了一期专访节目！"

王海打开电脑，调出咸阳电视台。晓瑜荣儿赶紧收回自己的目光，和瓜棚主人一起把目光集中在屏幕上。

咸阳电视台著名主持人夏青松对王海进行了采访，在电视里相互问答。

王　海：2012 年初，《新姨》的构思已经完成，当我着手操刀创作时，长影把我的小说《城市门》改编为同名电影。电影在咸阳拍摄结束后我紧锣密鼓地进入《新姨》的创作状态。

夏青松：《新姨》的文化背景为什么在茂陵？

王　海：茂陵是咸阳五陵原上汉武帝刘彻的陵墓，是西汉规模最大的帝王陵。陵周围不仅有李夫人、卫青、霍去病、霍光、金日磾等人的陪葬墓，而且有闻名于世的茂陵石刻艺术，尽管可云不承认她剪纸艺术的成就受到茂陵石刻的启示，但茂陵石刻艺术魅力的光辉或许就在她不知不觉的时候照耀了她。茂陵石刻的艺术无处不在地影响着人们观察事物的视觉和欣赏万物的品味。茂陵石刻的精神已渗透在五陵原大地的各个角落，无所不能地影响着人们的生活，历练着秦人的性格和品质。

夏青松：《新姨》完稿，不久前你又当选陕西省作协副主席，可谓双喜临门。你有何想法？

王　海：《新姨》完稿这是必然的，当选省作协副主席是偶然的。咸阳是陕西的文学重镇，但因各种原因，省作协成立

以来，咸阳还没有作家担任省作协副主席职务。咸阳作家当选省作协副主席，这对贯彻落实省作协指示精神，对取得省作协对咸阳文学工作的指导，业务联系等，起到了非常积极的桥梁纽带作用。

……

各名家点评《新姨》，电话追踪采访、购书、签名，让作家王海一时成为又一个广受关注的焦点人物。

各路名家以鲜有的激情点评、媒体以罕见的篇幅热议、文坛以急切的期盼关注，这种对文学的热爱，是多年来少见的文学现象。

一向严肃谨慎的高校期刊也放下身价，向作家王海伸来橄榄枝。

中国海洋大学文学与新闻传播学院温奉桥、山东大学文学与新闻传播学院刘志峰，在国家社科基金项目"中国新时期小说隐喻叙事研究"（15BZW035）、国家社科基金项目"威廉·福克纳对中国新时期小说的影响研究"（13BWW007）之阶段性成果中，以《伦理叙事与历史重构》为题，论王海长篇小说《新姨》。

请允许笔者援引几段以飨读者吧。

王海更多沿袭了中国传统小说的叙事模式，小说以悬念为开端，在回忆式倒叙与线性顺叙中，旺财"出走"一事逐渐清晰，但叙述者却始终没有透露旺财的具体行踪，而是将这一悬念留到了最后。于是，旺财的"出走"，成为这一伦理叙事的引线，同时也是小说主要叙述动力之一。旺财的出走使新婚不久的可云以"新姨"之名开始了漫长而艰辛的等待，而对门的马上，在同情之中对其渐生情愫，由此，可云和马上、可云与旺财之间开始了一场场伦理的角力，前者为实，后者为虚，在虚实相生的伦理挣扎中，人性的复杂与文化的反思逐渐浮出

水面。

在小说叙事中，可云与马上之间的伦理纠葛所面临的最直接、最顽韧的心理阻力便是可云日渐清醒地对生活转变之关键的心理认同感，生宝儿、遭要挟、受私粮、重相逢，每一次生活的转变都使得这种伦理叙述趋于复杂，这种复杂源于古代女性思想意识与现代人性合理需求之间的叙事张力，集中体现为可云对传统爱情婚姻伦理的淡视、维护、动摇与悔悟，这种伦理的挣扎感，更因可云的女性伦理身份而变得极具可读性和情感张力，在阅读层面上，给读者以视野的可触感和情感的冲击与升华。

此外，对传统家庭伦理的反思，是《新姨》伦理叙事的另一重要维度。对家庭伦理的思考，在王海之前的创作中已有所表现，如《人犯》中俊强对慧的残酷施虐，便凸显了人性之恶与变态心理在家庭伦理中的渗透，但这种叙事有极端化的倾向。《新姨》对家庭伦理的叙事，明显趋向于生活化和民间化，但正是这种常态化的家庭伦理叙事，方才显示出作者洞察之深。

王海以"剪纸"作为小说的叙述节点，既符合生活逻辑的流动，又使得这种历史叙事节奏灵动、脉络清晰。同时，叙述者并没有将叙述的重心落在对剪纸艺术的精细描述上，而是着眼于"剪纸"背后的隐喻意义。而隐喻与暗示效果的取得，又与可云一次次的剪纸所产生的"重复"叙事密切相关，这种重复性叙述类似于"主题重复"，即"性质类似的事件在小说中重复发生"。这种重复造成了"意义增值"，或者说产生了更深层次的意义结构。

就小说的整体叙事而言，可云的"剪纸"，经历了个人话

语—政治话语的语义循环，在这种重复与循环中，小说完成了以个人之历史对国族之历史的重构性叙事。在这种历史叙事下，作为剪纸艺人的可云的经历，无疑寄寓着我们民族所经历的苦难、坚守、追寻、狂热与反思，而以往政治话语占据绝对主导地位的那段民族历史，在《新姨》的历史叙事中也有了另外一番面貌，强势的政治话语逐渐褪色，生活化、个人化、神秘化的民间话语，开始占据着叙事的中心，成为吸引读者的叙事关键。

但必须指出的是，作者对民间文化的细致关注也有某些叙事上的缺陷。当叙述者对文化的热诚，转移到对陵文化的叙述时，有时会不自觉地脱离叙事主流，客观上造成了文本结构的散漫之感，尤其是当这种叙述以严肃、板滞的面目向读者展示，并以独白的形式逐渐暴露叙述者的干预姿态时，更是无形中导致了小说叙事趣味性和愉悦性的某种丧失。而在小说叙述的后半部分，尤其是在政治话语介入到原有的叙述场域时，其叙事则有流于形式之嫌，且人物刻画的形象感与前半部分相比明显存在着不足，对民间传统文化展示的真实性，也有一些人为和可疑之处（如可云棺材救人事迹），而这些事实上构成了这部小说的某些瑕疵。

李萌羽、温奉桥又一次撰文，标题是《一个文学的朝圣者》：

一个有出息、有追求的作家，总是不满足于对生活现象的描绘，而是努力抵达对人的内在规定性即人性的关注和表现，对人性的冷静审视和拷问，同样构成了王海小说主题的一个重要维度，这其实是王海超越很多同类小说家的根本所在。王海追求自然朴素、简洁明快的叙述风格，故事结构也基本是

直线型单线条的，叙事节奏细致绵密，从容舒缓，如流水潺潺，如微风徐徐，表现在文本形态上，人物对话多于叙述和描写，特别是静态描写，更是少之又少，惜字如金，但都极为精彩、传神。

如果说从《老坟》到《城市门》是王海小说的第一次转型的话，那么，从《城市门》到《新姨》则标志着王海的创作走向了另一次自觉。《新姨》在王海的小说创作中具有标志性意义，是王海创作的一次蜕变。

王海在《新姨》中，写法有了新的变化，呈现出不同于以往小说的路数，那就是小说要贴着人物写，人才是文学的中心，所有的故事都应该是人的故事。在这部小说中，王海把社会、时代内容与人物的命运自觉结合起来，通过主人公可云一幅幅剪纸的变换来表现从解放战争到土改、"大跃进""文化大革命"、改革开放等时代的变迁，这其实不单纯是文学技法层面的改变，更重要的是体现了作者小说观念的一次飞跃，是对小说的新认知。这次转型对王海来说无疑具有更重要的意义，标志着王海的创作走向了一次更高的自觉。

第十七章　他渴死在奔日的路上

他想创作一部不同风格的长篇，想在特殊的领域挖掘秦人的智慧与精神……

《金花》传奇

《金花》原名《关中茶道》。2015 年王海就开始构思《金花》这部长篇小说。

2016 年 4 月，王海在泾阳县和湖南安化县采访。

2016 年 10 月至 2018 年 12 月，完成长篇小说《金花》草稿。

2019 年 2 月第一稿修改。

2019 年 5 月第二稿修改。

2019 年 8 月第三稿修改。

2019 年 11 月第四稿修改。

这部小说不同于王海以往的作品，人物涉足商界，先后命名《关中茯茶》《茯茶往事》《关中神话》《泾阳茯茶》，最后定名《金花》，2020年 1 月，由陕西新华出版传媒集团太白文艺出版社出版。

这是一部反映"陕西泾阳茯茶"起源和发展的长篇小说。

这部作品，不仅描写"泾阳茯茶"在丝绸之路上的发展壮大，

霸业辉煌，更彰显了秦人艰苦创业，自强、诚信的秦人精神。

德福的祖父王守业几十年行走西域，怀揣着秦人的胆识和诚信，使"泾阳茯茶"的发展达到了鼎盛时期。为了开创茶道新销路，他远走俄国、波斯等十几个国家，他以秦人的顽强和诚信开创了"泾阳茯茶"的辉煌时代，"泾阳茯茶"被誉为中国古丝绸之路上的"神秘之茶""生命之茶"。

然而，在德福13岁那年，父亲王崇文在黑风口遭遇土匪抢劫，土匪抢了茶，劫持了他和小姨。小姨是西域人，名叫金花，父亲在西域道上遇难，她救了父亲，以后她就成了他的小姨。

爷爷王守业带金条去赎人，未见父亲，见到了小姨。爷爷知道土匪无意放走小姨，后知父亲王崇文已命丧黑风口。他带着小姨走出匪窝时，被土匪暗枪打死，他留下了走罗马的"茯茶图"，小姨带着"茯茶图"逃到泾阳。

小姨回到泾阳，掌管了王家茯茶产业，她化装男儿单身去湖南安化，再次打通茶源通道，只加工生产茯茶，不走茶道贩运，在家供德福上学。德福学业未成，就要走父亲的茶道。18岁的德福亲带镖师走上远古的茶路，夜闯黑风口，走甘、宁，奔青海……多少次化险为夷，虎口逃生。

他带出去的是茯茶，带回来的是毛皮、药材、香料、珠宝……为了解决茶叶西去运输问题，增加运量，德福设法改进茶叶包装，压缩茶叶体积，开始铸制砖茶。包装的改进，使"泾阳茯茶"有了新的发展。多年之后，德福怀揣走罗马的"茯茶图"，将王家茶号遍布西域城镇。但德福的理想是实现爷爷的愿望，要把"泾阳茯茶"远销罗马，小姨知道德福的想法后昼夜不宁。

在兵荒马乱的年月，小姨天天担惊受怕，她劝德福安稳

地待在她身边，放弃远走茶道、走罗马的狂妄想法，她更怕王崇文的祸端再次降临在德福头上，在一场虚惊中小姨心竭力尽。

德福厚葬小姨，重返茶路。30多年艰难创业，德福遭遇北伐战争、抗日战争，却始终没有停止他行走罗马的脚步，他和茶道上的同行，使泾阳这个微不足道的小县城发展成为历史上重要的茶产业基地。

在西安上学的孙女罗斯回家就往安吴堡跑，共产党在安吴堡创办的培训学校早已撤了，但青年人还是爱往那里跑，这让德福很不放心。在孙女罗斯的动员下，他多次给她的学校捐款，孙子罗马说他的捐款都捐到陕北去了。他不知道罗马的话是真是假。

60岁的德福走不动了，从马背上摔下来卧床不起，再也不能跑茶道了。他远行罗马的愿望破灭了，他希望孙子罗马接管王家茶业实现他的理想，罗马在西安去了南方军校，他托人去安吴堡找孙女罗斯，罗斯去了陕北。

解放的炮声打响了……

梦中，德福远赴罗马，实现了他的伟大理想。

这是一部20多万字厚重的重大题材作品，王海历经3年创作完成。在《金花》研讨会上，他真诚地说道：

我坚持文学创作，几十年一路走来，曾经困惑过，迷惘过，也曾狂妄自大过。在文学的道路上，经过长途旅行的今天，才知文学创作的艰难，越写越难写，越写越不会写。每部作品着笔时，总认为是当下最好的题材，信心百倍，但落笔后，遗憾和自责随之而来，就又铆足了劲儿去捕捉下一部题

材。我感觉自己像是一个被抽打旋转的"陀螺"，有时感觉确实很累，想停下来，但着魔的灵魂停不下来。

2003 年我调到咸阳市文化局艺术研究室工作，后又当了文联和作协领导，更是魔力附身，不仅要自己坚持创作，还想帮助文友共同进步。但凡有文学活动，场场必到，利用自己的平台把咸阳十几位作家推向市场，改变了咸阳部分作家自费出书的局面。对于一些困难作家，我不但自己赞助，而且向政府给他们申请扶持资金，为他们设法安置工作，解决他们创作的后顾之忧。截至 2020 年，已有数名作家因文学改变命运，有了自己理想的工作。

记得与政府某个干部因为文学结缘成为朋友，他患重病住院要动手术，需要几万，找到我的办公室。他的一句话令我很感动，他说："你是作家，我才来找你，作家都很善良……"他说："如果我走了你嫂子还，你嫂子还不了，我娃还。"我说："救命要紧，我准备钱，你赶快回医院。"

去年，文学馆一年的文化活动达 100 多场次。有人说："人家也当文学艺术界领导呢，从不会像你这么忙。"有人曾问我："你这样热心组织活动，你的创作时间在哪里？"我说："下午下班之后，如果没有意外事情，晚上七点到十二点是我最安静的读书创作时间。"

有人为我惋惜，有人说我疯了！但是每当我看到作家有新书出版，我就很高兴，就有一种幸福感，也因此做了很多傻事。

因为爽快，因为对文学的过度热情，因为自己的管理技艺有限，像弹钢琴一样，五根指头运用得不好，把很多作家没有照顾到，冷落了很多人。也因为对个别作家过度关注，恨铁不成钢，鼓励批评时不讲究方法，把一些人得罪了，至今他们

还在埋怨我。

有人说，不作为是最好的领导。我说，我做不到呀。

因为对文学的过度热情，很多事常被人误解。有人问："王海搞这么多文化活动，钱从哪儿来？"有人说："他的小说改编成话剧、影视剧、戏剧卖了很多钱，该给文学做些贡献了！"

我常常在想："我为了什么？"

我为什么要这样做？

文化和思想的积淀需要漫长的过程，需要精神和肉体的磨炼，更需要精神的蜕变。一个作家的修养不是你做几件好事就能修成正果，善良是一个作家的本性，更需要自我的反省，灵魂的洗涤，才有关注苍生、关注人类命运共同体的大思维。

好在几十年来，我的文学创作始终没有离开我的咸阳，以我的笨拙之笔，在家乡讲述着人类生存的故事，也因为如此，获得政府诸多荣誉。

几十年来，因为文学，我放弃很多，唯独没有放弃的是我对文学的执着。文学使我认识了很多人，他们都成了我的朋友，这些朋友形成一个圈子，就是文学圈子，这个圈子没有邪恶和仇恨，奸诈和欺骗，这个圈子只有善良和友谊。爱的力量像阳光一样滋润着这个圈子的每一个人，他们的善良常常感动着我，使我自责。

王海在一次采访中对记者说：

我以前的创作，大都是以小事件引出大事件，《金花》这部小说以大事件开头，直接把要出场的人物拉入事件之中。一开篇就是毁城，泾阳城被一把火烧了。

　　这种手法引人入胜，但不好把控。本书每个主要人物和大事件的结局都具有象征性，让你扼腕叹息，让你捶胸顿足。象征性使这部书有了内涵和思想,诗意的哲理给读者留下无限的想象和思考的空间。

　　那个甜水井，多么兴旺、多么奇特，千年的甜水井呀!最后也干枯了，难道不让我们深思吗?

　　在生活中可以看到这些人物的诸多现象和表现，但你却找不到这个人，因为他是虚构的。王老虎就是一个关中土匪的代表人物，这个人物具有两面性，他原是一个土匪，因为金花改变了他的人生轨迹，最终死在他所爱之人的怀里，评论家说他是悲壮之死。

　　金花是茯茶生出的一朵花，又是小说中重要的人物，没有她就没有德福，没有她，就没有王家大院和德盛茶坊。没有她，就没有茯茶的未来。她是心竭而亡。

　　德福一生的奋斗只是为了一个愿望，或者是一个梦想，为了实现这个梦想，他心力衰竭，渴死在了奔波的路上。书中的人物和他们的故事都是虚构的，却又是真实的。

　　相信《金花》会让读者从中感受到秦人的本质和内涵，在这部作品里能更加清晰地感受秦人的诚信和秦人的精神。

　　2020 年 7 月 17 日，由陕西省作家协会、西咸新区党工委宣传部、太白文艺出版社主办，《金花》研讨会在泾河新城"茯茶小镇"体验馆举行。太白文艺出版社总编辑韩霁虹主持了此次研讨会，专家学者雷涛、李星、白描、段建军、仵埂、李震、刘炜评、邢小利、冯西哲、杨乐生、陈长吟等先后发言。在会上，专家们对《金花》给予高度评价，并提出了修改建议。

2020年9月1日，《金花》在陕西新闻广播晚间9点的《空中书苑》开播，以有声演绎形式把《金花》推送给千千万万的听众，让文学的艺术呈现，满足当今人们对文学体验的各种要求。王海在一次又一次的电波声中，收获了无数的读者和粉丝。

王海在电视台与记者的对话，既还原了一段历史，又让读者更加了解《金花》的创作过程，让无数的青年、大学生对王海这样的作家充满了憧憬与爱戴。

《金花》出版后，满天飞舞着《金花》的花絮，他的作品不仅得到业界认可，作品对茯茶文化的推广也已经超过了茯茶本身所承载的期待。

王海说："我以文学的形式推介茯茶，用20多万字讲述一个关于茯茶的故事，想给家乡留住一个美好回忆，给茯茶经营者一个惊喜。《金花》会影响更多的人去品饮茯茶，让更多的人传承秦人的精神，品味茯茶的品质。这就是文学的力量。"

要说设想，茯茶已有一本书，再有一部有影响的关于茯茶的电影或电视剧，泾阳茯茶一定会更火了。

王海的小说《老坟》《人犯》《天堂》《城市门》《新姨》《金花》等作品中，都体现出一种悲悯情怀，赋予了作家更多的使命和担当。

王海在回答记者提问时说："文学本身就具有这种情怀。文学应是黑夜中的一盏明灯，悲悯情怀是文学应具备的一种元素，有悲悯情怀的人，大都善良。文学需要为时代献唱，但不是献媚；文学需要为社会鼓呼，但不是鼓吹。文学的精神个性，在于敢做一把社会的手术刀，针砭时弊，抑恶扬善，激浊扬清，为天地立言，为百姓请命，为万世开太平。这是文学人的良知，也是文学的良心，更是文学的责任。心怀苍生，悲悯大地，这是文学应该具有的品德。总之，文学作品要重新唤起人们对那些美好东西的绵绵情意和牵挂，甚至狂热的爱恋。"

记者雷小河对王海进行了深度采访，标题是"名家访谈录：王海心系文学终不悔"。

　　近日，作家王海有两件事引起了我们的关注，一是他获得了政府奖励，二是他给咸阳市秦都区文联捐赠一万元人民币。他说把这些钱用于资助文艺创作，用于那些需要帮助的作家。秦都区文联主席刘典安说，这一万块钱远远超过一万元的意义。

　　咸阳和西咸新区文坛假如没有王海，或许也能照样运转，但肯定没有今天这么团结友爱、生动活泼。

2014 年，王海创建"咸阳秦汉文学馆"。十多年来，他组织作家进校园，以及围绕文学馆开展的相关文学活动 800 多场次。邀请王蒙、陈彦、贾平凹、刘亮程、老滕、次仁罗布、贾梦玮，阎纲、周明、白描、叶延滨、孟冰、叶梅、红孩儿、党益民、王久辛、马伯庸、施战军、宋嵩、李自国等，邀请中国作协创联部、创研部、社联部，《人民文学》《中国作家》《小说选刊》《长篇小说选刊》《文艺报》、作家出版社等 40 多位文化名家和主编走进文学馆讲课、座谈交流，引起省内文化艺术界的关注。

有人戏称咸阳秦汉文学馆是中国作协的驿站。贾平凹在文学馆和作家座谈时说："西安也没有这么个（好）地方呀！"

王海在长篇小说《金花》研讨会的答谢发言中，慷慨激昂，他讲到了作家的情怀，讲到他当市文联副主席十年无悔的文学情结。他说："人生不在于你活得多久，而在于活得精彩。"

他退休时去找市领导，希望把文联副主席一职辞掉。领导批评他说："市文联现在还没有主席，你辞了咋办？等文联换届再说。"关于文联换

届，市有关领导征求他意见，他说："我一定要退。现在我担任陕西省作家协会副主席、咸阳市文联副主席、西咸新区作家协会主席、咸阳市作家协会副主席，我怎么能占这么多位置？这一届就是五年，把一批能干的人就压下去了。

发言中，王海多次提到许多优秀作家的生存状况，他因不能帮助更多的作家走出困境而悔恨不已。偌大的研讨会会场，大家认真聆听，鸦雀无声。

王海说：文学人也有埋怨，也有矛盾，更有无言相对的泪水。有什么争论都可以坐下谈，即使争吵，别人也不会笑话，思想交锋是难以避免的。因为我们是文友、是作家，有着与众不同的修养和睿智。

你艰难，你见过旬邑的残疾作家李凯凯吗？他讲话行走都有困难，但他的诗歌飞扬，震惊中央人民广播电台，被誉为"关中才子"。

你困惑，你见过咸阳残疾作家连忠照吗？他11岁因患骨髓炎致残，他以文学引得美女来，迎娶一位云南的姑娘，建起了一个美好的家庭，被省政府授予"自强模范"奖章。

我们常常为自己的不幸和厄运而悲哀，你认识咸阳作家百合吗？她得了一种世界上少见的病，一段时间，她要用放大镜才能读书，她的生命完全用文学支撑着。

有的人没有工作，以微薄的稿费维持生计，写了几十万字作品，作品像雪花飘落在全国各地的报刊，但他却几次告诉我，"我想放弃，我要生计"，我安慰他："阳光一定会照耀你，上帝让你来到这个世上，就是让你举起文学的火炬，照亮人们前行的路程。"

王海说:"文学使人变得善良,如果善良得不到回报,如果文学不能成为黑夜里的一盏灯,那么,我们还要文学干什么!"

王蒙先生到咸阳参加王海小说《城市门》研讨会,晚上和市委主要领导及干部座谈时说道:"咸阳有两个宝贝,一个是地下的宝贝,一个是地上的宝贝,地上的宝贝就是王海。"

2020年小说《金花》获得第22届"北方优秀文艺图书奖"。

2022年9月,陕西省文化和旅游厅主办,陕西省图书馆、各市文化和旅游局承办的第十届陕西省阅读文化节开幕。此次阅读文化节推出"名家笔下的陕西文化旅游名篇佳作"征集活动,受到了社会各界的广泛关注,大家踊跃参与,积极荐书,这些作品有一个共同特点,都因描写本地地域文化而受到广大读者的阅读推荐。咸阳王海小说《金花》和白描的《天下第一渠》入选陕西省文化和旅游厅"名家笔下的陕西文化旅游名篇佳作",同时入选的作品还有路遥的《平凡的世界》、陈忠实的《白鹿原》、贾平凹的《商州初录》、陈彦的《装台》、高建群的《统万城》、叶广芩的《青木川》等作品。

秦人的诚信和精神

《金花》将秦商创业史、茯茶兴业史相融合,写出了秦商精神的绵延与接续。同时,茯茶文化作为陕西极具代表性的地域文化,衍生了丰富的文化内涵,保护、传承、整合区域内文化资源成为作家的文化担当。《金花》给茯苓中金花成色增添文学元素,助力茯茶生产与茯茶文化发展。

"诚信"和"精神"是《金花》的主题，是王海写此书的精髓所在，他写出秦人的诚信和精神。《金花》中王老虎的悲壮之死、金花的心竭而亡、德福渴死在了奔日的路上……这些震撼人心的人物和故事，都是在彰显、弘扬秦人的诚信和创业精神。

文学陕军一大批专家、学者和作家对王海的《金花》进行高度评价：

贾平凹：王海的作品始终张扬着一种正气，一种传统美德。《金花》这部小说不同以往的作品，题材宏大，耐读好看，不仅描写了泾阳茯茶在丝绸之路上的发展壮大，霸业辉煌，而且彰显了秦人的诚信和顽强的创业精神。他的作品不管写什么样的题材，那种叙述的语言、文字的描写，都很有味道。

李　星：王海坚持着他的文学道路，用毕生的精力吟唱着家乡的故事，创作多部不同凡响的作品，是值得专家研究的。小说《金花》的故事虽取材于泾河畔，但依然和五陵原有着不可分割的关系。一个纵横商场的女人，一段尘封已久的记忆，见证了秦商从衰败到繁华的历史，再现了清末民初的社会历史。小说大框架、大气象，作品很有味道和力度。这是一部陕西独特的描写秦商的小说。

白　描：《金花》创作中有王海一贯拥有的悲悯情怀，《金花》中有着民生的艰辛、疾苦，小说体现了这块土地上的民风、民情，对茯茶的推广和地方文化研究很有价值。

责任编辑李玫：以《一脉茯茶传承，千年秦商精神》评《金花》：这部20多万字的小说，细致地刻画了众多饱满的人物形象，讲述了一段跌宕起伏的故事，全书读来一气呵成。《金花》讲述的不仅仅是金花与王家大院，贯穿全文的是金花想让王家大院和泾阳县的茯茶走出中国，远销俄罗斯和罗马的信

念，这种信念甚至寄托在德福孙儿的名字中——罗斯、罗马。作者以生动、质朴的语言塑造了一位善良、自强、足智多谋的女主人公形象，小说理智、平静，而又富有内涵，像山间的溪水潺潺流过心头……

段建军： 以茶为题材的文学艺术作品不少，但以丝绸之路为主线描写民族茶业发展的文学作品不多。小说《金花》对于宣传陕西地域文化，特别是咸阳泾阳地域文化是一个不错的文本。小说以独特的题材和猎奇的故事让人掩卷思考：秦商凭什么使无茶的泾阳变为茶的集散地，又凭什么使茯茶走向西域和海外？茯茶的故事，再现了秦人的诚信和精神。书中的每个角色都有一个恰当的位置，场景、环境、物体、人物的出现都是那么的合乎时宜。

一次次山穷水尽的困惑，却又展现出柳暗花明的前景。作者的联想，让读者欲罢不能。《金花》会影响更多的人去品饮茯茶，影响更多的人传承秦人的精神。这就是文学的力量。

齐雅丽： 小说《金花》是诠释"泾阳茯茶"发展、兴盛历程的一部历史题材、商业题材的小说。20余万字的篇幅，既宏观展示了一个时代商业的发展场景，更深刻地揭示了人性的本真。小说以与作品同名的女主人公金花为主线，串联起了人物和事件，成就了既波澜壮阔又温情脉脉的人间场景。正是"金花"所蕴含的精神气度和不懈追求，才成就了茯茶"金花"的灵魂。

对于女主人公的塑造，既有传统特色，又有清新之意；既精明强干，又饱含大爱，一定程度上，凝练出了一种阳光、温暖的民族精神。

评论家周忠： 他在《王海创作艺术》中说：王海在创作

中，不仅选材奇特，创作思路也与社会时尚不合拍，别人写西式黑色幽默，他写传统文化厚重。别人写奇异志怪，挖坟盗墓，他关注人类生存状况。别人寻找畅销题材，他专写让人反省思考的纯文学。他的奇才集中体现在链、联、粘、突、扬五个方面。他的创作风格貌似笨拙，实则飘逸，往往把看似风马牛不相及的人物和故事，以五种奇异的手法、特定的语言和故事串联起来，融为一体，恰如其分，引人入胜。

作家罗国栋：他在《品茶品书品王海》中说：王海新作《金花》面世，我有幸抢先读了一遍，稍稍弥补了一下我未能早早读到他其他早期作品所留下的那种遗憾。从《金花》中我不光读到了茶人、茶事、茶风，还联想到之前读他《新姨》等作品的那种九九归一的感觉。再回望王海先生本人的一颦一笑，做人的定力，就不由得品味起来：这人、这书、这茶，都给人一种厚重的坦荡，真谓茶如其书，书如其人，韵味浑然一体。我的一位文友说：还没见过像王海老师这样，他自己成功了，还不遗余力帮助文友也走向成功。这让我想到了"打压"二字，或许我们每个试图成功的人，都曾经或多或少地遇到过成功人士向后踹你一脚的刻骨之痛，所以就让人倍感王海先生这种提携后生、兼顾天下的胸怀，显得尤其难得。

这就对了，即便是没有接触过王海先生的人也不用太遗憾，你可以从他的书中很轻松就能感受到这种情怀所在，坦诚和厚重的光芒随处可见。而熟悉王海先生的人，自然可以当面领略他的大度、平实，也就明白文如其人并非虚言，读其书并不耽搁你了解其人。茶香似书香，书格即人格，一样的厚重，一样的平实与理性，让你不虚此行。

也许，你不认为王海先生是个传统观念极强的人，但你

看他所设计的每一个人物，或正面的或反派的，都带有浓厚的传统意识，几乎看不到那种彻底颠覆传统文化的精神败类，看到的只是相对调皮捣蛋的关中楞娃。这无形中把作者心目中的价值观暴露无遗。也正是由于这种特质，才使王海先生作品的厚重感与日俱增，符合大多数读者的审美味蕾。

一个普通人，不经过辗转反侧的深思，是不会找到自己思想迷途的突破口的。当我没有接触到王海先生的时候，他只是一个有影响的作家，满腹故事而又文辞隽永。当我聆听了他的传奇故事，我内心充满了对他的敬仰。他的那么多脍炙人口的文学故事，无不是从他那曲径通幽的人生历练中提炼出来的。没有他那常在河边走、尚能不湿鞋的定力，没有他那光怪陆离的奇特遭遇，就很难有那么深刻别致的独到见解；没有那么潜藏已久的文化底蕴，没有那始终扎根于生活基层的生活经历，就不可能有那么多沉甸甸的哲学思想灌注于文学作品。说来说去，茶也罢，书也好，都源于一个睿智厚重的三观之本——王海先生本人。

第十八章 《回家》的路

一个关注失地农民、关注农民进城后生存状况的作家，用漫长的岁月写出了失地农民的无奈和辛酸，让更多人开始关注新时期农民这一伟大的群体。

长篇小说《回家》创作的前后

长篇小说《回家》，是陕西文坛意想不到的成果。

沉迷书画的瓜棚主人没想到，正处于创作热潮中的晓瑜荣儿也想不到，关心他的文友粉丝都没有想到，王海的长篇小说《回家》又出版了！

退休的瓜棚主人在老家两寺渡的工作室接待来访的咸阳诗歌学会会长、著名诗人凌晓晨、青年女作家晓瑜荣儿和她的闺蜜。晓瑜荣儿对写小说多年突然转向书画的瓜棚主人的状态非常好奇，决定写一篇采访文章。交谈中，工作室的铁门突然被敲响，晓瑜荣儿去开门。

门开了，王海看见晓瑜荣儿，边走边说："你也过来了，我找瓜棚主人有事。"

晓瑜荣儿说："我和闺蜜过来看瓜棚主人老师的画，一个写小说的人画画，跟普通画家就是不一样，让人有一种惊艳的感觉，没想到凌晓晨老师也在这里。"晓瑜荣儿看见王海手里提着东西，一边说一边伸手接住。

"朋友送的户太八号，我舍不得吃，给瓜棚主人拿来了。文学馆要搞一个名人书画展。瓜棚主人的画不好要，没有润笔是不行的，好朋友更要理解朋友作画的艰辛。"

王海是急性子，快言快语，正说话间，人已进入瓜棚主人的会客室，看见凌晓晨，他说："晓晨，我来不打扰你们吧？"

瓜棚主人笑着摇头。王海是陕西省作家协会副主席，活动多，经常在新闻里看见，很少见面。瓜棚主人赶紧给王海倒了杯他喜欢的普洱碎银子茶。凌晓晨比王海小，见面不叫"王老师"不开口，不像瓜棚主人几十年"王哥"一直叫，忙给王海腾出座位。

晓瑜荣儿问："王老师，最近写什么作品呀？"

王海：《回家》。

晓瑜荣儿："《回家》？你小说《金花》刚出版，这么快又写了新作了？太勤奋了，你真是陕西文坛的劳模！"

王海笑说："劳模算不上，贾主席才是呢。其实我写小说并不快，《金花》写完了，出版过程要有一段时间，我就一边修改，一边写新小说。不少人看我经常参加文学活动，应酬多，怀疑我的小说是别人代笔，有人说我雇用'枪手'写作……

还有人说我一部小说卖了百万，作品改编成话剧、秦腔戏、广播剧、电影、电视剧，是'文学陕军'最富有的作家之一。"

王海喝了一口茶继续说："所有的绯闻和诋毁都是我前进的动力，诋毁本身就是一种仰望。

那些说法我都能接受，如果你的作品没有影响力，谁会去关注你？其实，我一天确实很忙，农民不种地了人会笑话的，作家不写作品何称为作家。咱是弄这事的，一天不写手发痒。"

众人面对王海甚是佩服。

王海又说："上天不给你磨难，你又如何看透人心？上天不给你失

败，你又如何发现身边的人是假是真？上天不给你孤独，你又如何反思自己？上天不给你配上君子和小人，你又如何懂得去增长智慧？不经受风雨，看不懂沧桑呀。其实，忘记那些不愉快的事，想着愉悦的事，更是一种境界。"

凌晓晨点头，晓瑜荣儿和在座的人也是满眼尊敬。凌晓晨喊："走，吃饭！我请客。"众人说笑着下了楼。

2019年5月，王海准备创作长篇小说《回家》。历经两年，初稿完成。

王海回忆，在一次和朋友聊天中，他获得豆丫创业的素材。王海长期观察失地农民的生存状态，有一次和区政府领导交流时，他得知一个街道办正在筹备"新市民文化中心"，他很有兴趣地进行了采访调研。

2021年5月1日，小说《回家》初稿完成。

2022年5月1日，小说《回家》定稿。

陕西人民出版社编辑室主任彭辛知道王海完成小说《回家》创作，找到他的工作室，期望在陕西人民出版社出版，并承诺给予最高稿酬。

王海说："我曾写过关注农民命运的作品。《天堂》《城市门》后，依然感觉话没说完，对失地农民的观察还不到位，对他们要说的话还很多。他们进城后的生存状况，值得我继续关注和思考，于是就有了《回家》，这就是我写的农民农村'三部曲'。"

《回家》创作了3年，修改5次，创作得很痛苦，但也很值得。

前面已出版6部长篇。如何突破自我？对王海来说，是越写越不敢写。面对失地农民在城里的种种现象，有人分了钱一夜赌光了；有人分了钱先买车，后买房，给娃娶个媳妇钱就花完了；有人做生意赔了，媳妇跟人跑了；有人在城里混不下去，又想回家种地，可他们没了土地，他们怎么度过后半生？当然，不乏有进城创业的成功者，比如《回家》中艰苦创业获得成功的豆花；也有不言失败的李强，老婆和儿女要过好

日子，儿女要上学，生活不允许他停顿下来。《回家》故事的冲动，总在心里翻腾，让王海放不下笔。

作家要真实地再现生活。一个城市，各个层面都会有不愉快的事情发生，但不能因为有不愉快的事而抛弃和诅咒她。咸阳，这个伟大的城市，常常使王海振奋！他热爱咸阳，会不断地认识和思考这个城市。因为爱，所以他会包容很多。

小说《回家》的意义，绝不止于乡愁和对乡土乡情的思念，而是社会转型期，乡村传统文化和被迫改变了社会角色的农民，生存的尴尬和所经受的心灵痛苦，是对在快速前进的中国城市化进程的思考。

有人说，王海为中国农民写了"三部曲"。《天堂》中的农民分地，《城市门》中的农民失地，《回家》中的农民进城创业的艰难与困惑。王海说，开始写《天堂》和《城市门》时，并无"三部曲"创意，在评论家的评论中他发现，他已写出农民分地、失地的过程，何不继续跟踪他们，写出他们进城后的生存状况，这就有了小说《回家》的故事。

电影《城市门》在参展国际电影节时，王海随长春电影制片厂厂长一同应邀去了美国，回国后王海有诸多感想。很多外国人甚至专家，他们不了解当代的中国，他们知道的中国还停留在落后的时代，王海便提出了"文化人要承担传播民族文化的责任"。

他给大学生和作家几次讲过这一课题："我们要让世界认识发展的中国。中国没有殖民、没有掠夺。几十年来，靠的是农民工背井离乡，靠的是合理开发利用国家资源，一点点积攒出来的国力。"

王海认为，一个优秀的作家应是人类前行的明灯，应具有自己的理想和信念。一个作家不关注社会现象，不为百姓发声，不关注普通人的福祉和疾苦，不传播民族的优秀文化，作品不具有批判锋芒，那只是文字的工匠，不可称为作家。

从《老坟》到《回家》，无论写什么题材，王海没有离开咸阳、离

开农村。农村是他的根，他的荣耀，他创造奇迹的动力。

2023 年 8 月 16 日，王海长篇小说《回家》首发座谈会在西咸新区工委党校育才书局举办。

陕西文坛名家阎纲、肖云儒、李星、李国平、段建军、仵埂以及专家教授张鹏、南生桥、杨生博，李敬全，西咸新区作协副主席李正善、王潇然，咸阳和西安两地作家 60 余人参加了首发座谈会。

座谈会由咸阳电视台主持人霍小平主持。

在小说《回家》首发座谈会上，各位专家对小说《回家》给出了极高的评价。

陕西文坛阎纲、肖云儒、李星三位大家在主席台上的论谈，激起人们对小说《回家》的热议。阎纲说："《回家》是王海既流泪不止又兴奋不已，打磨而成的一本好小说。"肖云儒说："这是一部乡土中国的精神颂歌，写出了乡村文化的蜕变出新和作家的深虑和忧患。"李星的点评惊座四方："我内心甚至觉得，《回家》可以争取茅盾文学奖！"

长篇小说《回家》的故事

我们的读者很关注长篇小说《回家》，瓜棚主人当时还没读，得到书的晓瑜荣儿先读了，且听她介绍。

"瓜棚老师，在首发座谈会上，王老师送了我一本《回家》。"晓瑜荣儿开始娓娓道来。

长篇小说《回家》的故事发生在陕西咸阳。小说描写一批失地农民进城后的生存状况，为生存而艰难创业的过程。他们的梦想就是有一个家、一个归宿。回家的方式不同，路径不同，多年之后，富有者、贫穷

者都行走在回家的路上……

　　大雪覆盖了咸阳古城，喧闹的咸阳湖一下宁静了。

　　早晨，秦人居旅馆老板杨豆花拉开旅馆红色大门，一个妇人抱着小女孩倒进了门里，故事就从这里开始了。

　　这是等待拆迁无望，长期受到家暴，被丈夫赶出家门，领着女儿进城去舅家寻找表哥找工作的杨豆丫。她舅家的村子早被拆迁，表哥姬天前几年搬进城里，有房有车生意做得很大，她想靠表哥在城市生活，不料表哥姬天已债务缠身离家出走，姁子留守家中拒绝相见，身无分文的豆丫母女俩被秦人居旅馆老板豆花收留。

　　豆丫不愿意说出自己的身世和遭遇，豆花怀疑她是一个来路不清、身份不明的人，几次要赶她走，"二老板"魏得福多次劝说无果，豆丫小女儿陈娅的"我爸不要我们了……"一句话打动了豆花的心，勾起她伤心的回忆和对儿子的思念。

　　豆花也是一个拆迁户，她和丈夫李奇用拆迁分得的钱共同经营，在城里打下一片天地，他们有了自己的企业，但有了钱的日子过得很不幸福。

　　他们分手了，当然把积攒的财富也分了。丈夫李奇带着儿子李又奇去西安发展，她买了咸阳湖边的一座办公楼，把它改装成秦人居旅馆，当上了秦人居旅馆的老板。

　　豆花见她母女俩可怜，产生怜悯之心，答应让她母女俩暂住招待所干活，管吃管住不给工资。豆丫前夫陈进财找到豆丫离婚，她坚决地办了离婚手续。她觉得没有他，她能养活自己和女儿。

　　豆丫的真诚和勤奋赢得豆花的信赖，由管吃管住不发工

资变成了旅馆的员工，因为名字相近，豆花和豆丫以姐妹相称。在隔壁老王的提议下，得福看好豆丫，欲与她结婚，得福的苦苦追求，让豆丫很害怕，她带着女儿悄悄离开秦人居，巧遇商机，开始了她的第一次创业。

豆丫母女俩不辞而别，让豆花很担心，她不知她娘俩离开旅馆后在哪里生活。她设法找到了豆丫的村子，发现这个村子已经拆迁，豆丫应获得一笔拆迁款，她竟然不知，而她的前夫领着新人已移居他方。豆花通过本村李强在这里知道了豆丫母女俩离家出走的原因。

豆丫晓知豆花和得福到处找她，她和女儿回到秦人居。豆花告诉她，她的拆迁款被前夫占有，豆花说那是她应当得到的钱，并愿意帮她打官司要回这笔钱。

官司打赢法院判决了，豆丫却不要这笔款，她说见那钱她就想起在家受的苦受的罪。她告诉他们，她已找到工作，租了房子，在城区招待所和宾馆搞保洁工作，她把女儿锁在家中，一天要打扫十几个房子，有一定的收入，不让他们操心。

豆花和丈夫李奇离婚后，豆花一直未见到儿子李又奇，现在生意平稳，她很想念儿子。豆丫知道豆花的心思，托人到西安寻找李奇的公司和豆花的儿子，她的举动感动了很多人，他们帮助她找到豆花的儿子，豆丫陪同豆花去看望儿子，使豆花很感动。

得福一直没有放弃对豆丫的追求，处处在暗中帮助她。他家在农村，农村订婚彩礼十几万，一个普通农家如何拿得出那么高额的彩礼钱，村里像他这样没钱娶媳妇的光棍有20多个，他知道守在农村只能打一辈子光棍，他走出农村在城里打工挣钱，积攒结婚的彩礼钱，好让亲友给他找媳妇。几年来，积攒

的工钱还远远不够彩礼钱，豆丫是他最好的选择。

隔壁韩信面馆老韩看中豆花，他经常给豆花送面吃，他听说豆花喜欢乡下生活，他在乡下买了庄基盖了一座四合院。

隔壁萧河商店老王一直认为得福和豆花有麻达，冬天没有客人，旅馆就他俩，俩人都是失火的年龄，能不有事吗！得福再三解释老王不相信，他嫉妒得福，垂涎豆花美貌，常在豆花面前做出不地道的举动，引得豆花反感，街上流传诸多闲话。

在社会上浪荡的许得，因父亲是国企老总，他常给一些小老板在国企找活吃红利，他开始被豆花美貌迷惑，爱上豆花，经过接触，豆花看透了他的本质，拒绝与他来往。他转身又去追求豆花妹妹豆丫，豆花怕豆丫看不透许得的本质，常常为妹妹担心。

表哥姬天用住房抵押贷款归还朋友的投资款，他骑着电动车寻找给他投资帮助过的人。他说他爸说过，我们是周文王姬昌的后裔，是塬上周陵的守陵人，做事做人不能给先祖丢脸。

豆丫女儿陈娅该上学了，得福托人给陈娅找了学校。因为豆丫有失地农民大量的乡亲劳动力，更因为她的真诚、对工作的负责令老板们佩服，几个招待所和宾馆老板要求与她签约保洁承包合同。姬天看到豆丫保洁工作的商机，帮助豆丫成立保洁公司。

李强筹办养猪场因钱不足，找到在城里办公司的豆丫帮忙，豆丫慷慨解囊，使李强十分感激。

一员工回家在市场买菜，遇车祸身亡，肇事者逃离，法院追究保洁公司未给员工办保险，豆丫主动承担责任倾家赔偿，导致公司破产。

豆丫又回到秦人居，开始她的打工生涯。

在表哥姬天的鼓励下，也因为她的人品和作为，赢得用户和员工信赖，招待所和宾馆老板主动寻找她签约保洁工作，保洁公司再度开张，有经商经验的姬天帮她完善公司制度，因为客户不断加入，公司收入可观，一些拆迁的乡亲要入股公司，她轻信个别股东建议，投资学校项目，步入陷阱，股东上门闹事堵门，她悔恨万分，一病不起，生活、工作走入困境，

她再次回到秦人居，开始她第三次打工生涯。

陈娅失踪了。懂事的陈娅去找她的父亲陈进财，想让父亲帮助母亲渡过难关，陈进财拒绝帮助，和新妻把女儿赶出家门。

豆丫听从表哥姬天意见，稳定股东，承诺分红不变。公司平安下来，但她哪有钱退股兑现呀？姬天说天无绝人之路，绝处逢生对你是挑战。她出外借款处处碰壁，无奈之下，她去寻找一直追她的许得，许得提出可以借款，但必须答应和他结婚，她无法答应他的条件，离去。

得福拿出积攒的彩礼钱，李强得知豆丫遇难，深夜进城送钱来，豆花拿出 70 万解决她燃眉之急。

豆丫不相信就这么失败，她答应女儿要在城里安家的愿望还没实现。女儿告诉她，你不必这样辛苦安家，以后我嫁的地方就是妈的家。女儿的话让她很欣慰，是呀，她要是老了，只能随女儿，女儿走到哪里，哪里就是她的家。但是她现在必须奋斗，先要实现在城里安家的愿望，给女儿搭建一个学习生活的好平台。

在表哥姬天的支持下，公司分红不变，兑现退股，退股者又纷纷要求入股，公司效益越来越好。乡亲们都来找豆丫，求她帮忙，给他们找工作，给儿子找媳妇，甚至他们之间发生

了矛盾，也寻找她解决。她的家成了乡亲们的会聚场所。

李强在工地讨要欠款打伤老板被拘留，豆丫设法平息纠纷让李强出狱，帮助他渡过难关，并帮助他办好养猪场。

姬天的父亲、豆丫的舅舅姬子衿年轻时在广州打工，后漂流国外，村人都以为他死了，谁知他到国外打工，悄然回家。姬天和父亲在被拆迁的老宅相遇，人都说姬天他爸从国外回来带了很多钱，姬天却说没有。子衿对儿子用房子抵押贷款归还投资款的做法很赞赏，认为这才是姬姓后人该做的事。

按常理，企业倒闭，投资者和老板应共担风险，但姬天说朋友投资是对他的信任，他不能不管他们。姬天说他要再次创业，子衿深信儿子一定能成功。

豆花借给豆丫的 70 万，其中有许得的 50 万，当时豆丫借许得钱未成后，许得经豆花之手把钱又借给豆丫，要求豆花不能说这是他的款。保洁公司运转正常之后，豆花给豆丫说了许得借款的真相，豆丫马上给许得还了款，许得怨豆花嫉妒，因为他俩有过一段不光彩的过往。

许得没有放弃对豆丫的追求，豆丫对他早有了解，她真诚地告诉许得，我们没有结果。

人们传说子衿从国外回来确实带回一笔款，姬天几次问父亲，透露不愿再创业奋斗的想法，并说如果他有了钱要周游世界，在咸阳塬上给父亲盖一个大别墅。子衿听着害怕，为此而常夜不能眠。

豆丫晓知表哥不愿再办企业的想法，她对表哥很失望，表哥曾是她的偶像，她告诉表哥，你应像你父亲一样去闯世界，干成干不成是另外一件事，起码你干过、你闯过，今生不悔。姬天却说有钱了，我还奋斗啥呢！

女儿陈娅初中毕业不愿上高中要工作，因母亲不同意而出走，豆花让萧河商店老王、韩信面馆老韩去找陈娅，许得在寻找陈娅时出了车祸，一条腿骨折，许得出院后，豆丫到许得家里照顾他，许得向外说她与豆丫发生关系，致使豆丫彻底与许得断绝关系。

前夫找豆丫想复婚，年轻的妻子骗走了他的全部财产。豆丫念及旧情，给了他一些生活费，后因患绝症被新妻抛弃，困守在安置房里。豆丫让女儿去看望他，女儿拒绝看望。

子衿从国外确实带回一笔钱，在他临终时，叫来外甥女豆丫，他佩服豆丫的爱心和创业精神，认为她一定能成功。他对这笔款进行了分配，他说分给你表哥的这笔款，在他的企业困难时不能给，创业时不能给，这笔款只能锦上添花，如果他那时不需要这笔款，你把这笔款捐到养老院。

子衿回国后，一直关心农村粮食种子问题，他说埋父亲时，父亲让他给棺木里放了一些粮种和菜种，他回国听说现在的粮种只能种一茬，而且粮种大都是从国外购买的，他听后很害怕。他从父亲的棺木里取出粮种，自己繁殖本土种子，他说这是秦人的种子，民族的种子。我们的饭碗一定要掌握在自己的手中。

李又奇大学毕业掌管了父亲李奇的企业，儿子李又奇几次劝说父母复婚未果。豆丫看到乡亲们寻找工作困难，又常因讨要工钱发生殴斗，她想在城里给乡亲们办个"新市民服务中心"，进行技能培训交流、维权和法律咨询。

李强来电话说陈进财病情加重，豆丫再次劝女儿陈娅去看望父亲，女儿坚决不去，面对陷入困境的前夫，豆丫怀着复杂的心情，去看望陈进财，并留下部分生活费，让李强找人给

他送饭。

许得得不到豆丫，就把陈娅招聘到他的公司要挟豆丫，豆丫劝说陈娅辞职，陈娅沉默应对。她让豆花劝说陈娅，糊涂的陈娅冷言相对，使豆花伤心至极。她说："你怎么会这样想，我刚有了一个称心的工作，跟我妈过上好日子，你心里就不舒服了，如果我和我妈还在旅馆打工，伺候你，过着那种寄人篱下的日子，你就满意了？"

许得的父亲因贪污受贿入狱前，给儿子织了一个庞大的生意关系网，许得利用这个网成立集团公司，垄断一方资源。许得父亲保外就医走出狱门，知道儿子走向万劫不复的深渊，却无能为力。

豆花说李奇就是她的家，他走到哪里，哪里就是她的家。富豪李奇在农村买了一块宅基地，盖了一座豆花喜欢的四合院，和豆花又回到了农村。

豆丫在城里购买了一套房子，她不但自己有家了，而且给失地乡亲在城里也安了一个家——"新市民服务中心"。

子衿说他从土里来，要回土里去，入土为安是最好的家，他要给棺木里放粮种，儿子说国家已重视粮种培育，已有我们自己的科学种子。子衿固执地仍要给棺木里放上自己繁殖（培育）的土种子，这是养育子孙千年的粮种呀。他说在另一个世界里，他想吃啥就种啥。

许得的父亲保外就医，他常做梦母亲打他嫌他不回家，他不愿回城里的家，他要回农村破旧的老屋，他扔掉害人的现代通讯工具手机，要回老家养病。

老韩本想和豆花有一个家，豆花回归家庭，他的四合院成了空宅。

老王说他爷是讨饭到咸阳的，他的家就是这个商店，他买不起墓地，他爷和他父亲的骨灰现在还在家里放着。他死后也是个流浪鬼。

李强的猪场因瘟疫受到灭顶之灾，又到城里去奋斗。

陈进财孤独地守在他的安置房里，他活着和死了已没有什么区别。

得福还是一个单身汉，他想回家却不能回家，因为他没有攒够回家娶媳妇的彩礼钱。他发现许得和陈娅的私情后精神失常，喊着要杀人。

在"新市民服务中心"揭牌时，豆丫接到女儿陈娅结婚的电话，女儿陈娅的丈夫竟是追求她的许得。豆丫听到这话气昏过去。远处传来一阵阵喊声："我要杀人，我要杀他狗日的，他畜生不如！我要杀了他……"

豆丫醒来时，她不知道自己是怎么被人抬进秦人居的，豆花说她是累的，让她好好歇几天，她无法给豆花说出晕倒的缘故。她起来说要去看舅，她说："我梦见我舅叫我呢，我走出去心里就敞亮了，见到我舅，我就不难受了……"

豆丫跌跌撞撞走出城，面对空旷的田野，她放声大哭："我把女儿丢了……舅呀！我咋会把女儿丢了呢……我是一个失败者……"

豆丫赶到舅家时，子衿已经走了。

夜里，大雪覆盖了咸阳城，覆盖了子衿那座田野小屋，阳光下的周陵，显得特别的恢宏壮观。

"故事真精彩，一听就是王海的手艺，不愧是讲故事的高手！"听完晓瑜荣儿的介绍，瓜棚主人忍不住猛抽了一口旱烟，挥舞着拳头。

"就是的，故事精彩，这部小说出版后，一定不同凡响。"晓瑜荣儿羡慕地说："我也没少写小说，但和王老师比起来，需要学习的地方太多了。"

瓜棚主人道："不要气馁。你是 80 后作家，王海是 50 后，我是 60 后，只要坚持，以后你的前途肯定比我们强。有一个当年的故事，40 后的咸阳作家文兰长篇小说进入中国长篇小说年度排行榜，王海听到这个消息你猜他怎么反应的？"

晓瑜荣儿："哪一年的事？"

瓜棚主人："大概是 2008 年吧。有一天，王海和我结伴去咸阳中华小区看望文兰老师，那时王海的长篇小说《老坟》《人犯》《天堂》都已出版。"

晓瑜荣儿："是吗？我那时刚毕业，还在为谋生忙碌呢。"

瓜棚主人继续说："文兰先生的小说进入中国长篇小说年度排行榜，这是咸阳小说唯一一次进入中国长篇小说年度排行榜。陕西省得到这个荣誉的也就是几个天花板级的作家，绝对是一件大事！"

晓瑜荣儿："王老师怎么反应的，我很想知道。"

瓜棚主人："王海和文兰是很熟悉的师生关系，私下里也是以弟兄相称。他说，安哥，不要看你现在厉害，总有一天我要把你撂倒。我们还年轻，有的是时间！"文兰呵呵笑着说："好，好，我等着这天。"

2018 年夏天，文兰去世了，在他的周至老家安葬，王海带着咸阳 100 多名作家去参加追悼会，在文兰的遗像前，他叙说文兰老师对他的帮助。

文学就是这样，薪火相传，悲壮凄凉，唯有作家之间的互相鼓励和温暖，才使文学事业如太白山屹立在浩茫秦岭中那样，为漫长的历史留下可歌可泣的点点回忆。

晓瑜荣儿听到这里，想起她参加文兰老师追悼会的情景，脸上挂着

泪珠，陷入了深深的思索……

百年文坛的乡村题材自我突围

　　长篇小说《回家》的评论冲击波来了，依然波涛汹涌，蔚为壮观，特别是"王蒙和王海关于《回家》的对话"在《中华读书报》发表后，引起社会各界的关注。《回家》的呼唤，使读者不得不回望王海的"农村三部曲"中的前两部作品——《天堂》《城市》，沉沦，觉醒，呐喊，奋斗，深沉地思考。

　　王　蒙：从《天堂》到《回家》，相距 17 年，三部小说，写出了改革开放几十年来，古都咸阳一代农民的生活与命运。王海写作的连贯性很宝贵，对农民在发展中的经历与喜怒哀乐，感同身受，深切关注，这一点也大大感动了我和平凹老弟。

　　阎　纲：小说《回家》，是王海为城镇化的成功所构想的一个范例，是王海笔耕 3 年，增删 5 次，绘制而成的愿景可期的归宿图、理想图。虽然超前，却也迷人，迂回荡漾，倘若拍成电视连续剧，一定夺人眼球。《回家》是王海既流泪不止，又兴奋不已打磨而成的一本好小说。

　　温奉桥：王海是中国当代新乡土小说的代表作家，在《城市门》对百年文坛的乡村题材进行自我突围之后，《回家》将对当下中国社会生活巨变的书写，拓展到进城农民在城市的生存现状与精神历程之中，作为具有纪念碑意义的突破性小说，它将由土地浸润的乡土意识升华为对传统文化与历史记忆的

审视。作为具有殉道精神的"文学的朝圣者"，王海在对现实生存秩序的冷峻凝视中，走进反抗的空隙处。在希望与绝望之间，为我们铭刻一个超验性的远方，具有生命本质意义的精神家园。

贾平凹：他的长篇小说《天堂》《城市门》《回家》堪称"农村三部曲"，展现新世纪前后中国城乡的巨变。他为农业、农村、农民树碑立传。作品必将久远。王海痴迷文学，矢志不渝，几十年如一日，勤勤恳恳，像农民种地一样，一茬接着一茬。此刻摆在我们面前的这本《回家》，笔耕3年，增删5次，劳心费神，精益求精。

肖云儒：这是一部乡土中国的精神颂歌，写出了乡村文化的蜕变出新和作家的深虑及忧患。

传统的乡土中国处在大变革之中。从生存样态看，几亿村民进城，像小说中的豆花、豆丫、豆苗那样，不同程度引发了家庭、命运和亲情的变化，的确有点挽歌的味道。但另一方面我们要看到，它又是乡土中国的精神颂歌。书中的主人公进城之后，一方面遇到了许多困难、困惑；另一方面，他们又将乡土中国精神传统中许多优质因子，例如向善向美、质朴勤劳、急公好义、抱团互助等品质，带到了新的生活环境中。他们离开了老家，并没有丢弃好的精神传统，而是让好传统在新的生存环境中延续、发酵，构成对城市文明的一种补充。所以我想说，它既是乡土文明的挽歌，又是乡土文明的赞歌、讴歌。

从这个意义上看，"回家"并不是简单地离城回乡，而是回归真善美，是精神上的"思乡""回家"；进城也不是简单地离开农村，而是在城里构建新的真善美的生存样态。

这是历史的进步。

李　星： 它（指《回家》）没有一个概念意义的主题，而是每章对人性和社会的哲理性发现和提示，全书的主题"回家"既是人生、人性的一种状态，又是对社会人生的一种哲理思考。全书叙事写人细节饱满，几乎看不到作家即叙述人的干预，作者隐藏很深。

李国平： 这几年我们常常被王海所召唤。在我们的心目中，有一个文学的组织者、公益者、号召者的王海形象。王海是一个慷慨热情、舍得精力，具有文学上古道热肠的人。

做一个比较，在陕西似乎还找不出一个像他这样文学生活如此活跃的人。陈忠实过去描述陕西的文学气氛，叫"互相拥挤，志在天空"，这是陕西文学的传统。这些年来，这个传统在西咸和咸阳的文学土地上得到继承和彰显，如果要评先进，颁个军功奖，应该给王海颁一个。

小说《回家》的主题并不是山川秀美，在《回家》中王海并不展开宏大叙事，而是把笔墨、感情、同情给予这些普通百姓，写出了他们的艰辛，更写出了他们的善良、厚道、勤劳，写出了他们顽强的生命力，创建家园的努力。

《回家》是一部很有意味的长篇小说。

仵　埂：《回家》深刻揭示了失根农民，在这一转型过程中的浮萍状态，农耕文明中人与人之间构成的特有的血缘睦邻关系，被都市化进程打破。

这部作品为读者们打开一个既新鲜又陌生的区域，这是这部现实主义作品奉献给我们的新探索。

段建军： 王海的《回家》是一个"问题"小说，它表现的底层生存问题更为宏阔，更加复杂，更多面向。《回家》通

过这些不同人物不同遭际的描述,提醒广大读者思考我们时代所面临的问题。《回家》这部小说,为我们这个时代提出了一个非常严峻的问题。因为德福的那句话,不仅是他一个人的心声,也是他们村里边,那几十个因为贫穷而成不起家的人的心声,更是中国广大农村千百万个因贫穷而撑不起家的青壮年男人的心声。德福的这一声呐喊,成为我们新时代现代化进程和新乡村建设必须重视的一个问题。

优秀的小说,总是用一个问题,一个人物,一个事件,连接作者和读者的情感,把读写双方,构建成一个情感共同体。读者和作者为这个问题陷入深思,为这个人物的命运产生共鸣,因这个事件而情感激荡。

杨生博:在王海小说创作历程中,《回家》应该说是一部力作,因为这部小说标志着,王海在通过咸阳的故事,探寻中华民族凝聚力的层次,这个层次无疑是成熟作家仰望的高度。

张　鹏:小说《回家》的立意,体现出习近平总书记对文艺工作者的希望,体现出党的二十大报告中对文艺创作的要求。小说通过富有地方特色的事项和语言,营造了"咸阳"这一艺术化的生活场域,富有地方特征,作家将对历史与现状,城市与农村,个人与社会的思考和希望寄寓在其中,展示了具体精微而又深远宏阔的时代画卷。

小说《城市门》曾告诉人们,不关心失地农民,将会是一场灾难。他们进城了,生活过得怎么样?《回家》中的人物都在寻找自己的家。他们的家又在哪里呢?《回家》的呼唤,使读者不得不回望王海的三部曲中的前两部作品,沉沦,觉醒,呐喊、奋斗,深沉地思考。擦干眼泪,成功者、失败者都行走在回家的路上。

作家从熟悉的身边人物事件写起，通过咸阳周边农民的生活样态，聚焦城市化背景下农民何去何从的问题，从物质生活与精神家园两个层面反映当前中国农民的生活困境以及他们不屈不挠、顽强坚守的精神和对美好生活的向往。

同时，小说中咸阳湖、廊桥、周陵、崇文塔等极具地方文化信息的事象，为人物和情节提供了更加浓厚深邃的文化时空，使得历史与现实、物态与精神在作品中合而为一，使整个作品具有了浓厚的地域文化特征。

专栏作家华丽：小说《回家》别具一格的手法，令人耳目一新。

《回家》采用大量个性鲜明的语言直白对话，使人物情节与矛盾冲突妙趣横生，达到戏剧化的效果。时而锣鼓喧天，荡气回肠；时而如一幅画，似一湖水，像一首歌……娓娓道来，如诉如泣，悲喜交织，扣人心弦，回味无穷。

王海新乡土小说最为可贵之处在于，他并未像米歇尔·福柯那样，面对城市中无孔不入的微观权力控制而悲观地认为现代人已经"无可反抗"。王海在对现实生存秩序的冷峻凝视中，极力走进反抗的空隙处，从历史、社会、人文等多角度来审视乡土的文化根基，不断挖掘着顽强的乡土社会之下更为强烈的信念意识。那些依然左右生命构建的文化力量，在希望与绝望之间，为我们创造一个具有生命本质意义的精神家园。

南生桥：王海叙事策略，独具一格。《回家》的叙事有几个自成一格的特点。一是纪实性。市县村镇，地名实写，本地风光，本土风味，读来亲切熟悉，方便得宜。二是写事型。有人认为小说有三种类型：讲故事，塑造典型人物，写人的内心。简言之，是写事、写人、意识流。《回家》倾向于写事，

故事曲径通幽，少见深入人物内心之笔。三是平淡性。口气平静，不温不火，人情世故，生活细节，娓娓道来，如话家常。其中有些市井社会的细节展示，对隔膜者有认识作用。

《回家》早已突破进城农民的回归困惑而具有普遍意义，回家之路也是人生的归宿之路，由于种种可料不可料、可控不可控的主、客观复杂因素，此路人各有不同。作品对此的多视角展示，使读者在知人论世的同时，获享审美愉悦，多重启悟。

第十九章　王海印象

恨也罢，爱也罢，王海以自己挚爱之笔写出了人生的辉煌。

神秘王海

生活中的王海到底是什么样一个人？这可能是读者最关心的话题。

瓜棚主人与王海交往已经 30 多年，两人无话不谈，又结识了他的众多亲朋好友，但这个问题也不是三言两语能说清楚的。

有人说他具有商人大刀阔斧闯世界的豪侠义气，同时又内心慈善、恩威并重，骨子里透着农民的憨厚。

有人说他像诗人一样热情奔放、天真烂漫，同时又像哲人一样睿智超脱、思想深邃。

有人说他像孩子一样不懂设防、缺乏世故，同时又大智若愚、眼光远大。

有人说他像运动员一样精力旺盛、不知疲惫，同时又处世洒脱、享受生活。

有人说他学富五车、自学成才，同时又甘当小学生，虚心好学、不断充电……

商人的精明、军人的豪爽、诗人的天真、孩子的纯真、哲人的超脱、作家的细腻，集于一体，水乳交融，相得益彰。这也许是王海的总体形

象吧！

好像是一个星期六，瓜棚主人正在家写作。电话铃响了。

"瓜棚，我今天回老家，你有没有兴趣同行？"

"是吗？求之不得。"

瓜棚主人放下听筒，爽快地答应了。

王海笔下的一系列描写咸阳五陵原的作品，让瓜棚主人对五陵原的神秘风情充满神往。虽然他俩都是咸阳人，瓜棚主人是在渭河岸边的老渡口长大的，对相距几十里外王海家乡咸阳原上的风土人情有些陌生。

没几分钟，王海开着车便停在瓜棚主人居住的小区门口。瓜棚主人坐在副驾驶位上，王海很神秘地说："今天的事要给我保密。"

"啥事嘛？"瓜棚主人莫名其妙地问。

"你先说你信不，相信不相信世间某种神秘文化的传说？"

"这个嘛！"瓜棚主人迟疑了片刻。自小在咸阳农村长大的瓜棚主人，虽说读书时受唯物主义哲学熏陶，一旦出现可怕的事一时难以解决，往往照着儿时父母教给自己的办法"避邪"。于是，瓜棚主人对他说："不可信其无，宁可信其有。"

"好！"王海高兴地说："我担心你的工作性质，会误会我对某种神秘文化的解读，你这么说我就放心啦。知道吗？我今天去礼泉接几个居士，给我七叔父'安顿'房子。"

车子在夕阳余晖中向礼泉方向开去。车子停在县城泥河沟北岸的一个村子里，两个老太太在一位神汉的带领下坐进车里。

路上，王海放开车载音响，秦腔《铡美案》里包公的老翁嗓子便土色土香地弥漫了车厢——

　　　王朝马汉喊一声：

　　　莫呼威，往后退，

相爷把话说明白……

"王师,"坐在后排的神汉笑着说,"你们也信这个?"

神汉常被四邻八乡邀请"安顿屋子",日子过得很滋润,家里已盖起二层楼。

俩人没应声,车子便如离弦之箭,在公路上疾驰,进入靳里村时,已是夜幕降临。

王海的七叔父是个淳朴的庄稼人,到大门口迎接,七姨正在厨房忙个不停。

一车人进院后,先进堂屋用饭,酒足饭饱,几个人便在西边一间空房里摆上神台、蜡烛、香火什么的。主人家从后院抱来几个装满麦秸的蛇皮袋子,一家老小跪在上面。

只见几位黑衣黑袍的老太太敲锣打板,念起了经。之后,已换上黑高帽子、黑衣的神汉从怀里掏出一卷长长的"表",念了起来。大意是主人家运气不顺,接连出事,请天上的神、天下的仙,保佑平安之类。此时,七叔父家的前庭后院每一个角落都已点上蜡烛,四周弥漫着一股神秘的气息。

瓜棚主人偷偷问王海:"你如何与这些人认识的?"

王海说:"这一段时间我们家里的事总不顺,先是我两个堂弟意外身亡,后我三伯父和六叔父先后去世,家里还出了些怪事,上礼拜专门请他们去家里做了回道场。"

神汉念完,用火点燃"表",让七叔父一家跪下叩三个头,然后请一个人拿起一把点燃的扫帚。神汉手里拿着一瓶白酒,走到每一个房间门口,一吹气,扫帚便"呼"的一声火苗直冒,院子里乌烟瘴气。

如同使了魔法,片刻间,七叔父一家起初愁眉不展的表情变为喜形于色,在大门口燃响了鞭炮。

　　瓜棚主人对这件事的印象太深了。王海也是一个唯物主义者，但他对这种鲜为人知的"习俗"的了解，却再次证明"神秘文化"在其心灵深处留下的烙印，与众多生长在农村的陕西作家一样，传统文化浸染日久，挥之不去，但其神秘性还是令瓜棚主人很长时间都觉得奇怪。

　　"你说说，你从一个农村青年成为一位作家，是神的保佑，还是自己百折不回的努力？"瓜棚主人在回来的路上，问王海。

　　"这还用问吗？当然是后者呀。"

　　王海说："20世纪70年代初，我给我爷说：听人说，以后收音机里能看见人影，我爷骂我胡说呢，吓人呢。现在不是收音机里能看见人影了？电视机家家都有了。"

　　"还有20世纪70年代，我家对门的七哥，50多岁，中午从地里回来，竟变成了女的声音，大家一听是村北街刚去世的一个女子的声音。周围的人吓坏了。他（她）哭着喊着说她家板柜角角放着她的钱还没花用。有人跑到村北街她家里，果然在她家板柜角发现了十几元钱。我五婆说这是鬼捏住了人的魂魄，赶快打！有人给我七哥身上扣上簸箕，我五婆拿起槐树条在我七哥身上的簸箕上猛打，她边打边骂：你还不快走，拿着你的钱赶快走……不一会儿，我七哥缓过神，清醒过来，问：你们这么多人在我家干啥呢？很多人被吓跑了。"

　　看着王海神秘的表情，瓜棚主人突然想起许多自己亲眼见过的难以解释的"UFO"，还有村里的三老汉砸了爷像的脚，睡梦中被火烧坏了脚脖子浑然不觉，一觉醒来落下残疾的事情。

　　王海看着瓜棚主人问："你说这是咋回事？"

　　瓜棚主人沉默了。发生的这些事让他难以解答。

　　王海说："我们反对那些无科学论证的信仰和崇拜，但是我们是否可以这样认为：科学本身也是在不断否定中建立，在不断论证中发现的有些超自然现象，我们还在认识和论证之中。"瓜棚主人说："总有一天，

295

先进的科学技术会解开这些千古之谜。"

也许王海对神秘文化的解读和认知，成就了他的文学创作。

"平庸"王海

与多才多艺的贾平凹主席相比，王海似乎未涉入书法字画，但他很欣赏周围文人的字画作品，收藏了很多文化名人的字画。

更有意思的是，他一开车，便打开音响，欣赏着秦腔戏。驾驶室里，任哲中、马友仙、贠宗汉等秦腔名家的戏曲磁盘多达十几种，成了半个"秦腔戏专家"。不过他自己只会听，很少在人面前唱。

"人长得不行，嗓子也不好。"王海谈起自己的业余生活，这么不轻不重地说。

他用文学的浪潮淹没了人生的诸多不快，把自己关在家里，苦心经营文学创作。

每当他写作卡壳或对某个人物、某段故事写不顺手时，他就骑着自行车或开车，回到空旷广袤的咸阳原上，坐在周陵或康王陵上，把自己融入皇天后土、万物之灵的氛围中。

他说："我一走近陵冢，仿佛穿越了千年历史，那种灵感一下子就上来了，想象就插上了翅膀，就是这么神奇啊！"

于是便写出了这么一组组被评论家和读者击节称赞的文字：

> 遥远的路上，红日下泛起一片片像水样的景观，陵冢在春天的田野里显得特别肥大。
>
> ······

　　　　早上立秋已好几天了，这天气还凉不下来，出了天花的
　　玉米地十分壮观，陵冢在绿海中显得瘦小多了。

可谓诗情画意，神来之笔。

作为农家后裔，无论是作为作家、还是作协主席、文化局的工作人员，王海都是一个热心肠的人。

有一个星期日清晨，他正在睡梦中，门铃响了。

"谁啊？"妻子很不情愿地抬起头。

"我。"门外传来一个陌生的男低音，有些苍老和胆怯。

"肯定又是收废纸箱、收酒瓶子或者推销什么东西的，礼拜天都不能让人睡个懒觉。"妻子嘟哝着翻个身又进入梦乡。

"说不定是原上老家来人了。"王海披上外套，穿上拖鞋，跑出卧室，打开木门，门外，一个农民打扮的老者怯生生站在门口。

"你是王海老师吧？"老者问。

"我是王海，请进来。"王海拉开防盗门，老者进门弯腰忙找拖鞋，王海挡住他说："不用换鞋，快进来。"

老者面对家里干干净净的瓷砖地板犯起了难。在王海的热情相邀下，老者很拘束地走进客厅，坐在沙发上。

"打搅你了，真不好意思。"老者两手搓着膝盖，一脸汗水，很抱歉地说。

"我是西安灞桥人，也爱写东西，总写不好。我买了你的《老坟》《天堂》，看完很激动，我昨天下午从家里骑自行车赶到咸阳，晚上在咸阳住了一宿，怕早上出门见不上你，早早就赶过来了。"

王海给老者倒了茶，匆匆洗漱完毕，换好衣服，坐进沙发上看老者写的文章。

"你的文章很有古典文学味道。这样，你把文章留下，我抽空给你

推荐推荐，怎么样？”王海说。

"那再好不过。王老师，你能不能给我写几句鼓励的话？我最崇拜的作家就是你。"

王海说："陈忠实老师曾经在灞桥工作过，我是看着《创业史》扶着《白鹿原》走上文坛的。"

"那是个好人，现在当了中国作协副主席咧。你《老坟》里的麦草写得好得很，我同情夏仁，不同情夏文，他爸是个有能耐的人，把媳妇和孙子都管教得好！"老者说着，从包里取出一个崭新的笔记本，递了过来，让王海给他写几句话。

"我的字不行，我给你送一本刚再版的《老坟》做个纪念。"

"行。可你一定要在书上写几句话！"

两人的谈话吵醒了妻子，她在卧室打开电视机。王海隔门喊道："老婆，快起来，做早饭！这是陈忠实老师家乡的客人。"

妻子进了厨房，忙碌了半天。做好了早饭，老者死活不吃饭，说能见到你，能得到签名的书，就很满足了。

当瓜棚主人如约进门时，老者茶杯还冒着热气。妻子看见瓜棚主人，进了卧室，他们便海阔天空地聊了起来。

王海对于咸阳原上的故土，有一种骨子里的依恋，他每隔一段时间都要开车回去一次。

车进村，一个满脸胡茬的中年农民正在晒麦秸，手执木杈，忙个不停。

他喊了一声，那人便喜悦地接过他递过的香烟，夹在耳根，说："您回来了！"

他说："你忙着哩。"

分手后，王海给瓜棚主人介绍这是他中学的同学，瓜棚主人从村人

那拙憨的外表想到《老坟》里那个原汁原味关中农民的典型——五斤。

"吃饱咧，喝胀了，跟他老爷一样咧"，在凹凸不平的公路上王海自顾自地哼起秦腔。

见到侄子、侄女，王海总是从口袋里掏出一张又一张几元零钞硬塞给娃。

弟弟说："哥，你咋又给娃钱了？"

他笑笑，领着瓜棚主人去看卧病在床的六叔父，这位因脑出血而影响说话功能的长辈。那天晚上，他为七叔父家"安顿屋子"，又是他硬掏出 200 元塞给神汉，窘得七叔父说："你这娃咋是这样。"他低头笑着："你甭管。"一点也不吝啬。

走进王海在西安的创作室，墙上的小镜框引起了瓜棚主人的关注，用宋体字打印着这么一段耐人寻味的内容：

> 朋友，为了你能和我正常交往，成为永久的朋友，请你不要张口向我借钱。
>
> 血的教训：几年来，为了帮助朋友，借钱给朋友，但借钱的朋友大都未还款，而且大都成了仇人。多少次想和朋友见一面，但朋友一见我就像碰见瘟疫一样躲开；多少次想给朋友一句关心的问候，谈谈昔日的友谊，但朋友一听我的声音就挂断了电话。
>
> 当初如果朋友不张口借钱，如果我不借给朋友钱……

作家贾平凹书房里的润格告示和后来的借书告示容易理解，而同样是作家的王海的这则"告示"却令瓜棚主人百思不得其解。

"朋友间偶尔借钱本是很正常的私人往来。古人云，有借有还，再借不难。你又何必这么骇人听闻地夸大其词？"

瓜棚主人一边端详着小镜框里的"告示",一边与王海交谈。

"你不知道,这里面有不少难言之隐啊!"王海面露难色地说。

谈起王海的为人,阿房宫旅游公司茹副总说:"他这个人为人办事慷慨,朋友也多,但他是非观念不清,认不得人。有时乱发善心,借给别人钱,最后给自己带来麻烦。"

"是这样吗?"瓜棚主人问王海,他很认真地点了点头。

一位朋友常在他那借款,由几十元借到几百元甚至上万元,几年累计下来已有数万多元,那天他找到这位朋友说:"我求你帮忙办件事,这钱就不用还了。"朋友不理解。王海说:"你以后不要跟我来往了,就是对我最大的帮忙。"

"乍一看是自己吃亏了,其实你细想想,没人打扰,不必为那种劳神伤身的事费时间,静下心读书写文章,是多么好的一件事啊!"

吃亏是福,这是王海为人处世的基本准则。这一点,虽然在日常生活中被一般人看成迂腐,但他的憨厚却也常常帮了他工作生活上的大忙。

"瓜棚,你说我傻不傻?"

王海最后反问瓜棚主人,他的脸上洋溢着特有的固执,让人过目不忘。

成为文坛关注的著名作家后,王海在频繁的社会活动中,显示了他特有的社会责任感。

一个姑娘叫王红,是贾平凹家乡商州人。在医院查出白血病,对生活失去信心,几个媒体想帮她,问她在哪个企业工作,企业领导是谁,她说叫王海。其实,她和王海都分别离开了那个公司已经很久了。

王海得知这个情况后,先捐款 1000 元医疗费。在他的带动下,闻讯关注的几个企业家也分别捐钱和药品,派人把捐款捐药送到王红的手中。以后,他又多次给这位姑娘捐助。王红感动地说:"这么多的人关

心我。我一定要有信心活下去……"

《百姓生活报》记者闻讯，以《王姑娘身患白血病，前老板带头献爱心》为题对此事进行了连续报道，引起了很大轰动。记者要给王海拍照上报，他拒绝为此事上报纸，并提出捐款者中不得提到他的名字。

当然了，以后的种种行为让王海又否定了他不借给人钱的戒律。

激情王海

那年元旦前，瓜棚主人发起并组织 10 多位咸阳作家到市中心广场，举行了一次集体无偿献血活动。

在这里，不久前举办过王海的作品签名售书活动，今天又有一批实力作家自愿加入为社会奉献爱心的公益活动。王海专程从省城赶回家乡。

他说："这种场面使我很感动。作家集体献血，这在全省都是少见的事。这种举动既体现了作家的奉献精神，也代表了一个城市的文明。关爱生命，热爱生活，是我们献血的共同心愿。"

在文艺圈，作家王海的热心助人精神成了有目共睹的现象。虽然他在省城潜心创作，但家乡的作家一有事，都喜欢邀请他回来。再忙，一接到家乡作家的电话，他便风风火火地开车冲出西安闹市区，过三桥，跨渭河，像一条鱼，跳着蹦着，汇入故乡这条大河。

作家张辉长篇小说《本案大内参》研讨会在咸阳市检察院会议厅召开，王海回来了；

作家王晓林母亲去世，在泾阳县安葬，王海驾车不畏路远赶去参加；

作家杨波海散文集《临窗听雨》出版，儿子又考上大学，可谓"双

喜临门"，举办欢庆家宴，王海回来了；

作家赵新贵主编《检察文学》杂志，编辑《古渡》刊物，策划大型画册《咸阳人物》，王海赶回来送上自己的力作，为其撑足门面；

作家董信义散文集出版，王海听说后，比自己出书还兴奋，连夜赶写出洋洋2000多字的评论文章《诗人应当疯狂》，并在报刊上发表，极力向全省宣传推荐；

袁峰的《刑警手记》出版，他看后激动地写出了评论《最后的守候》；

作家韩小英出版《襟袖微风》，在彬州市举办首发仪式，王海风尘仆仆地出现在现场；

秦腔名角马金仙去世十周年，王海认真地听其美妙的唱腔录音，翻阅有关资料，为她写纪念文章；

作家王永杰主编《咸阳日报》文艺版，将该报作者十年间在副刊上发表的散文结集为散文集《古渡听涛》出版，王海在百忙之中认真阅读，并撰写了《〈古渡听涛〉是咸阳的一张文化名片》的大块头文章，充满激情地预言：

《古渡听涛》是咸阳作家集体出发的号角……

古城咸阳，需要更多的像《古渡听涛》这样的文化名片。

全国哪一个省有陕西作家对文学如此热衷？

陕西的哪一个地、市有咸阳的作家对文学如此的痴迷？

没有！这是咸阳作家组成文学团队的基础。他们因文学而汇聚，因故土而出发。

……

我们完全可以自豪地站在这片土地上，站在咸阳五陵原的"金字塔"上，向世人高呼："我们，我们咸阳的作家将不辜负这一片黄土地，这一片生我养我的黄土地。"

　　几十年来，咸阳和西咸新区很多作家，大都得到过王海的扶助和支持。

　　作为一个厚积薄发、已经成名的作家，王海不自觉或自觉地为故乡文学的复兴摇旗呐喊，并成为文坛的推手。王海的"热心"像春雨，滋润着与他一同埋头笔耕的咸阳作家，赢得了社会越来越多的肯定。

　　王海的作品从侧面证明了他对传统文化的研究水准。省、市电视台文化栏目曾多次邀请他作为嘉宾，谈民情风俗，谈帝陵文化，谈他的一部又一部小说创作。

　　咸阳和咸阳五陵原因王海而备受关注。

　　一位美国专家曾在一次咸阳专家会上感慨说道："王海的《老坟》让人震惊，引发咸阳帝陵文化研究，一般作家是很难做到这一点的，这是一件了不起的事。王海是一个了不起的作家。感谢咸阳人保护了咸阳五陵原'中国金字塔群'这个世界文化遗产……"

　　美国国际文化科学院院长褚成炎教授在阅读咸阳帝陵文化的研究文献时，从美国向大会发来贺电，赞叹咸阳是天下奇都，咸阳仅有，天下绝无。他兴奋地说道："《老坟》揭示了咸阳五陵原帝王陵墓群的神秘，《老坟》告诉世界人民，中国有一个'金字塔群'，在咸阳。它的规模、历史渊源，可以和埃及金字塔相媲美。"

　　一部小说，引起如此大的轰动效应，实在是一个奇迹。

　　王海面对专家、学者，在一次会上慷慨激昂地讲道："我是作家，不是史学家，我对帝陵文化研究是外行，永远也不会成为内行，文学才是我真正的精神家园。我以文学的视角来解读这块博大精深的地域文化，只是想引起世人对这块文化的关注。"

　　他说："我不爱咸阳，如何拥抱陕西，我不爱陕西，如何爱我中华！"为什么他的眼里含着泪水，因为他对这片土地爱得深沉。

关于作家王海的传奇经历，至今，人们仍在颂扬着他热爱家乡、助人为乐，以及在艰难困苦的逆境中坚强和坚守、锲而不舍的拼搏精神。这本书记载的只是一瞥。这位执拗的咸阳赤子，以他的真诚和热心打动了无数人，也用他的智慧和才情给读者留下了一部又一部巨作，他的每部小说都给人带来心灵震撼，给了无数人温暖和光明，也让无数人在他的帮助下，成为最好的自己。

他的故事，他的作品，他的人品，是作家学习的楷模，也是专家研究的重要内容。最近，西藏民族大学将出版研究王海的论文集《王海论》（暂定名）。

他提出的"文学使人善良"，在读者和文化人中传颂。

他的每一段人生，都充满了传奇色彩。他总能逢凶化吉，总能在盘根错节的社会和人物关系中，找到最好的定位。不管他承受怎样的委屈、困难和痛苦，他总是用坚强、勇敢、阳光和自信带给身边人力量，他就像一棵参天大树，给了朋友遮风避雨的安全感。他把自己活成了一个个符号，他用多变的社会角色，写出了历史时期的特色与鲜活，让所有人因他记住了过往与历史。他的存在是值得每位读者和文化工作者去分析、去借鉴和传承的。

他不仅神秘、激情、温暖，还是那么的深邃、豁达、伟岸。他失去的，拥有的，和未来能被定义的，一定会在文字的记叙中，成为一种符号和标杆，从而被尊崇和热议。

对作家王海，要用一生去研究，要用变化发展的目光，去看待和解释，不同时期的他的抉择、矛盾、突破、逆袭和转变。瓜棚主人和一批作家，跟随王海的成长轨迹，在他成就的每一次辉煌里，找寻他与众不同的影像，他们亦师亦友，相互成就，彼此影响。

作为文友，我们在研究他的作品和成长的道路时，不免对王海充满了无限深情和厚爱，他用一生的情感书写着咸阳的故事，也用无数的传奇带给青年们以宽慰和成长的力量。

2003 年 8 月 6 日完成初稿

2024 年 9 月 20 日完成草稿

2025 年 2 月 26 日定稿

写在后面的话

王海是个谜。

关于他的人生，他的创作历程，我们不得不用长达 20 多年的时间去跟踪他，采访他，研究他。

在采访中，他的一句话深深地影响着我们。他说："世上没有困难，就看你用心不用心去做。"

他就是这样走过来的。

长篇纪实散文《咸阳往事》一书，2003 年 8 月 6 日，瓜棚主人初稿于渭河三号桥附近某居室，断断续续直至 2024 年 9 月 20 日才完成草稿，2025 年 2 月 26 日定稿，前前后后写了 20 多年。

20 多年间，特别是近 10 年，王海的新书不断出版，他在发展中不断变化，有很多事件值得关注（但瓜棚主人因为忙碌没有及时完整地记录），以及多年后文坛发生的事，贯穿着王海几十年的文学创作和不凡的经历，经过作家晓瑜荣儿增补完善，瓜棚主人后期进行修改，才完成此稿。

也就是说，这部书的形成和创作、完成和出版，每一步都充满了时间的沉淀，每一步都倾注着作者大量的心血与付出。

王海现任陕西省作协副主席、咸阳市文联副主席、西咸新区作家协会主席、陕西省文化和旅游厅专家库专家、陕西省委宣传部首届"百名优秀中青年作家艺术家资助计划导师"、"陕西省大学生文学艺术创作研究中心导师"、中国海洋大学"驻校作家"、陕西师范大学"长安笔会"副主任，西咸新区"新乡贤"、"咸阳市杰出乡贤"、西咸新区空港新城

"道德模范"、咸阳市"旅游形象大使""最美艺术家"，西藏民族大学、西北大学现代学院、西安外事学院、西安欧亚学院、咸阳师范学院等大专院校"特聘教授"。

昨天我们在王海工作室看到一张硬皮的荣誉证书——"首届国际冰心文学奖"，获奖者王振海（王海），获奖作品《陵是个啥》。王海说："这篇散文，先在《中国作家》刊登，后被一家散文专刊转载。2024年7月，我受邀去日本东京领奖，冰心的女儿吴青教授亲自颁奖并致辞。在颁奖会上，我被吴青教授的讲话所震撼。领奖回来，我在感动中重读冰心先生的作品，还没有告诉任何人获奖的消息。"

这就是今天的王海。

因为时代在变化，王海也在变化，也在不断地前进中。

对一个作家的观察和研究，需要长期的追踪和了解。于是，为了圆满、客观地描写出真实、有血有肉的作家王海，我们终于完成了《咸阳往事》一书。

由于个人视野和水平所限，不妥之处请读者批评指正。

作　者

2025年2月26日

附录一

"王海现象"的冲击和思考

《陕西日报》记者：李向红　柳荫

　　编者按： 2001 年，王海以小说《老坟》引发社会各界关注，以他朴实的文笔演绎着咸阳的故事，引起人们对咸阳地域文化的关注，从而获得美国"国际文化与科学交流奖"。十几年来，王海固守着他的咸阳，2006 年小说《天堂》出版后，销量攀升，一路叫好，并由此引发王海作品再版高潮，继而产生一系列"王海现象"。最近小说《天堂》被陕西人民艺术剧院改编成话剧。《人民日报》《光明日报》《中国青年报》《中国文化报》《文艺报》等众多媒体对王海和他的小说给予关注。王海和王海作品引发的"王海现象"，有人支持，也有人对此提出不同看法。

　　柳青时代之后，路遥、陈忠实、贾平凹以及 20 世纪 80 年代的"陕军东征"，再创了文坛陕军的辉煌。之后，陕西文坛沉寂了十几年。进入 21 世纪，叶广芩、红柯的中篇小说在全国获奖，陕西文坛在震撼中看到希望。

王海和王海作品引发"王海现象"

　　2001 年，王海的长篇小说《老坟》引起文坛关注。陕西媒体以少有的"冲动"对这一喜讯进行跟踪报道。此后，王海闯入人们的视野。2002

年，王海又创作出《人犯》，如果说《老坟》是王海在题材上撞了运气，那么《人犯》就让我们刮目相看了。著名评论家费秉勋评价说："我们不得不承认王海是陕西文坛很重要的一员了。"省内外诸多艺术家以书法、泥塑、剪纸、篆刻、楹联等艺术形式对王海作品进行多角度的艺术再现，陈忠实惊喜地说道："这是一种少见的'文学现象'。"2003 年，咸阳市委、市政府邀请国内外 120 多位专家、学者，在咸阳召开因王海小说《老坟》引起的"咸阳帝陵文化高层论坛暨咸阳城市形象文化定位研讨会"，并提出咸阳五陵原申报世界文化遗产的方案，引发咸阳地域文化研讨、旅游、投资热，王海因此获得政府"特殊贡献专家"的荣誉。

2006 年 5 月，长篇小说《天堂》杀青，很快被北京文化公司抢先购买出版权，此书一出版立即引起人们的关注。中国文联、大众文艺出版社、陕西省作家协会、咸阳市委宣传部联合在京召开新闻发布会，引起媒体极大关注。陕西省人民艺术剧院领导看到媒体对小说《天堂》的报道，邀请解放军总政治部话剧团团长、著名编剧、话剧《白鹿原》编剧孟冰改编，北京军区战友文工团著名导演孙文学执导话剧《天堂》，准备参加 2007 年全国话剧百年汇演。10 月 30 日，由小说《天堂》改编的话剧《钟声远去》成功完成了彩排。

用文学"炒"热家乡土地

王海作品并不是时尚之作，也不是市场的应景之作，其属于那种严肃的作品，拥有丰厚的传统文化底蕴，故事大都离不开咸阳。但是，他的作品为什么会热卖？为什么会如此畅销？事实印证了一点：王海是陕西率先进入市场的作家之一，是 21 世纪以来陕西作家群中作品具有一定影响力的作家之一。他用文学"炒"热了家乡的那块土地，把咸阳地域文化推向海内外，在陕西作家中第一个以作家的身份为企业做形象代

言人,他的肖像被展示在他的城市的醒目位置。因此而引发了一场议论。有人说这是炒作,对"王海现象"质疑。有人谴责王海给企业做形象代言,使作家失去了神圣和尊严。甚至,有人在谈论陕西本年度文学评奖时认为,王海作品过于炒作,所以榜上无名。出版社和文化公司给他的作品设计的封面、封底宣传用语,也成了有人向王海发难的直接理由。

这种情况下,王海再三地、真诚地奉劝他人看作品,如果你在阅读的过程中有困倦的感觉,再批评,再指正,不要让那些封面设计迷了眼睛。

作家的作品要像商品一样进入市场

20世纪90年代,陈忠实主席在就职会上说过:"我希望我们的作家,以后再不要过着光是辣子夹馍的日子。"前些年,陕西文坛沉寂的时候,很多作家的作品窝在家里出不了门,眼巴巴地靠着给企业写点"报告文学"活着,不得已有些作家只好自费出版,很多人埋怨代理商"有眼无珠"。作为作家,以笔生存,以文字升华,在生与死的挣扎中销蚀年华,燃烧灵魂,希图以涅槃为快感。王海认为,出版和发行是出版社和发行商的事。他们出版了你的作品,自然会说这作品是最好的。卖酒的说自己的酒好,卖瓜的说自己的瓜甜,是人之常情。

王海说:"陕西作家有很多好作品,不论历史的厚重,艺术的高度,都在《老坟》《天堂》之上,只是没有很好的宣传,没有找到一个合适的文化公司。"陕西作家的作品缺少一种策划和宣传,不要认为"酒香不怕巷子深",其实,给你的酒找个卖点,建一个门面是很有必要的。作家和作品都应该接受市场的考验,"问渠那得清如许,为有源头活水来"。你凭什么让文化公司和出版社看中你?凭什么让人家心甘情愿地为你服务?凭什么让读者心甘情愿地掏腰包买你的书?凭实力,凭作品本身的质量和档次!

作家应以作品说话。即使被炒作了，甚至自我炒作了，又有什么错！一两铜再炒作也不会成为金子，只有金子在炒作中才能闪烁出耀眼的光芒。我们往往震撼于世界的陌生和瞬息万变，又不得不痛苦地习惯于在新的历史语境中自我身份的改变。什么是炒作？请你走出家门，望一望这个变化的世界，你一定会为你所处的位置而惊叹！

2003 年，王海曾在某媒体上发表了一篇文章，题目是《陕西作家应有一种真正意义上的生存觉醒》，在当时的文坛引起了不小的轰动。"什么是作家，作家是那些肩负着'人类使命'，思考着社会问题，竭尽全力要让人们'诗意的栖居'的西西弗斯。"作家也许要比一般人生活得更痛苦、更充实。作家的作品只有像商品一样进入市场，才能在竞争中以才情互相温暖，以艺术互相砥砺，提升境界，燃烧自己追求光明，写出无愧于时代和历史、深受读者喜爱的好作品。才能够兵卒成军，潜流成海，进而自如出入于市场的重围，赢得生存乃至于创造意义上的胜利。

三秦大地是一片文学的沃土。汉唐文化在这里辉映着万千气象，当代中国在这里形成的新的文学传统也同样散发着令人鼓舞的巨大魅力。这里，曾产生一批在全国具有影响力的作家，近年来，一批新锐、实力派作家正在搏击市场，走向全国。当今，全国作代会刚刚结束，文学的春天正在走来，沉寂后的陕西文坛，你如何确定自己的位置，你需要什么样的人，什么样的作家再创辉煌？

原刊于 2006 年 12 月 22 日《陕西日报》

附录二

陵是个啥?

—— 一个人和陵的故事

王　海

这是我第二次来到汉高祖刘邦陵前了。

金秋十月,咸阳五陵原上迎来一批特殊的客人。他们大都是陕西文化名人,专家学者和著名作家,我随他们参观了西汉名相萧何和曹参历史文化公园、唐顺陵和长陵。站在恢宏雄伟的长陵前,我久久不愿前行。名家们上陵登高望远去了,唯有我站在陵下,肃穆地望着这座陵——汉朝开国皇帝刘邦的长陵。

我心中的陵

我们村地处咸阳五陵原腹部,村周围有几座冢。陵是帝王的,冢是给帝王陪葬的大臣大将和内戚的。我舅家村南边有一座陵,人称渭陵,那是汉元帝刘奭的陵。我舅家养着一条大黄狗,我带着黄狗常去陵周围撵兔。小时候,我经常到陵冢上玩耍。从陵冢下爬上去,然后从上边溜下来,溜的时间久了,裤子就磨破了,磨破了裤子,回家准会挨骂。

在那个年代,农民嫌冢占地,常在那些无名冢边取土垫圈,慢慢地几个冢就没了。一天浇地,渠水灌进被削去土冢的墓里,浇地人一脚踩下去，人顺着水就掉进冢里（村里人叫瞎墓窟窿）。乡亲们设法把他捞上来，人已经昏迷不醒，一是吓得丢了魂魄，二是肚里灌了泥水不省人事。自救的办法就是叫魂。老者说，娃一定撞了冢里的鬼魂，夜里就在瞎墓窟窿旁烧纸安顿。老者提着马灯，从瞎墓窟窿处一直叫到病者炕头："某某娃快回来，爷给你叫魂来……"深更半夜里听到这叫魂的声音很吓人。

后来我知道，那些陵冢下都埋着一个人，从此晚上我不敢到陵冢跟前去，更不敢爬到陵冢上玩耍了。

我五伯是大学教授，他熟读《红楼梦》，是中国"红学会"会员，他是一个不信世上有鬼的人。有人说，南坡有一个鬼提着灯在老坟里转悠，他放下手里的活就要去见鬼。

大家聚在村口，果然看见一盏灯在南坡方向的老坟里游走，他跑过去，发现是一个人赶着牛车穿行在老坟里，牛车上挂着一盏马灯优哉游哉地走着。

我常和不怕鬼的伯父聊天，从他那儿得知咸阳原叫五陵原，这些陵冢，数百座平地凿穴起的冢，沿泾渭交汇处走向一字排开，气势磅礴，高大雄伟，十分壮观，被誉为"中国金字塔群"。

西汉十一个皇帝，九个都埋葬在这里，大都设有城邑。其中武帝茂陵、昭帝平陵、惠帝安陵、景帝阳陵、高祖长陵的城邑比较大，人口众多，所以叫五陵原。

皇帝为了自己死后不寂寞，以城邑为中心，把全国的豪家富族和文化名人汇聚在这五陵原上，后来就有了白居易"五陵年少争缠头，一曲红绡不知数"的诗句。

上学后学了历史，才知晓五陵原是一部宏大的历史教科书，是一个未被开发的地下历史博物馆。据专家考证，五陵原"金字塔群"在历代序列、文化内涵等方面，都可以与埃及金字塔相媲美。每每站在五陵原

313

上，穿过几千年的历史，想到周秦汉唐的辉煌，便有一种民族的自豪。

描写五陵原上守陵人故事的长篇小说《老坟》出版后，受到著名秦腔艺术家、西安易俗社社长冀福记先生的关注，他曾想把这部小说搬上秦腔舞台，他每次见到我必谈五陵原上的陵冢。他说：五陵原上这些陵冢，是一部浩瀚精深的卷帙；一座陵墓，就埋藏着一个惊天动地的神奇故事；一座陵园，就代表着一段金戈铁马的史诗；一块墓碑，就是一幕风雨飘摇的悲剧；一组陵冢，就是一个朝代兴亡盛衰的画面浓缩。这个巨大的地下历史博物馆，是无可替代的历史见证，其价值远远超过了陵冢本身。

从此，我对家乡的陵冢再不惧怕，有一种亲切感。有次在大学讲课，一个学生问我：你怎样成为一个作家的？我说只要你在陵上躺一个晚上，就可能成为一个作家或者写出一篇美文来。

《老坟》中的陵

天下起了小雨，细雨蒙蒙，五陵原给人一种神秘的感觉。

冀先生对陵的深刻解读，使我想起21世纪初，描写守陵人的小说《老坟》出版情况。

当时，《老坟》出版后，好消息从北京传来，使我兴奋不已，我问中国现代文学馆原副馆长周明老师，他说："我用秦腔朗诵你的《老坟》，很得劲！关于《老坟》，你给雷达老师打个电话，问问他吧。"雷达当时是中国作协创联部主任，周明老师不愿意对小说点评，我觉得这书可能有了麻烦。

我胆怯地拨通了雷达老师的电话，他说："我要到绍兴参加鲁奖颁奖活动，看了你的《老坟》，我不去了，老坟的神秘文化让我很吃惊，我准备到西安参加你的《老坟》研讨会。"

《老坟》研讨会在西安召开，北京的评论家阎纲、何西来、周明、雷达等名家来到西安,陕西名家都来了,陈忠实主席主持会议。

在《老坟》研讨会上,著名文化学者肖云儒提出帝陵文化的概念:"王海拉出一道陵文化的风景。"《老坟》研讨会的前一天,《华商报》头版报道:"全国文坛大腕汇集西安,评论家重炮点评《老坟》。"

上海一位读者来电话询问:咸阳五陵原上的陵冢到底有多大?你笔下恢宏的帝陵到底有多高?我说:陵在我心中恢宏博大,没法用尺寸丈量,你来看看,必然会受到震撼。

海外华人眼中的陵

名家们从陵上走下来,细雨失去了它的缠绵,懒散地在空中飘浮着。

谈论五陵原神秘的声音从陵坡上溜下来,我眼前的花草树木瞬间都变成人了,他们长跪在陵前,久久不起。此情此景,使我想起很多事来。

那是 2005 年 10 月,世界各地的刘氏同胞汇聚咸阳五陵原祭祀汉帝刘邦,这是一次盛大的文化交流活动,国内外 1000 多位同胞在长陵跪拜祭祀,祭祀完毕,他们在陵上捡一块瓦片,抓一把黄土装在口袋里,他们说:"这是帝陵上的土,陵上的土能镇宅压邪,放在家里小鬼不敢来,夜里小孩不哭。"

祭祀活动结束,他们在陵前植树纪念。走的那天,马来西亚工商联合会会长、丹斯那都刘南辉先生对我说:"你组织这个活动不容易,举办这活动的资金够不够?需要帮助,你告诉我?"

我说:"都好,啥事都好着呢。其实会费赤字,我几天几夜没有好好休息了。"

他把我拉在一旁说:"这么大的祭祀活动,一定有礼仪不到的地方,我们走后,你到长陵给汉帝刘公敬根香,烧几张纸,做的不到的地方请刘公原谅。"

国内外的宾客都走了,我睡了一天一夜,想起丹斯那都刘先生的话,

去给汉帝刘公汇报、检讨这次盛大祭祀和文化活动情况。

早上起来，天下着雨，我唤一文友陪同去长陵。他说："下雨能去吗？"

我说："昨天我给帝王许过愿了，今天无论如何也要去，对帝王我不敢说谎。"

文友开车，我们直奔长陵。上了五陵原，忽然想起没有买祭拜的香和烧纸，在附近的村庄买了烧纸和香。雨一直下着，我们踩着泥泞走到陵旁，在国家文物保护碑前，我们蹲下（地上泥泞没法下跪），点上香，点燃烧纸时，头顶的乌云突然散去，一缕阳光照在陵上，我们大吃一惊，虔诚地跪下，不敢再说一句话。

祭　陵

名家们上了车，最后一抹细雨在空中消失之后，雨伞就安静地躺在车上睡着了。

我的思绪无法收回，依然纠结在祭祀的那件事上。世界刘氏祭祀汉帝刘邦文化交流活动是我一生干过最伟大、最荣耀的一件事，也或许因为这件事，多少年来，我的工作生活一帆风顺。

河南省平顶山市组织了一场"刘氏祭祀汉帝刘邦文化交流活动"，我以咸阳帝陵文化研究会会长的身份参加了这次活动，活动结束时，我忽然想到他们应该到咸阳五陵原上去祭祀汉帝刘邦，那里是西汉帝王灵魂安息地呀。我把这个想法告诉平顶山活动组织者，海外的来宾纷纷表态，要求次年到咸阳五陵原祭祀汉帝刘邦，举办文化交流活动。

有关部门得到这些消息，觉得这是一件好事，既可推动本地旅游产业的发展，又能引来海外投资。最后确定：邀请省政协《各界导报》参与，有关部门和帝陵文化研究会及陕西刘氏联谊会共同举办"世界刘氏祭祀汉帝刘邦文化交流活动"。

　　我和陕西刘氏负责人带着邀请函飞往新加坡、马来西亚、我国香港等国家和地区，在泰国与泰国刘氏共同向世界各国刘氏同胞发出邀请函。没想到省上一个重大活动与本次活动发生冲突，有关部门不能参与这场活动了，随之省政协《各界导报》也退出了。

　　陕西刘氏负责人知道此讯，觉得天要塌下来了，不知所措，要回国不干了。

　　我告诉他："我们常埋怨人们对这块神圣的地域重视不够，今天，世界刘氏同胞来祭祀，进行文化交流，不管什么原因，邀请函已发出，无法收回了，他们来了，我们不尽地主之谊，天理不通，帝王也会责怪我们的。"

　　我认真地说："天有不测的风云，我们要理解。其实，我们是五陵原上的主人，搞好这次祭祀和文化交流活动，是我们应当做的事。"

　　他问："你怎么搞？"

　　我严肃地说："现在回国不干了，不是丢我们个人的脸面，而是丢中国人的脸面，我们不仅失信于国内外同胞，还会失信于汉帝刘公，我没有胆量和帝王开这样的玩笑。"

　　他沉默良久不吭声，我说："按原计划执行！钱我出，人我组织，出了问题我一个人承担。"

　　签字画押之后，就这样，我一人承担了举办"世界刘氏祭祀汉帝刘邦文化交流活动"。

　　会议三天。第一天报到，来宾到西安咸阳旅游景点参观；第二天到汉帝陵区祭祀和参加植树纪念活动；第三天世界刘氏联谊会暨汉文化研讨会。会议报到那天，美国、日本、韩国、泰国、新加坡、马来西亚等国家以及中国香港、中国澳门等地区刘氏同胞共1000多人参会报到。

　　会议有条不紊地进行着，祭祀的当天夜里，忽然有人打电话说：一位参会者在房间猝死。陕西刘氏负责人听到这消息，在房间吓得双腿软

得站不起来。我跑到亡者房间查看，医生说突发心脏病，人已死亡。

我把尸体抬上救护车送到医院，在离开宾馆前，我给在场的宾馆主管和服务员发放保密费，因为第二天还有活动，一旦来宾知道有人在会议期间死亡的事，定会人心慌乱，会议不能正常进行。

处理完病亡事故，天已大亮，我赶到宾馆，刘氏负责人抓住我的手问："咋办呀？这事咋办呀？"他着急地失声叫着。

我缓慢地说："一切平安无事，尸体已启程送回死者老家了。"

他惊奇地问："你咋处理的？"我没告诉他。

会议按计划正常进行。会议期间，陕西省政协领导应邀参加了会议，咸阳市政府有关领导到会场看望世界刘氏来宾，并与国内外宾客共进午餐。

送走刘氏财团几位大员，我笑他们这些"腰缠万贯"的富豪们，在帝王陵前可怜得像个孩子。昨天，当海内外祭祀的队伍走到长陵时，附近的村民有组织地在陵前敲锣打鼓迎接他们。刘氏同胞来到陵前，齐茬茬地跪成一片向祖先磕头祭拜。祭祀完毕，他们站起来，先后涌到陵边，在陵上拣一块瓦片，抓一把黄土装进衣袋里，说帝王陵上的东西可镇宅驱邪。

回到宾馆，我疲困地躺下，刘氏负责人低声问我："你咋处理那个突发事件的？"

我说道："死者是来祭祀的，他最真诚，刘公喜欢他，就把他叫走了……"他惊讶得说不出话来。

事后，我在梦中常常惊醒，惊醒后就是一身汗。那个时候，真感到天要塌下来了……但我得撑着，天塌下来总得有人撑着。每每想起这件事，我常为自己这惊天行动和出彩的组织能力感动得热泪盈眶。

省、市有关领导对"世界刘氏祭祀汉帝刘邦文化交流活动"很赞叹，认为这是一个不可能完成的活动，而我却成功举办了，特别是对突发事件的应急处理，认为简直是一个奇迹。

有关领导说："你为保护和宣传咱家乡的'金字塔群'做出了巨大贡献。"他又忽然问我："前年，'咸阳帝陵文化高层论坛暨咸阳城市文化定位研讨会'，你给会议垫的那笔费用报销了没有？"我难堪地笑了。

陵的情结

名家乘坐的车辆穿行在五陵原腹地，所有的学问都在这里被周秦汉唐的文化压住了。

人们讨论的声音越来越小，陕西省作协副主席朱鸿教授的独特见解，使沉寂的气氛又张扬起来，他说："刘邦不但有雄才大略，而且是一个很'狠'的人，他把西汉的陵墓压在了秦国的都城上……"名家们又来了兴趣，交流起来，声音时起时伏，我的心情却仍纠结在那个会上。

那是 2003 年的事了。由于小说《老坟》的影响，咸阳有关部门组织召开"咸阳帝陵文化高层论坛暨咸阳城市文化定位研讨会"。会议邀请国家文物局、文化和旅游部等国内外专家 120 人。大会确定了咸阳城市文化誉名，即"中国第一帝都"。今天，我依然清晰地记着美国专家在大会上的感慨发言："感谢咸阳人保护了五陵原'中国金字塔群'，这个世界文化遗产……"很多专家撰写了五陵原帝陵文化的研究论文，并提出五陵原"中国金字塔群"申报世界文化遗产的建议和方案，海内外媒体报道了咸阳召开帝陵文化高层论坛这一盛况，引发咸阳帝陵文化研究和旅游热。大会确定的城市誉名"中国第一帝都"，为咸阳获得"中国魅力城市"确定了准确的文化定位。

会后，有领导埋怨我："你怎么给会议垫资？主办部门没有钱吗？"我说是为了救急，保证会议正常进行。他让我赶快整理票据报销。

然而，最终因为有关部门丢失票据没法报销。当市领导再次催问我

此事时，我说："我是一个农村人，进城有了工作，而且在政府部门工作，这几年政府把很多荣誉给了我。况且都是为了陵的事，为了我家乡陵的事。"

事后，别人追要借款，我迟迟不能归还，他们怨我，会议是政府行为，你为什么垫资？我说为了陵，守护宣传这个金字塔群是五陵原人的职责。他们难以听懂我的话，更难以理解五陵原人和陵的情结。

陵是个啥？

回首望长陵，这个曾经汇聚万人之居的城邑再也看不到了。

五陵原上留下的是中华民族主流文化的遗迹，世界上很难找到这样完整的周秦汉唐的历史遗迹了，只有在这里，"中国金字塔群"在我的"五陵原"上可以找到……

五陵原上的人，信仰不同，有的从陇西走来，是横扫六国血染战袍的大秦子孙，有的是远道而来的豪家富族，有的是追寻帝王的思想者，当然还有大汉众多的平民百姓。

千百年来，他们坚守在这块皇天后土之上。他们崇拜祖先，崇拜民族英雄，前赴后继保护着这些陵冢，他们守护着民族的传脉，坚守着民族的传统文化，还有那些闪烁着历史辉煌的珍贵文物。

我们每个民族、每个种族、每个姓氏都有自己崇拜的偶像，每年清明节，中华儿女都要祭奠轩辕黄帝。只有在中华民族大一统的旗帜下，才更能显示中华民族的强大，才能更快更好地实现中华民族伟大复兴的理想。

车辆行驶在回家的路上，我想起和冀福记先生的谈话。这里以陵为中心的城邑，人口最多时近百万人，城邑形成之后，一般人就很难进住城邑里了，居住在五陵原上的人，不是文豪大家，就是富家豪族。

他们为什么都争着抢着要依陵而居？小说《天堂》改编话剧《钟声

远去》，进京参加全国"优秀剧目"展演，开场白一声吼："陵是个啥？"使观众热泪盈眶。"爬坡你不知道山是个啥？下河你不知道水是个啥？种地你不知道苗是个啥？上原你不知道陵是个啥？"

我们对陵太不了解了，陵不仅是一个土冢，它承载着我们民族的千年文化。陵的所在之地，必定是风水宝地，文化之地，传承之地。

原刊于 2020 年第 12 期《中国作家》

附录三

乡村发展的心路图景

——王蒙和王海关于长篇小说《回家》的对话

对话人：王蒙、王海

最近，王海的长篇小说《回家》出版，从而给他的"农村三部曲"画上了句号。王海的"农村三部曲"，即三部关于农民、农村题材的长篇小说《天堂》《城市门》《回家》。

《天堂》出版后，陕西人民艺术剧院改编为话剧《钟声远去》进京展演；2009年在德国法兰克福国际书展上，王蒙曾推荐《天堂》为"中文必读书"。《城市门》出版，长春电影制片厂改编为同名电影；陕西作协举办《城市门》研讨会，王蒙前往咸阳参加会议。这些年，王蒙对王海的创作一直很关注。小说《回家》出版后，王蒙与王海就作品中的人物进行了一次对话。

王　蒙：得知陕西评论家包括阎纲对你的新作小说《回家》很看好。这个《回家》和过去老作家写的乡土小说不一样，写出了农民遇到的新困难与新机遇，不仅描写了农民的新的生活变化，新的人物性格，而且也反映了一些新的社会问题，给人们留下了不同的印象。我最近读了《回家》，对这部小说很感兴趣。

王　海：小说《天堂》写农民分地，《城市门》写农民失地，《回家》

写农民进城打工的生存状态，这三部小说，评论家称为"农村三部曲"，完整地写出了农民的命运变化。

王　蒙： 从《天堂》到《回家》，相距 17 年，三部小说，写出了改革开放几十年来，古都咸阳一代农民的生活与命运。你说的"分地"，应该是指包产到户；《城市门》的"失地"，应该是指国家的发展，必然带来的一部分乡村的城镇化，带来农民在全国人口中比例的减少，一批又一批的土地，被工商业、旅游业、综合性工农业的飞速发展所征用；然后一直写到农民到城市打工、创业，成功或不成功乃至失败的命运史。分地失地云云，这是农民的直接感受，你写的也是直接感受，但还不是发展社会学与中国式现代化的实质。小说是包容的，写出直接感受来，让读者与评论家去分析实质吧。

王　海： 他们失地后，我看到他们对土地的依恋。"农村三部曲"只是为读者和史学家提供了一个历史的文学文本。我要真实告诉我们的后代，多少农民为了城市化建设失去了土地，他们浩浩荡荡地走进城里，开始了一种新的生存方式，他们以生存的土地、以生命为代价给城市带来了繁荣和豪情。

王　蒙： 要说，这种情况也给自身带来了新的机遇与前景。你写作的连贯性很宝贵，你对农民在发展中的经历与喜怒哀乐，感同身受，深切关注，这一点也大大感动了我和平凹老弟。平凹说得好："小说《天堂》《城市门》《回家》'农村三部曲'，展现了新世纪前后中国的城乡巨变。他是在为农业、农村和农民树碑立传，作品必将流传久远。"

书中的人物我大都喜欢，但我不喜欢"隔壁老王"。隔壁，北京土话发音是"界壁儿"，天津还有河北一些地方，将隔读作"接"。"界壁儿老王"有点滑稽、无赖、气人。但也有趣，很幽默。

王　海： 他是个既让人喜欢又让人讨厌的家伙！说实话，他做事的初衷是好的，但结果总令人想不到，他做好事常常得不到好报。他背着

老婆卓花总想和"秦人居"老板豆花有一场那事儿，为取得豆花喜欢，他绞尽脑汁，策划"英雄救美"的事，最终害了自己。

王　蒙：和这个女的、那个女的有那事，那只是想象，隔壁老王有那样的想象力。但豆花从没给他机会。

王　海：他是城里的可怜人，开个商铺养家糊口，老婆跑了，他说他也没有家，死后只能是个流浪鬼。

王　蒙：他的老婆是从四川来的，她嫁给老王20多年了，还和老王生了个女儿，却还惦记着四川的家……还要回家。她回家的结果是老王无家可归。书中每个人回家的故事，让我明白了你的书名的含义，好，妙！急剧的社会发展、现代化、城市化使一些人产生要回家、找回家、不回不踏实的感觉。这种回家的故事，自来就是式式样样，古已有之。

王　海：在城市创业成功，变富了的人想回家，例如亿万富豪李奇、子衿，还有豆花、豆丫的回家；创业失败的人也想着回家，如得福、李强；还有陈有财的回家……

王　蒙：所以说，把经济发展中的农民心理聚焦到"想回家"上来，这个角度和用词很好，很雅，也很俗，有点诡异，又有点无奈，动你心弦，搔你痒痒，让你洒泪，又让你摇头。

隔壁老王老婆卓花跟老王生活了20多年，竟一扭头回了四川的家，妙就妙在这里。还有李奇的回家、子衿的"入土为安"，安土重迁，慎终追远，敬畏出处，崇敬家谱，这里充满了中华文化传统。

这个故事，使我想起鲁迅喜欢的柔石的作品《为奴隶的母亲》，穷苦的农民，把老婆典当给别人，跟别人睡觉、生育，还要给人家干活。她为了自己的家，不惜把自己卖了。但卓花和隔壁老王生活了20多年，还要回四川老家，你想不通也得想通，她就是那样回了四川。她留恋老王这个家，但更想念20多年没回的那个儿孙满堂的家。

看到这里，让我很纠结，你没有写卓花回到四川的思想变化，她在四川肯定也不安宁，她会惦念老王和她上大学的女儿——这也是人生过程中，中国女性受到的考验和痛苦。

王　海：许得他爸这个人，我无法结尾。许得他爸原是一个国企的老总，因贪污受贿入狱，出狱后他不愿再进城里的家门，要回农村的老屋，儿子说老屋几十年都没住人了，破烂得没法住了。他扔掉现代化的交通工具手机说：梦里我妈打我，骂我，嫌我不回家……

王　蒙：这是一种传统的文化基因，这种基因会促使他反省。他回家的故事很有意思，有它的感人之处，让人落泪，我眼泪就要流出来了。

这种基因也会促使进城的他们对现代化、现代性产生异己感与陌生感。成功者即所谓的暴发户，贫穷时痛苦而踏实，富裕了却有些惶惶然的感觉，也很有文学意味。

我牵挂豆丫，同情得福。得福疯了，豆丫会不会疯？我真担心她会疯！得福到城里打工，挣娶媳妇的"彩礼"钱，遇到豆花和豆丫，这两个女人都不省事，搅得他心不安宁，到头来两头都落空了。

王　海：这两个女人不是他的菜，他找错了对象。他太爱豆丫了，以至于看见追过豆丫的许得和豆丫的女儿陈娅要结婚，惊吓疯了。陈娅曾给母亲承诺，母亲老了，她嫁哪里，哪里就是母亲的家，她嫁给许得，豆丫还能进她家门吗？所以豆丫面对田野，喊出了：我是一个失败者！

但她不会疯，她是一个理智的女性，一个事业成功的女性。

王　蒙：人生会面对各式各样的困扰，所以说拥有一个贴心、安心、舒心的家可回，未必是易事。中国知识分子也讲究安身立命，那是一种价值与信仰的"回家"。经济条件的发展重要，但是身心的家、精神的家、灵魂的家的营造与经营，还需要文化、道德、信念、三观、胸怀、仁义、自律等条件。你提出了"回家"的命题，其实不仅是一个地域、一个时期的农民问题，而是人类永久性的问题。

王　海：回家，对失地农民来说，是一个痛苦的话题。

王　蒙：一大好处是你长期生活在咸阳，你作品的故事大都发生在咸阳，你对农民生活有深刻的体会。所以，你的《回家》感人。但你也要看到，离家使农民拓宽了视野，拓宽了自己生活的半径。他们的独立性、自觉性、选择性和过去不同了。

我觉得还有一个问题，我知道越来越多的农民变成城镇人，他们创业与人生的变数会大大增加。

人生意义的一部分恰恰在于有更多的可能性，有更多的机遇，有更多的风险，有更多的变数，有更多的愿景。你每天过得一样，那活不活都没有意义了。人生的意义，是你不完全了解你明天会有什么事，会碰到什么人，所以你更要努力做好一切的一切。

我想，失地农民得到了更宽阔的可能，失即得。进城后，生活的变数，生活的可能性，生活的不可预见性在增加，这是人生的魅力在增加，这是人生的前景在拓展，这就是现代性带来的魅力。

王　海：您说回家有可能把离家看成一个历史的前景，看成一个社会的发展。这是为什么？

王　蒙："五四"时期，一个大情景，是农民的子弟或者说一批批生活稍微好点的农民子弟，一个个都离家了，有的投身革命，有的出国留学，有的离家投身工商业。要革命，要走向现代，"离家"而非回家是一个重要的标志。

回家和离家这中间是一个非常有趣的主题，回家是非常美好的，离家也是美好的。我的《活动变人形》写到离家的事，那个山雨欲来风满楼的时代，一些老地主，最怕的是子侄离家闹革命，有人为了阻止儿女离家，13岁就让他吃鸦片，14岁就给他娶媳妇，贻害可想而知。离家和回家，这是中国现代化一个很有意思、很有意味的人生课题。

王　海：您怎样看待子衿"入土为安"的想法？

326　　王　蒙：这也属于回家的范畴。坐拥几亿资产的创业者李奇回家的故事告诉我们，他的家 20 多年前就被拆迁了，失地对他来说有失根之感，但他再折腾也找不到他原来的家了，他的回家，是精神回家、灵魂回家。

子衿的回家是实实在在的，他回国后不愿住楼房，他说那里不接地气，硬是在田野里给他盖了间房子，倔强地要培育传统的粮种、菜种。他从国外带回一笔巨款，却不敢给正在艰苦创业的儿子，他曾问儿，如果你有一笔巨款，你准备干什么，儿竟说，我有钱了，还这么拼命干啥呢！世上种种不愉快的事，子衿都能过去，唯有"入土为安"的要求，他一定要实现，这其实是一种保守与落后。我们热爱中国的农民，但农民、农村也要跟着时代发展。

王　海：《回家》从平民视角、二律背反结构、灵魂情感深度三个层面，以递进的方式揭秘中华民族小利与大义，艰难与向往，折磨与梦想相统一的特殊凝聚力的秘密，这或许就是《回家》的意义。

王　蒙：你与农民、与咸阳心连心。你的小说《回家》将农村题材、农民题材的小说笔触，延伸到了农村的城镇化、农业的破圈……农工商文旅一体化方面，提升了生活与文学的新意，期待着你的更加恢宏与有乡土气息的新作。

原刊于 2023 年 10 月 11 日《中华读书报》

附录四

走进咸阳　春暖花开

——2017 年给咸阳作家的一封公开信

王　海

　　2016 年冬季是 21 世纪以来最糟糕的冬季。雾霾的颗粒恣意地飘浮在空中，元旦过后，头场大雪一直未来，细雨降落了尘埃，灿烂的阳光从我们的心头升起。使我想起文学的初心和对文学狂热的那个年代。

　　16 岁那年，我创作了小说《摸枪》，从此与文学结缘。曾记否，那是一个初春的季节，树上的花儿开了，满世界都是芳香，听说咸阳文化宫组织文学讲座，讲课人是咸阳的两个石头（沙石和峭石），我们几个文学爱好者相约去听课。爱好文学已成为一种时尚，当作家成了我的梦想。不论刮风下雨，只要有空，我就到文化宫去，因为那里有文学，有一批追求梦想的人。

　　那是一个大雪纷飞的夜晚，我们几人骑车奔向文化宫参加文学座谈会，会上尽管我们没有发言，但我们听着咸阳文学人激烈的讨论，心里热乎乎的。在这个会上，费老师表扬了我，表扬我对文学的痴迷和追求。回家的路上，我们继续会场的讨论话题，雪大路滑，有人摔倒了，引得一片哄笑，有人说文化宫是咸阳文学的黄埔军校，我们这样的热爱文学，文学一定会被我们感动的。甚至有人狂言：我们几人中必有人成为作家。

一路激情澎湃，那热情把周围的雪花融化。

1988年，我上了西北大学作家班，聆听路遥、贾平凹讲课，增强了我对文学创作的信心。中篇小说《鬼山传奇》在北京一家大刊物发表，获得800元稿费，1斤水饺6角钱，我把全班同学请了个遍。面朝大海，春暖花开，是我当初心情的真实写照。

一部《老坟》，使我认识了文学的魅力，由此我获得诸多奖励，从企业调入市政府文化局工作，成为专业作家。我常常认为自己在做梦，现实的生活，好像不是我应有的生活。

一天，当我忽然回头时，发现咸阳众多作家创作的作品积压在家里没有出版，我同情他们，艰苦创作的作品压在箱底，无法与读者见面。我羡慕他们，他们的作品是那样厚重而鲜活灵动。我觉得这是自己感恩文学、报答咸阳的一个机会，我利用自己的平台和渠道，向外推荐咸阳作家作品，先后竟有十几部小说被出版社和文化公司买断出版权，从此改变了咸阳部分作家自费出版的局面。

有位作家得知自己的作品要出版，激动得热泪盈眶；有位老作家长久地面对自己的新作，竟和自己的新作对视了一个上午。当我把新书送到一位长期患病的作家家里时，她差点给我跪下，她说没有文学，我不知自己怎么活……每当我把新书送到他们家里，把他们送我的托运费押在茶几上走出门时，我顿时觉得咸阳文学的天空透亮透亮，因为文学，我在做着一件"伟大"的事情。

多年之后，有位领导问我："听说你每年春节要带上文友去看望你的老师和文学前辈；年年高考那天，你要放下手头的事务，当一个无名的志愿者。"我说："因为自私，每当做这些事时，我很愉悦，我完全为了自己一时的愉悦而做事的。"这个时候，我再也不愿说感恩文学、报答咸阳的话，因为咸阳和咸阳的历史，已成为我创作的源泉，文学在我心中已变得崇高而神圣。

　　每当想起这些往事，我心潮澎湃，因为文学我们走在一起，因为文学，我们成了共呼吸、同手足的兄弟姐妹。我愿为咸阳的未来美景日夜啼鸣，我愿为咸阳的文学进步和发展扛肩提镫。

　　文学在咸阳经过几代大师的高歌挥洒，在文人心中已经沉淀。2010年以后，咸阳文学迎来可喜的春天，作品涌现，人才辈出，咸阳文学界的和谐团结的气氛让外人羡慕，国内名家和团队纷纷到咸阳感受文学的气氛，和咸阳作家座谈交流，走进咸阳春暖花开，文学的芳香扑面而来，已成为外人对咸阳的美好赞誉。

　　其实，咸阳文学人也有埋怨，也有矛盾，更有无言相对的泪水。有什么争论我们都可以坐下谈，即使争吵也罢，别人也不会笑话。因为我们是文友，是作家，有着与众不同的修养和睿智，思想交锋是难以避免的。

　　你艰难，你见过旬邑的残疾作家李凯凯吗？他讲话和行走都有困难，但他的诗歌飞扬，震惊中央人民广播电台，被誉为"关中才子"。

　　你困惑，你见过残疾作家连忠照吗？他11岁因患骨髓炎致残，他以文学引得美女来，迎娶一位云南的姑娘，建起了一个美好的家庭，被省政府授予"自强模范"奖章。

　　我们常常为自己的不幸和厄运感到悲哀，你认识作家百合吗？她得了一种世界上少见的病，一段时间，她要用放大镜才能读书，她的生命完全用文学支撑着。

　　有的人没有工作，以微薄的稿费维持生计，她写了几十万字的作品，作品像雪花飘落在全国各地的报刊，但她却几次告诉我，"我想放弃，我要生计"，我安慰她，幸运的阳光一定会照耀你的，你不能放弃，上帝让你来到这个世上，就是让你举起文学的火炬，照亮人们前行的路标，如果你不写作，人生还有什么意义。截至今日，她依然爱着文学，她说她爱文学，更爱文学的气场和环境，她最爱看文人高兴时的欢声笑语，困难时文友之间互相搀扶前行的坚强。更重要的是文学使人善良，我们在文学创作的修行中使思想灵魂得到净化。

我们争什么？荣誉和金钱？我们要什么？奖章和资助？是金子总会发光的，今年不行，明年再来，只要你奋斗，你努力，创作出好作品，一定会有人关注你。面对他们，我常常责备自己，因为自己的能力不够，才让那些优秀的作家还在艰苦的环境中创作。我真心地祝福你们，我愿为你们有一个宽松的创作环境和优雅的生活匍匐爬行，感动上苍。

其实奖章并不代表文学的最高水平，得到资助并不一定就会出好作品。重要的是，因为我们，咸阳变得更有诗意，诗意的咸阳已产生一个让人关注的文学磁场。因为文学，咸阳的未来会更加美好。不论怎样，咸阳团结和谐的创作气氛令人羡慕，优雅的文学活动已成为我们生活的常态，创作作品、创作好作品的势头已经呈现，这些都是来之不易的，我多么希望咸阳这种美好和谐的创作局面保持下去，成为文坛陕军的一支劲旅，文坛陕军的一个楷模。

沉思间，窗外的阳光飘摇进来，雾霾在不知不觉中退去，细雨过后的天空，蔚蓝蔚蓝。

2017 年 1 月 12 日